Almirante,
"a mais alta patente do rádio",
e a construção da história da música popular brasileira (1938-1958)

Giuliana Souza de Lima

Almirante,
"*a mais alta patente do rádio*",
e a construção da história da música popular brasileira (1938-1958)

Copyright © 2014 Giuliana Souza de Lima

Grafia atualizada segundo o Acordo Ortográfico da Língua Portuguesa de 1990, que entrou em vigor no Brasil em 2009.

EDIÇÃO: Joana Monteleone/Haroldo Ceravolo Sereza
EDITOR ASSISTENTE: João Paulo Putini
PROJETO GRÁFICO, CAPA E DIAGRAMAÇÃO: João Paulo Putini
ASSISTENTE ACADÊMICA: Danuza Vallim
REVISÃO: Felipe Lima Bernardino
ASSISTENTE DE PRODUÇÃO: Camila Hama

IMAGEM DA CAPA:
Almirante e O Pessoal da Velha Guarda. *Revista do Rádio*, n° 297, 21 maio 1955

Este livro foi publicado com o apoio da Fapesp e da Funarte.

CIP-BRASIL. CATALOGAÇÃO NA PUBLICAÇÃO
SINDICATO NACIONAL DOS EDITORES DE LIVROS, RJ

L699a

Lima, Giuliana Souza de
ALMIRANTE, 'A MAIS ALTA PATENTE DO RÁDIO', E A CONSTRUÇÃO
DA HISTÓRIA DA MÚSICA POPULAR BRASILEIRA (1938-1958)
Giuliana Souza de Lima. - 1. ed.
São Paulo: Alameda, 2014
298 p.; il.; 21 cm

Inclui bibliografia
ISBN 978-85-7939-284-9

1. Almirante, 1908-1980. 2. Radialistas - Brasil - Biografia. I. Título.

14-13901   CDD: 927.9144
                                   CDU: 929:654.1

ALAMEDA CASA EDITORIAL
Rua Conselheiro Ramalho, 694 – Bela Vista
CEP 01325-000 – São Paulo – SP
Tel. (11) 3012-2400
www.alamedaeditorial.com.br

Para Vitória

Há talvez em outras terras, mais gastas e mais frias, a miséria dos músicos ambulantes, sem fogo, sem pão, caindo sob a neve, depois de uma dolorosa vida. Aqui não; os músicos prosperam, o realejo é uma instituição, e do alto azul, a harmonia bondosa da natureza, musa da vida e da alegria, derrama o consolo incomparável do calor e da luz...

João do Rio, *A alma encantadora das ruas*, 1908

Há histórias tão verdadeiras que às vezes parece que são inventadas.

Manoel de Barros, *O livro sobre Nada*, 1996

Sumário

PREFÁCIO 11
por José Geraldo Vinci de Moraes

INTRODUÇÃO 17

I. "ATENÇÃO, AÍ VEM O ALMIRANTE" 33

Um homem prático, nesse século prático 33

O laboratório da linguagem radiofônica brasileira: *Programa Casé* 47

Educar divertindo, divertir educando 52

A *música sugestionante*: programas musicais 65

Curiosidades Musicais 68

Aquarelas e Instantâneos 74

Quem são eles? Já te digo 84

II. A MAIS ALTA PATENTE DO RÁDIO 99

Nos bastidores do rádio 99

A voz do ouvinte: programas de auditório 110

"De músico, poeta e louco, todos nós temos um pouco" 115

"Você não acredita no sobrenatural? Então ouça!" 121

Recolhendo o Folclore 133

III. OPERAÇÕES HISTORIOGRÁFICAS 161

"O progresso a serviço da tradição" 161

A música como objeto histórico: *Histórias do Nosso Carnaval* 167

A música como fonte de pesquisa histórica: 205
História do Rio pela Música

História-memória da música popular: 218
História das Orquestras e Músicos

A História como Biografia (ou a Biografia como História): 230
No Tempo de Noel Rosa

CONSIDERAÇÕES FINAIS 243

REFERÊNCIAS 251

Fontes 251

Bibliografia 257

Créditos das imagens 275

ANEXOS 277

AGRADECIMENTOS 295

PREFÁCIO

UM HISTORIADOR LEVE: DEDICADO AOS PROBLEMAS DO POVO E À MÚSICA

Durante os anos de 1930 e 1940, emissoras de rádio da cidade do Rio de Janeiro transmitiam uma incrível série de programas radiofônicos intitulada *Curiosidades Musicais*, idealizada, produzida e apresentada por Henrique Foreis Domingues, o Almirante. Os temas apresentados eram estudados e pesquisados com cuidado por ele antes de irem ao ar. Os roteiros eram meticulosamente escritos e seguidos com o máximo rigor pelos narradores, técnicos e músicos. Quando podiam, ensaiavam, procurando minimizar os erros e desacertos, tão comuns nos programas transmitidos ao vivo. Toda essa preocupação resultava em programas muito bem organizados, numa época em que a radiodifusão ainda se caracterizava pelo evidente "amadorismo". Essa atitude e preocupação com a dinâmica de funcionamento interno e a nova linguagem radiofônica foram repetidas e multiplicadas nas outras dezenas de programas que produziu e apresentou até o final da década de 1950, como *Instantâneos Sonoros, Aquarelas Musicais, No tempo de Noel Rosa, Recolhendo o Folclore, Histórias do nosso carnaval, Pessoal da Velha Guarda,* entre muitos outros. Curioso é que toda essa seriedade e profissionalismo que modernizaram a radiofonia nacional foram atravessadas imediatamente por aquela nossa cultura cotidiana de fundo afetivo e baseada nas relações pessoais, que inventou para ele um novo e criativo epíteto que acompanharia para sempre seu outro hierárquico apelido: *Almirante* assim se tornava *"a mais alta patente do rádio"*!

Mas não se enganem: tal "patente" e postura não tornavam seus programas aborrecidos e tediosos. Ao contrário: eram leves, divertidos, com pequenas histórias incidentais e pouco a pouco com muita participação dos ouvintes e dos "patrocinadores". Eles podem ser escutados sem grande esforço e muita satisfação pelos ouvintes contemporâneos, nos acervos em que ainda estão preservados. Almirante não tinha a pretensão exclusiva "nem de ensinar nem de fazer rir, já que aqui não é nem uma escola nem um circo", dizia ele.[1] Seu objetivo era justamente manter o equilíbrio entre esses dois universos aparentemente antitéticos: o da cultura "séria" e o da diversão. Na realidade, esse era um dilema da cultura brasileira que à época começava a transformar suas estruturas arcaicas e rurais, modernizando-se rapidamente pelas ondas radiofônicas sem passar por aquelas mediações e transições sociais mais lentas. É interessante observar que Machado de Assis de certa maneira já havia identificado essa tensão ainda no século XIX, ao expor a fusão que o "folhetinista" realizava entre "o sério consorciado com

---

1   Série *Curiosidades musicais.* Programa *Música sugestionante,* 24/07/1939.

o frívolo", sintetizando "o útil e o fútil". Nas mãos de Almirante, essa "frivolidade" e a "futilidade" presentes no mundo do entretenimento dos meios de comunicação eletrônicos (aliás, muito mal compreendidas e agredidas pela intelectualidade no período pós-guerra) conviviam e se confundiam criativamente com o "sério" e o "útil". Ele gostava de destacar a "utilidade" de seus programas: "sirvo-me do rádio para levar aos ouvintes de todo o Brasil o que o Brasil possui de mais visceralmente seu [...] a boa e verdadeira música brasileira".[2] Essa imensa preocupação com a cultura e a música nacional lhe impôs a penosa missão interna e subjetiva de preservar e difundir a "brasilidade", a "boa música" e sua memória. Com muito esforço pessoal, deu início à reunião do imenso acervo de memórias e fatos desta cultura popular, identificando-os e organizando-os. Começou também a estabelecer uma certa narrativa, tornando-se assim um de seus primeiros historiadores. Só que, machadianamente, um "historiador leve e pitoresco [...] dedicado aos problemas do povo, especialmente os ligados à música".[3] Da mesma forma e convicção de seu contemporâneo Mário de Andrade, Almirante enxergava na música uma forma privilegiada de acesso para entender o povo, a sociedade e a cultura brasileiras.

Ocorre que ele mesmo também era personagem ativo desse cenário. E fazia questão de indicar essa condição ao expor suas amizades e relações com os "grandes nomes" da música popular. Na estreia de *No tempo de Noel Rosa*, por exemplo, afirmou sonoramente:

---

2   ACQUARONE, Francisco. "Almirante: as canções de engenho e os pregões". In: *História da música brasileira*. Rio de Janeiro: Livraria Francisco Alves, 1948, p. 285.

3   Série *História do nosso carnaval*, programa de 1952.

14   Giuliana Souza de Lima

"Eu posso dizer cheio de ufania: eu fui amigo de Noel Rosa. Noel Rosa começou sua vida artística comigo!".[4] As suas memórias e de seus contemporâneos confundiam-se com a história que pretendia contar. Foi nestes limites tênues e difíceis que Almirante começou a construir, pela primeira vez, um discurso organizado e documentado sobre o passado de certa música popular urbana. Fundado em fragmentos de memórias e registros dispersos, ele deu os primeiros contornos a uma narrativa sobre essa cultura musical. O veículo que utilizou para divulgar suas ideias não foi a linguagem escrita (na verdade ele escreveu apenas um livro e mesmo assim baseado nos roteiros dos programas de *No tempo de Noel Rosa*), mas o rádio! Muito mais eficaz e abrangente, o impacto de suas histórias e concepções foi duradouro na formação do imaginário da cultura musical nacional e na "invenção" de uma história da música popular. E desta maneira reforçava também inconscientemente a longa duração de nossa cultura popular de base lecto-oral. Espírito inquieto e insatisfeito, sabia que a tendência da cultura oral e principalmente a da "cultura no éter" era a de se dispersar rapidamente. Por isso tratou também de concentrar esforços pessoais na criação de imenso arquivo, que acabou se tornando referência para seus colegas e estudiosos. Já no final da década de 1960, ele foi incorporado ao MIS-RJ, transformando assim aquela "memória viva" em "memória de papel",[5] preservada na forma de acervo.

Como se vê, Almirante não era um personagem linear. Nada fácil de ser classificado. Reconhecido por intelectuais (como

---

4   Série *No tempo de Noel Rosa*, programa de 06/04/1951.

5   NORA, Pierre. "Entre Mémoire et Histoire. La problematique des lieux". In: *Lieux mémóire*. Paris: Gallimard, 1984, p. XXVI.

Renato Almeida, Roquette-Pinto, Câmara Cascudo, Acquarone), ao mesmo tempo convivia e produzia incansavelmente cultura de entretenimento. Sua percepção sobre a cultura nacional e a música popular era mais bem mais abrangente e elástica do que a dos folcloristas tradicionais e musicólogos nacionalistas. Interessava-se pela cultura "folclórica" e "nacional", mas também queria pensar e analisar aquela divulgada pelas indústrias fonográfica e radiofônica. Ultrapassava assim tanto a condição de simples "folclorista urbano" (que recolhia, preservava e divulgava uma dada cultura popular) como também a de ativo radialista cuja pretensão era exclusivamente divertir e informar. De maneira muito intuitiva, ele criou pontes e estabeleceu convergências entre duas tradições de origens aparentemente irreconciliáveis à época: a da "pura cultura nacional-popular" e a da emergente "cultura de massa". E, por fim, do ponto de vista historiográfico, Almirante deu início individualmente a um verdadeiro "canteiro de obras" para o erguimento de uma historiografia da música popular, uma vez que "faz história" e "conta a história",[6] ao participar tanto da criação dos eventos como da formação de uma narrativa e seu acervo.

Pois bem, a obra *Almirante, "a mais alta patente do rádio", e a construção da história da música popular brasileira (1938-1958)*, da jovem historiadora Giuliana de Souza Lima – originalmente uma dissertação de mestrado apresentada no programa de História Social da Universidade de São Paulo –, procura justamente desvendar alguns destes intricados aspectos da trajetória de Almirante. Não se trata de modo algum de mais uma

---

6   CERTEAU, Michel de. "A operação historiográfica". In: A *escrita da história*. Rio de Janeiro: Forense Universitária, 1982.

16 Giuliana Souza de Lima

biografia que inunda a historiografia da música. O caminho que Giuliana escolheu para refazer essa rica trajetória está no horizonte de uma história cultural, mas que não se perde em teorizações conceituais exageradas "tecidas em camadas de ar". Nem repete preguiçosamente temas, objetos, análises e fontes, tendência de certa historiografia da música popular. Na verdade, sua pesquisa é um contraponto à "preguiça metódica" existente nos trabalhos acadêmicos em um campo ainda em formação. Ao contrário desta batida recorrente, sua investigação se ampara em sólido e diversificado trabalho documental: ela escutou dezenas e dezenas de programas radiofônicos e registros fonográficos, analisou roteiros, sondou a imprensa periódica e especializada e explorou cronistas e memorialistas. Ao mesmo tempo perscrutou e analisou com cuidado todo esse imenso corpo documental, utilizando os conhecimentos teóricos sem ortodoxias e limitações exageradas. Por fim, deu vida à trajetória de Almirante e às experiências de sua época com uma escrita clara e fluida.

Assim, Giuliana construiu uma obra historiográfica rara que o leitor poderá acompanhar e ler certamente seguindo os passos já indicados por Almirante: com muito interesse, utilidade, prazer e diversão. Neste passo, tudo indica que essa obra, como salientou Michel de Certeau, é uma historiografia "que instrui, divertindo".[7]

José Geraldo Vinci de Moraes
Prof. do Departamento de História da USP

---

7 *Ibidem*, p. 95.

INTRODUÇÃO

Na comédia musical *Garota Enxuta*, de 1959, o ator Grande Otelo vivia o papel do apresentador de um programa de televisão que homenageava a indústria automobilística nacional, cujo fio condutor era os maiores sucessos carnavalescos dos últimos tempos. Rendido aos encantos de uma cabrocha, Otelo se ufanava: "Tu 'tá' falando com a maior patente do Carnaval dessa cidade de São Sebastião do Rio de Janeiro, verdadeira enciclopédia carnavalesca!". De maneira gaiata, a moça respondia: "ah, já sei! Tu é o Almirante negativo!".

O diálogo só faz sentido e tem graça para aqueles que conheceram um dos mais importantes personagens relacionado à história e à memória da música popular no Brasil. Provavelmente, parte considerável do público frequentador dos cinemas no final dos anos 1950, que certamente era também ouvinte de rádio. Afinal, a personagem se reportava a Henrique Foreis Domingues (Rio de Janeiro, RJ 1908-1980), o cantor, compositor, pesquisador e radialista Almirante. Em virtude de sua contribuição para a diversificação da programação radiofônica e profissionalização do meio, ele já era chamado no final dos anos 1930 de a "mais alta patente do rádio". Boa parte das músicas que figuravam naquele enredo carnavalesco do filme tinha sido apresentada em seus programas no rádio nas décadas anteriores, algumas inclusive interpretadas por ele ao vivo e gravadas em disco. Aquele insólito comentário, no limiar entre a ficção da tela e a realidade do personagem, permitia entrever a importância desta personalidade no meio musical de seu tempo.

Grande parte da trajetória cultural e profissional de Almirante se confunde com a própria história da radiofonia brasileira. Os primórdios do rádio no Brasil na década de 1920 são apresentados pelos personagens que vivenciaram esse período no registro do improviso, por um lado, e do entusiasmo despertado por suas incríveis possibilidades, por outro. Os problemas técnicos de transmissão, difusão e recepção, e as dificuldades em expor os conteúdos em um formato destinado ao novo meio de comunicação impediram que ele tivesse um impacto decisivo para a cultura brasileira antes da década de 1930.[1] Sua organização inicial, sob a forma de rádio clubes com sócios pagantes e o custo dos equipamentos de recepção eram outros fatores que restringiam o público, ao passo que a programação monótona, baseada em longas e cansativas

---

1   SEVCENKO, Nicolau. "A capital irradiante: técnica, ritmos e ritos do Rio". In: *História da Vida Privada no Brasil*. V. 3: *República: da Belle Époque à Era do Rádio*. São Paulo: Companhia das Letras, 2004, p. 587-588.

oratórias, reduzia o interesse. O tipo de programação nestas condições era eminentemente elitista, vendo-se numa posição de tutela do "povo inculto". É o que indica um dos precursores da radiofonia no Brasil, o antropólogo Roquette-Pinto: "É certo que não fundaremos a Rádio Sociedade para só irradiar o que o público deseja. Nós a fundamos, principalmente, para transmitir aquilo que o povo precisa".[2]

Almirante e seus colegas de rádio seriam responsáveis por criar uma linguagem radiofônica com traços próprios e um tanto diferente daquilo que imaginava Roquette-Pinto. Na verdade, não havia projeto grandioso ou preocupação exagerada com o novo meio, sua forma e conteúdo. Tudo foi surgindo neste universo ainda desconhecido na prática cotidiana, conforme mencionou o radialista Paulo Tapajós em seu depoimento ao MIS-RJ, em 1967, quando sugeria como eram elaborados os *scripts* de programas:

> [...] não foram bolados, foram surgindo, foram nascendo, uma coisa muito espontânea. Ninguém sentou pra pensar como fazer uma rubrica de um programa, como determinar ao operador de som que ele devia fazer aquilo simultaneamente com o que estava acontecendo no estúdio.[3]

---

2   Roquette-Pinto, *apud* CABRAL, Sérgio. *No tempo de Almirante: uma história do Rádio e da MPB*. Rio de Janeiro: Francisco Alves, 1990, p. 37.

3   Depoimento de Paulo Tapajós ao Conselho de MPB do MIS. Rio de Janeiro, 5 abr. 1967.

Este exercício permitiu a esses radialistas dar origem a uma programação mais dinâmica, com características distintas do modelo educativo. Entretanto, este intuito não deixava de estar presente, como se observa nas séries produzidas e apresentadas por Almirante.

O radialista tinha um modo peculiar de realizar seus programas, cujas bases foram lançadas em sua primeira série como produtor, *Curiosidades Musicais* (primeira edição de 1935). Apesar de ser produto cultural com vistas ao entretenimento, fruto de uma sociedade em vias de modernização e ávida por novas formas de lazer, os programas de Almirante eram caracterizados pela busca obsessiva em conferir valor cultural e científico aos temas abordados. Estes dois estatutos ele tentava garantir com suas pesquisas, as quais contribuiriam para a formação de um vasto acervo sobre música popular – integrado na década de 1960 ao incipiente Museu da Imagem e do Som (MIS-RJ) e curado pelo próprio Almirante, que se tornou funcionário desta instituição. O radialista desempenharia, assim, um papel importante não apenas na divulgação da música popular pelas ondas do rádio, mas também no projeto documental, de estudo e pesquisa que assumiu para si. Deste modo, ele começou a criar condições para se tornar condutor de certa historiografia da música popular, recolhendo, organizando e arquivando sua memória. Ao mesmo tempo, recontava sua trajetória a partir de um ponto de vista muito particular, já que era tanto sujeito deste processo, como tentava organizar intelectualmente esse mundo disperso e fragmentado.

Este empreendimento era praticamente inédito, posto que, tanto na condição de tema e objeto de estudo como fonte de acesso ao passado, a música popular permaneceu durante muito tempo excluída do horizonte de pesquisa do historiador "profissional". Embora tenham ocorrido importantes transformações historiográficas na década de 1980,[4] tal quadro pouco mudou, e os historiadores se mantiveram alheios à música e aos sons até a década seguinte.

No âmbito das ciências humanas e sociais, como observou Fubini, somente a partir de meados do século XX é possível dizer que a relação entre música e sociedade foi priorizada, aspecto que o musicólogo italiano atribui à obra de Adorno. Ao tecer esta relação, Adorno não excluía a questão estética – mas a identificava também como um fato social. Salvo pelo olhar agônico que Adorno lança em direção à "indústria cultural" e à música popular em dois de seus ensaios mais conhecidos,[5] este foi sem dúvida um salto considerável nos estudos sobre a música. Em contrapartida, sua crítica ácida em relação à música popular continuou erguendo barreiras, preconceitos e dificultando as investigações sobre o tema sob a perspectiva das ciências humanas.

---

4   Podemos pensar esta guinada historiográfica nos termos que Burke define em *O que é história cultural*. O autor defende que a "Nova História Cultural", fruto de uma série de reivindicações (anticolonialista, feminista, crítica à ideia de progresso etc.), deu vazão para o historiador se aproximar de outras áreas, como a antropologia, a linguística, buscando compreender a história cultural do ponto de vista das mentalidades e sentimentos, não apenas dos sistemas de pensamento (BURKE, Peter. *O que é História Cultural?* Rio de Janeiro: Zahar, 2005, p. 69-70).

5   A este respeito cf. ADORNO, Theodor W. "O fetichismo na música e a regressão da audição" e "Sobre música popular". In: Cohn, G. (org.). T. W. *Adorno: Sociologia*. São Paulo: Ática, 1994 (Coleção Grandes Cientistas Sociais, n° 54).

No caso do Brasil, conforme apontam os balanços realizados por Moraes[6] e Napolitano,[7] os estudos sobre música popular começaram no campo das Letras, Antropologia, Sociologia, o que evidencia o caráter polissêmico e interdisciplinar deste objeto. Por outro lado, demonstra certa "surdez"[8] dos historiadores perante o mesmo. Nestas abordagens iniciais, datadas do final dos anos 1960, o campo das Letras tinha em vista os discursos poéticos das canções, ao passo que a Sociologia preocupava-se mais com os circuitos destas na sociedade. De modo geral, os raros trabalhos realizados na área de História da Música igualmente desprezavam o universo popular, tendo como eixo um paradigma historiográfico tradicional, que se concentrava somente em três aspectos: o artista, a obra, e as "escolas" artísticas, numa ótica linear e progressista.

O diálogo com estas disciplinas foi fundamental para que a História pudesse dar seus próprios passos na abordagem da música popular. No entanto, muito ela deve a intelectuais que não estiveram ligados diretamente à Academia e que, atuando na imprensa jornalística e em outros meios de comunicação, puderam lançar seus olhares (e escutas) a este rico cenário cultural. Ainda que caracterizada pelo "tom biográfico, impressionista e apologético,

---

6   MORAES, José Geraldo Vinci de. "Modulações e novos ritmos na oficina da história". *Revista Galega de Cooperación Científica Iberoamericana*, Santiago de Compostela, v. 11, 2005, p. 49-56.

7   NAPOLITANO, Marcos. "História e música popular: um mapa de leituras e questões". *Revista de História*, São Paulo, DH-FFLCH-USP, nº 157 (Dossiê História e Música), 2º sem. de 2007, p. 153-171.

8   CHIMÈNES, Myriam. "Musicologia e História – Fronteira ou terra de ninguém entre duas disciplinas?". *Revista de História*, São Paulo, DH-FFLCH-USP, nº 157 (Dossiê História e Música), 2º sem. de 2007, p. 20.

Almirante, "a mais alta patente do rádio" **23**

fundado em paradigma historiográfico tradicional", estes trabalhos são de grande relevância, por consistirem num primeiro esforço no sentido de selecionar, organizar, compilar e arquivar os registros sonoros.[9] Correspondem ainda a uma incipiente tentativa de se estabelecer hierarquias, determinar recortes, problemas e, assim, organizar as primeiras narrativas em torno deste objeto. A partir de registros circunstanciais, caraterísticos da literatura cronista e folhetinesca, em que se presencia "a fusão admirável do útil e do fútil, o parto curioso e singular do sério, consorciado com o frívolo",[10] esta produção seria determinante na elaboração de um discurso fundador acerca da história da música popular brasileira, que posteriormente influenciou inúmeros historiadores e críticos.

Estes autores, nascidos entre final do século XIX e início do XX – como Orestes Barbosa, Mariza Lira, Edigar de Alencar, Jota Efegê, Lúcio Rangel e Almirante –, formaram o que se pode chamar de "primeira geração de historiadores da música popular", os quais pela primeira vez se preocuparam com estas manifestações consideradas "indisciplinadas e inclassificáveis".[11] Um aspecto que chama atenção nesta geração – cujos integrantes merecem por si só um estudo à parte[12] – é a migração ideológica,

---

9   MORAES, J. G. V. "História e historiadores da música popular no Brasil". *Latin American Music Review*, Austin-Texas, v. 28, 2, 2007, p. 274.

10   ASSIS, Machado de. "O folhetinista". 30 de outubro de 1859. In: FARIA, J. R. (org.) *O Espelho*. Campinas: Editora da Unicamp, 2009, p. 55-58.

11   A expressão é utilizada por WISNIK, José Miguel. "Getúlio da Paixão Cearense (Villa-Lobos e o Estado Novo)". In: SQUEFF, Enio; WISNIK, J. M. *O nacional e o popular na cultura brasileira*. 2ª ed. São Paulo: Brasiliense, 1983, p. 133.

12   Esta investigação inicial foi desenvolvida em caráter de iniciação científica pelos integrantes do projeto de pesquisa *Entre a Memória e a História da*

isto é, a adaptação das ideias de cunho nacional-folclorista para se fazer a leitura da chamada música "popularesca" numa chave de legitimidade e originalidade, conferindo-lhe o status de patrimônio nacional.[13] Para Enor Paiano, a principal vitória desta geração de *folcloristas urbanos* "foi o amplo reconhecimento do samba como manifestação nacional, ou seja, autêntica e não-regional".[14] Estas experiências multifacetadas, fragmentárias e, não raro, contraditórias, consistiram em iniciativas pioneiras da compreensão da importância da música popular para a formação das identidades culturais urbanas, recorrendo a novas temáticas, objetos e fontes bem antes que estes conceitos fossem renovados e disseminados entre os historiadores.

O percurso de Almirante desperta o interesse, portanto, por múltiplas razões. Dentre elas podemos indicar, primeiramente, sua atuação no rádio, meio para o qual ele trouxe contribuições inestimáveis. Outro aspecto concerne ao tratamento que ele dispensa à música popular, incorporando aquilo o que era considerado de baixo valor cultural pelos intelectuais da época, isto é, a música urbana, difundida pelos meios de comunicação em massa. Ao voltar sua atenção a esta produção, Almirante contribuiu

---

Música, coordenado por José Geraldo Vinci de Moraes, entre 2008 e 2009, no Departamento de História da FFLCH-USP: GUIMARÃES, Eduardo Ribeiro. *Meninos eu vi: Jota Efegê e a narrativa da história da música popular brasileira* (2009); ANJOS JUNIOR, Renato Silva dos. *Lúcio Rangel e a construção da narrativa historiográfica da música popular brasileira* (2008); IZUMINO, Beatriz Pasinato. *A narrativa historiográfica de Edigar Alencar sobre a música popular brasileira* (2008).

13   MORAES, *op. cit.*, 2007, p. 278.

14   PAIANO, Enor. *O berimbau e o som universal: lutas culturais e indústria fonográfica nos anos 60.* Dissertação (mestrado em Comunicação) – ECA-USP, São Paulo, 1994, p. 68-69.

para a ampliação do universo da cultura nacional e para o seu registro, trazendo novas possibilidades de investigação para o historiador. O que não é pouco, se considerarmos que parte significativa da população no início do século XX não era alfabetizada, deixando suas marcas através de outras linguagens, entre elas a música.[15]

Esta interessante trajetória de Almirante foi muito pouco estudada,[16] sobretudo sob a abordagem que aqui se propõe. Além de artista, radialista, colecionador, funcionário público, pesquisador da cultura popular, biógrafo e educador,[17] Almirante foi um *historiador* peculiar, pois sua "obra historiográfica" está organizada na forma de narrativa radiofônica, como sugere essa investigação. Tendo em vista sua contribuição à historiografia da música popular, estabelecemos como balizas 1938 e 1958, período de formação e amadurecimento de suas ideias. Este recorte

---

15 Conforme observou Sandroni, nos anos 1930, as músicas veiculadas pelo rádio e pelo disco tornaram-se um fato social cada vez mais relevante, dando fôlego a um novo tipo de produção intelectual, que passou a incorporar outra concepção de popular, vinculando-a à ideia de "povo brasileiro" (SANDRONI, Carlos. "Adeus à MPB". In: CAVALCANTE, Berenice; STARLING, Heloisa Maria Murgel; EISENBERG, José (orgs.). *Decantando a República.* V. 1: *Inventário histórico e político da canção popular moderna brasileira.* Rio de Janeiro/São Paulo: Nova Fronteira/Fundação Perseu Abramo, 2004, p. 27-8).

16 Cf. MORAES, *op. cit.*, 2007, p. 287.

17 O viés "pedagógico" do trabalho de Almirante é talvez o tema mais recorrente nos estudos que abordam o radialista. Ver: REIS, José Roberto Franco. "Rádio, nacionalismo e cultura popular durante o Estado Novo: a pedagogia radiofônica do Almirante". In: *Temas de Ensino Médio: formação.* Rio de Janeiro: Escola Politécnica de Saúde Joaquim Venâncio, 2006, p. 63-75; BARROS, Orlando de. "Um debate sobre a índole do rádio nos tempos de Vargas: a 'pedagogia do ar' de Almirante". *Revista Maracanan,* Rio de Janeiro, ano I, n° 1, 1999/2000.

remete à sua atuação no rádio, do primeiro registro disponível, até o momento em que sua carreira radiofônica foi interrompida, em decorrência de um acidente vascular cerebral. Não excluiremos, entretanto, os trabalhos de Almirante que ultrapassam este recorte, estendendo-se na imprensa escrita e no livro *No tempo de Noel Rosa*, cuja primeira edição foi publicada em 1963.

Sendo assim, a partir da documentação existente, esta pesquisa, originalmente uma dissertação de mestrado desenvolvida no Departamento de História da FFLCH-USP, priorizou os programas de Almirante em que a abordagem estabelecia uma relação mais direta com a música popular, o que corresponde a parte significativa de sua obra.[18] Outro material de interesse foram os depoimentos dos colegas de profissão de Almirante, pois trouxeram elementos para compreender melhor o estilo de rádio que se fazia em seu tempo, e o papel da "mais alta patente" neste meio.

Analisar estas gravações e roteiros radiofônicos implicava em metodologias distintas da análise de uma documentação escrita convencional. Uma questão incontornável, neste sentido, era a pluralidade de linguagens, o que exigiu um tratamento interdisciplinar das fontes. Em apenas quinze ou trinta minutos (duração aproximada de cada programa), encontravam-se elementos da linguagem radiofônica, marcada por ritmos próprios, encadeando quadros sonoros, exposição de conteúdo e publicidade; da

---

18   Entre as séries não compulsadas, algumas pela ausência de fontes e outras por fugirem ao escopo da pesquisa, estão: *Orquestra das Gaitas* (1940), *História das Danças, Campeonato Brasileiro de Calouros, Academia dos Ritmos* (1952), *Caixa de Perguntas* (1938), *Programa das Reclamações* (1939), *Anedotário das Profissões* (1946), e *Recordações de Noel Rosa* (Rádio Record, 16/1-13/2/1953).

linguagem musical, que ora servia apenas de trilha incidental à fala, ora era o objeto central; e da linguagem verbal, produzindo múltiplos discursos a respeito da música. Foi necessário, portanto, desenvolver um exercício constante de *escuta atenta*, que possibilitasse diferenciar estes vários níveis de linguagem e entender os mecanismos pelos quais eles foram construídos.

Além da própria fugacidade do objeto sonoro,[19] tivemos que lidar ao longo da investigação com outros entraves, como o aspecto fragmentário e a dispersão das fontes em meio às sucessivas reorganizações de suas coleções de origem. A maior parte das gravações consultadas integra o acervo da Collector's, empresa criada pelo locutor e jornalista José Maria Manzo, que passou grande volume de material radiofônico para fitas cassetes, recentemente digitalizadas. Manzo, que trabalhou na Rádio Nacional, Globo e Mayrink Veiga, certamente percebeu a importância daquele material e iniciou a cópia dos programas, cujo suporte original era acetato. Parte de seu acervo era duplicata do acervo do MIS-RJ, adquirida através de um convênio feito com o museu na década de 1980. Sobre essa situação, Adua Nesi, que foi estagiária de Almirante à época de sua atuação no MIS-RJ, comenta:

> Muita coisa foi tirada daqui do museu mesmo. Porque o museu fez um convênio, que eu fui contra na época, mas depois eu vi que foi bem feito, porque o museu pegou fogo, o

---

19 MORAES, José Geraldo Vinci de; MACHADO, Cacá. "Música em conserva". *Revista Auditório*, São Paulo, Instituto Auditório Ibirapuera, 2011, p. 160-183. Disponível em: <http://www.auditorioibirapuera.com.br/wp-content/uploads/2011/08/Revista_Auditorio.pdf>. Acesso em: 26 mar. 2012.

museu mudou, caiu o teto, enfim. É melhor ser propagado pelo Brasil inteiro do que ficar enterrado aqui.[20]

Isto permitiu inclusive a ampliação destes registros sonoros, pois José Manzo se encarregou de procurar pelos programas que completassem algumas séries. Como as pessoas sabiam que ele guardava este material, lhe doavam, o que permitiu fazer com que o mesmo chegasse até os dias atuais. Do contrário, como Adua presumiu, poderia nem mais existir, dado aos problemas estruturais atravessados pelo MIS e à fragilidade de suporte original das gravações. Ainda nesta instituição foram compulsadas dezenas de roteiros radiofônicos, de diferentes séries, realizadas por Almirante entre os anos 40 e 50, na Rádio Tupi e na Rádio Nacional.[21]

Além dessas gravações, foram consultadas duas séries de Almirante que ainda se encontram no acervo da Rádio Nacional, com raros e fragmentários episódios: *Recolhendo o Folclore* e *História das Orquestras e Músicos do Brasil*. Um dado curioso se remete à maneira como estão arquivados estes programas. Todos os discos que os registravam foram passados para CD, o que facilita o manuseio, preservação e consulta. No

---

20 Depoimento concedido por Adua Nesi à autora, na Sala de Atendimento ao Pesquisador do MIS. Rio de Janeiro, 20 jul. 2010.

21 Parte desta coleção foi digitalizada à época da pesquisa. Havia ainda certa dificuldade em acessar a documentação, posto que o banco de dados não permitia busca por palavras-chave, data etc. Os documentos traziam dupla numeração – a da catalogação original e a posterior à digitalização. Optamos pela última nas referências às fontes presentes no texto.

entanto, as séries raramente apresentavam começo, meio e fim num único volume. Segundo Alberto Luiz, técnico responsável pelo acervo, os programas iam ao ar ao vivo, e eram gravados em discos separadamente, para que não se perdessem partes da audição. Quando terminavam as faixas registráveis no disco do primeiro prato, eles automaticamente continuavam gravando no segundo, enquanto faziam a substituição, e assim sucessivamente. Os discos eram aproveitados na íntegra. Por tal razão, era comum que, de um lado estivesse gravado um noticiário esportivo e, do outro, um programa musical, por exemplo. No momento em que estes discos foram passados para CD, num projeto com patrocínio da Petrobras, não houve nenhum estudo prévio para localizar suas sequências, de modo que foram digitalizados na ordem trazida originalmente nos discos, e compilados a outros. Os dados técnicos, que estavam presentes nas capas dos discos, não foram transcritos para os encartes dos CDs, o que torna sua localização quase impossível, se não fossem as fichas originais dos discos.

À parte destas questões, o esforço foi em criar um método baseado na *escuta atenta*, considerando todas as informações identificáveis nas gravações e na ficha técnica impressa ou datilografada, como o nome do programa, o tema da audição, participações e músicos creditados, o locutor (quando mencionado), a emissora, data em que foi ao ar, duração, ano e patrocinador. Semelhante procedimento foi adotado com relação aos *scripts* dos programas recorrendo-se às informações textuais, o que só foi possível porque Almirante escrevia detalhadamente seus roteiros. Partindo-se dos registros, foi realizado um mapeamento da obra de Almirante, permitindo assim localizar programas específicos dentro do conjunto analisado, e levantar questões de interesse à pesquisa, desenvolvidas ao longo de suas três partes.

Interessava observar, através da análise da documentação, primeiramente, como Almirante efetuava suas escolhas e articulava alguns conceitos que permeiam o vocabulário dos historiadores – a noção de tempo, de "fato histórico", de "verdade", o papel da memória, as diferentes tipologias de fontes e seus critérios de seleção. Essa condição permitiu compreender como se organizou inicialmente a historiografia de Almirante em torno da música popular brasileira, contribuindo para pensarmos simultaneamente a cultura e a sociedade da qual ela é elemento essencial, tanto para sua formação como para sua compreensão. Muitas vezes o esforço foi em priorizar estes "depoimentos involuntários", dando-lhe função e sentido diferentes daqueles para os quais eles foram criados.[22]

Para abordar estes aspectos, o trabalho foi dividido em três partes. A primeira – "Atenção, aí vem o Almirante" – apresenta inicialmente a trajetória do radialista e em seguida introduz as principais características de seus programas, procurando discutir a construção da sonoridade radiofônica, tanto do ponto de vista de seu conteúdo como da nova estética empregada. Outro aspecto salientado é o papel desempenhado pela música na estrutura de cada programa. Com essas diretrizes básicas percorrem-se três importantes séries: *Curiosidades Musicais, Aquarelas do Brasil, Instantâneos Sonoros do Brasil* e *O Pessoal da Velha Guarda.*

---

22 CERTEAU, Michel de. *A escrita da História.* Rio de Janeiro: Forense Universitária, 1982, p. 83.

Almirante, "a mais alta patente do rádio"   **31**

Na segunda parte – "A mais alta patente do rádio" – são examinados alguns dos programas que não estavam diretamente relacionados à categoria de musicais, mas que contribuíram para analisar a percepção do radialista sobre o folclore e a cultura – especialmente a música – popular. São apontadas também as novas dinâmicas assumidas pela radiofonia ao longo dos anos 1940 e 1950, e as mudanças ocorridas dentro de sua estrutura, como a dinamização e maior participação dos anúncios publicitários, cada vez mais elaborados. Entre as séries analisadas estão *Onde está o poeta?*, *Incrível! Fantástico! Extraordinário!*, e *Recolhendo o Folclore*.

A terceira e última parte – "Operações historiográficas" – propõe-se a investigar as séries mais "historiográficas" de Almirante, isto é, aquelas que tinham o objetivo declarado de realizar uma narrativa histórica, embora suas fronteiras fossem muito fluidas em relação à memória. Nela é apresentado um esboço da formação intelectual de Almirante, e apontam-se também os modos pelos quais ele construiu um discurso eminentemente historiográfico, dando destaque às séries *Histórias do Nosso Carnaval*, *História do Rio pela Música*, *História das Orquestras e Músicos* e *No tempo de Noel Rosa*.

Seguindo este *script*, pretende-se que o leitor também se aventure à "escuta" deste instigante personagem da história, memória e historiografia da música popular brasileira.[23] *Mas atenção: aí vem o Almirante.*

---

23   Ao fim do livro, o leitor encontrará um índice temático dos programas compulsados e um roteiro para explorar o universo sonoro narrado nestas páginas, que está disponível para consulta no site www.memoriadamusica.com.br.

I. "ATENÇÃO, AÍ VEM O ALMIRANTE"

UM HOMEM PRÁTICO, NESSE SÉCULO PRÁTICO

No final dos anos 1940 ia ao ar às segundas-feiras, com reapresentação às sextas-feiras, a série radiofônica *Caricaturas*, produzida por Fernando Lobo e apresentada pelos principais locutores da Rádio Nacional do Rio de Janeiro. Nesta época, o rádio já havia assumido o papel de principal meio de comunicação social, chegando ao "recanto mais íntimo do lar, repousando sobre uma toalhinha de renda caprichosamente bordada".[1] Com a introdução dos rádios de válvula no final dos anos 1920, os aparelhos receptores tornaram-se cada vez mais acessíveis à população. Se não possuísse um aparelho próprio, o indivíduo poderia ainda recorrer à "prática social amistosa da

---

1   SEVCENKO, Nicolau. "A capital irradiante: técnica, ritmos e ritos do Rio". In: *História da Vida Privada no Brasil*. V. 3: *República: da Belle Époque à Era do Rádio*. São Paulo: Companhia das Letras, 2004, p. 585.

34   Giuliana Souza de Lima

rádio-vizinho".[2] As emissoras também se multiplicaram entre os anos de 1944 e 1950 e ganharam maior potência difusora, superando as limitações iniciais, como a interferência, que as obrigava a funcionar em dias da semana e horários alternados. Ao lado destas inovações, o rádio já contava com uma programação variada, com capacidade de satisfazer preferências diversas, participando intensamente do cotidiano da sociedade brasileira. Através deste aparelho "mágico", em quase qualquer ponto do país, era possível receber notícias do Brasil e do mundo, mergulhar no universo ficcional das radionovelas, distrair-se com os programas humorísticos e de variedades e animar as reuniões familiares aos ritmos mais populares da música brasileira e estrangeira.

Começava a se consolidar assim uma espécie de *star system* nacional, no qual os ídolos populares eram então as personalidades em destaque à época com atuação no rádio e no disco. Era sobre elas que a série *Caricaturas* tratava. O programa consistia numa espécie de biografia resumida dos personagens que, como o título indicava, reforçava, através do humor, da imitação de vozes, seus traços mais distintos, contando sua trajetória de vida até alcançarem a fama.

No episódio do dia 1º de setembro de 1947, narrado por Paulo Roberto, o caricaturado da noite foi o cantor, compositor, radialista e pesquisador Almirante (Henrique Foreis Domingues, Rio de Janeiro RJ 1908 – 1980). Ele era caracterizado pelo narrador como um "homem alto e forte, [que] faz rádio, escreve para o rádio, canta para o rádio, idealiza, realiza e estuda a origem dos

---

2   CALABRE, Lia. *No Tempo do Rádio: radiodifusão e cotidiano no Brasil – 1923-1960.* Tese (doutorado em História) – Universidade Federal Fluminense, Niterói, 2002, p. 179.

nossos ritmos e sabe histórias de mil e uma noites".[3] Se as primeiras características lhe renderam o apelido que carregaria por toda a vida, dentro e fora do meio radiofônico, as demais seriam o motivo pelo qual ele era reconhecido, já no final da década anterior, como "a mais alta patente do rádio".[4]

Estes eram, de fato, aspectos marcantes da obra de Almirante: além de cantar e contar histórias e anedotas no ar, os seus programas se destacavam por apresentar temas relacionados à cultura popular, sobretudo música, precedidos geralmente por densa pesquisa. Em pouco tempo conquistaria a posição de "maior autoridade em música popular do Brasil". Como observou o jornalista e cronista Edigar de Alencar, no prefácio que escreveu em 1963 para o livro *No tempo de Noel Rosa*, "nenhum compositor popular brasileiro poderá hoje contar rigorosamente a sua própria vida sem recorrer aos admiráveis arquivos de Henrique Foreis Domingues".[5]

Almirante foi o apelido que o jovem Henrique recebeu quando serviu à Reserva Naval. Vindo de uma família remediada, optou por

---

3   Fernando Lobo (produtor), Paulo Roberto (narrador). *Programa Caricaturas*, "Caricatura de Almirante", 1º set. 1947. Collector's Studios, AER275, lado A.

4   Não se sabe ao certo a origem deste *slogan*. Sérgio Cabral, em sua biografia sobre Almirante, atribuiu a invenção ao *speaker* Oduvaldo Cozzi, na estreia do radialista na Rádio Nacional, em 7 de abril de 1938. No entanto, o locutor César Ladeira já era famoso por criar epítetos e frases de efeito para apresentar os artistas, e este talvez seja mais um (Cf. CABRAL, *op. cit.*, p. 172; SAROLDI, Luiz Carlos; MOREIRA, Sônia Virgínia. *Rádio Nacional: o Brasil em sintonia*. 3ª ed. Rio de Janeiro: Zahar, 2005, p. 39).

5   ALENCAR, Edigar de. "Prefácio" (1963). In: ALMIRANTE (Henrique Foreis Domingues). *No tempo de Noel Rosa*. 2ª ed. Rio de Janeiro: Livraria Francisco Alves Editora, 1977, p. 9.

quitar suas obrigações com o serviço militar na Marinha, que exigia somente a presença noturna, para que pudesse continuar trabalhando durante o dia como contador no escritório Costa Guimarães & Cia., Rua Theóphilo Otoni, 115. De estatura alta, voz imponente e fala bem articulada, logo foi escolhido como o orador de sua turma. Ganhou também a simpatia de seus companheiros pelo seu lado folião: gostava de cantar emboladas e participava de blocos carnavalescos. Chegou inclusive a compor um hino para o seu batalhão, como seria lembrado naquela audição de *Caricaturas*.

Este interesse musical levou o jovem contador a iniciar uma vida artística, ao lado do compositor Braguinha (Carlos Alberto Ferreira Braga), como cantor e pandeirista do grupo amador Flor do Tempo, em Vila Isabel. A primeira apresentação oficial com sua participação ocorreu em julho de 1928, na residência que dava nome ao conjunto, do empresário Eduardo Dale, diretor da Casa Pratt. Com a crescente facilidade proporcionada pela introdução das gravações elétricas no país, logo receberam convite para gravar um disco. Para se adaptar aos limites físicos de um estúdio, entretanto, escolheram alguns integrantes e formaram um novo conjunto. O nome escolhido, Bando de Tangarás (1929), aludia a estes pássaros, que se ajuntavam em roda para "cantar e dançar" com um deles ao centro. Além de Almirante e Braguinha, faziam parte do grupo os compositores e violonistas Alvinho (Álvaro Miranda), Henrique Brito e Noel Rosa. Braguinha sugeriu que cada integrante adotasse um pseudônimo com um nome de pássaro, mas só ele aderiu, tornando-se conhecido como João de Barro – o que era conveniente a um filho de um empresário de classe

Almirante, "a mais alta patente do rádio" **37**

média, para não arrastar o nome de família para o "campo ainda mal visto da música popular".[6] Inspirado nos grupos de música regional que estavam em alta no Rio de Janeiro no final dos anos 1920 – como Os Turunas da Mauricéia –, O Bando de Tangarás realizou diversas gravações em seu curto período de existência. Através do Bando, Almirante se destacou como cantor de cocos e emboladas e compositor em vários gêneros que começavam a se popularizar na capital.

Um evento que parece ter causado grande repercussão foi a gravação do samba "Na Pavuna" (1929) – que se tornaria o prefixo musical de todos os programas radiofônicos de Almirante nos anos seguintes. Composto em parceria com Homero Dornelas e concebido como um samba de rua, com a batucada das escolas de samba, "Na Pavuna" nascia quebrando paradigmas. Havia uma convenção, vinda dos tempos da gravação mecânica, de que a cera não era capaz de registrar as batidas da percussão. Segundo Almirante, graças à "influência que tinham na gravadora pela venda dos discos do Bando de Tangarás", conseguiram convencer o técnico de som a fazer a prova e, assim, "pela primeira vez soaram dentro dos estúdios da Odeon os coros dos tamborins, cuícas e pandeiros [que] daí viriam então a constituir uma das curiosidades da música popular brasileira".[7] Logo se percebeu que os instrumentos de percussão sobressaiam-se em relação ao violão e ao cavaquinho, sendo necessário buscar reforço: o piano de Carolina Cardoso de Menezes e o bandolim de Luperce Miranda. No entanto, lá estava a bateria,

---

6   ALMIRANTE, *op. cit.*, 1977, p. 44.

7   Gravação do terceiro episódio da série *No tempo de Noel Rosa*, 20 abr. 1951. Collector's Studios, AER078, lado A.

38 Giuliana Souza de Lima

tanto tempo rejeitada nos estúdios, como pano de fundo à interpretação do Bando de Tangarás! Uma das consequências do sucesso de "Na Pavuna" foi a abertura de um campo de trabalho para ritmistas nas gravadoras, dentre os quais se destacaram João da Bahiana, Tio Faustino, Alcebíades Barcelos (Bide) e Armando Marçal.[8]

Com o fim do Bando, em 1933, Almirante seguiu uma carreira solo relativamente bem sucedida. Gravou dezenas de discos de 78 rotações, principalmente pela Victor e pela Odeon, e estava entre os cartazes do meio musical da época. Não tinha a popularidade de cantores como Francisco Alves ou Mário Reis, mas era bastante reconhecido no meio artístico. Havia também participado de *scketchs* em produções cinematográficas, que era uma importante esfera de divulgação da música urbana. Participou dos filmes *Estudantes* (1935), *Alô, alô, Brasil* (1935), dirigidos por Wallace Downey, *Banana da Terra* (1938), e *Alô, Alô Carnaval* (1936), dirigido por Adhemar Gonzaga e roteirizado por João de Barro e Alberto Ribeiro.

Quanto às antigas parcerias, pouco mudou em sua carreira solo. Continuou interpretando composições de João de Barro e Noel Rosa, mas ficou livre para estabelecer parcerias novas, com compositores como Lamartine Babo, Alberto Ribeiro, Nássara, Bide e Assis Valente. Em seu repertório eram menos frequentes as músicas românticas: preferia canções jocosas e temas regionais tradicionais adaptados. Talvez por essa tendência para o humor tenha criado uma afinidade com o amigo e parceiro musical Noel Rosa, considerado por ele o melhor compositor brasileiro de todos os tempos, como defenderia anos depois na série *No Tempo de Noel*

---

8   CUNHA, Fabiana Lopes da. *Da marginalidade ao estrelato: o samba na construção da nacionalidade (1917-1945)*. São Paulo: Annablume, 2004, p. 155.

Almirante, "a mais alta patente do rádio" **39**

Rosa (Rádio Tupi, 1951). Na década de 1930, chegou ainda a fazer turnê pelo Nordeste ao lado da cantora Carmen Miranda. Nesta oportunidade, movido pela curiosidade pelos ritmos regionais, aproveitou para fazer seu primeiro trabalho de coleta musical.

Assim como muitos artistas da época, Almirante iniciou a carreira radiofônica primeiramente como intérprete. Contratado em 1932 como cantor exclusivo do legendário *Programa Casé*, aos poucos assumiu novas funções – inclusive cuidar dos horários do contrarregra, o boêmio Noel Rosa –, auxiliando o produtor Ademar Casé na parte administrativa e artística. Mais tarde se tornaria também o diretor artístico do programa, quando este foi para a Rádio Tupi, em 1951. Durante um período de afastamento do produtor, Almirante assumiu a direção, criando o quadro "Curiosidades Musicais" (1934) a fim de não perder um anunciante. A aceitação do cliente e do público foi imediata, e as atribuições de Almirante no rádio cresceram cada vez mais.

Naquele episódio, cujo tema era "Duas notas mágicas", Almirante demonstrava tudo que era possível fazer utilizando apenas duas notas musicais. O quadro deu nome ao seu primeiro programa como produtor independente, na Rádio Transmissora, em 1935, e mais tarde foi levado para a Rádio Nacional, onde ficaria por aproximadamente três anos, trazendo a cada audição aspectos curiosos da música, desde seus efeitos exercidos "sobre os estados de espírito humanos" até a origem de algumas manifestações da cultura popular, como a batucada "Zé-Pereira", que tomava as ruas do Rio de Janeiro nos dias de Carnaval.[9]

---

9   *Curiosidades Musicais*, "A música sugestionante", 1939; "A evolução do Carnaval", 1940. Collector's Studios, n° 1, AER197, lado B; n° 2, AER199, lado A.

40 Giuliana Souza de Lima

Para organizar e materializar seus primeiros programas radiofônicos, o produtor estreante consultou parte da bibliografia disponível sobre temas folclóricos, como cantigas de capoeira da Bahia, rezas para defuntos, pregões do Brasil, músicas de cegos, bumba-meu-boi, congadas, maracatus, reisados e pastoris, entre tantos outros. A partir de meados dos anos 1940, ampliou esse universo folclórico e tratou de temas ainda pouco usuais, como a origem do samba urbano e das escolas de samba e a história das orquestras e dos músicos brasileiros. Esse era um meio que ele conhecia de perto, já que era um de seus protagonistas. Mesclando essas experiências de vida com suas reminiscências, Almirante começou a organizar esse material disperso e fragmentado, tratando de contá-los numa certa lógica e linearidade.

Na verdade, na ausência de intelectuais interessados por estes temas dentro dos circuitos acadêmicos, os primeiros relatos voltados à narração da história desta nova música popular urbana surgiram de maneira quase intuitiva, e coube basicamente aos jornalistas, cronistas e músicos populares fazê-lo. Estes intelectuais informais – entre os quais Almirante, Edigar de Alencar, Orestes Barbosa, Vagalume, Jota Efegê, Mariza Lira e Lúcio Rangel – constituem o que identificamos como uma "primeira geração de historiadores da música popular brasileira".[10] Recorrendo ao que o historiador francês Michel de Certeau conceituou como *tática*,[11] isto é, "a ação calculada que é determinada pela ausência de um próprio", seus integrantes, nascidos entre

---

10   A expressão é utilizada por José Geraldo Vinci de Moraes (2007), p. 274.

11   CERTEAU, Michel de. *A invenção do cotidiano. Artes de fazer.* 2ª ed. Petrópolis: Vozes, 1996, p. 100.

o final do século XIX e início do XX, desenvolveram práticas semelhantes de arquivo de registros, estabelecimento de fatos e organização de uma "linha evolutiva" em torno da música popular brasileira. Ao contrário de uma atuação *estratégica*, que envolve o cálculo ou manipulação das relações de força dentro de uma esfera de poder determinada, estes sujeitos agiram jogando em um terreno organizado por forças estranhas, "dentro do campo de visão do inimigo", e ao sabor do acaso. Essa atuação, à margem dos lugares reconhecidamente intelectuais, possibilitou justamente que eles tivessem a liberdade de tratar destes temas, ainda escusos. Mais que isso, como não havia recortes feitos, eles que se encarregaram de estabelecer critérios para avaliar a produção musical de seu tempo e, sobretudo, foram responsáveis pela fixação de um conceito inicial sobre música popular, o qual enviesou as discussões posteriores neste campo.[12]

A fim de reunir elementos para reconstituir os passos de sua experiência e dessa história recente da música, o radialista começou também a fazer sua própria hemeroteca, além de reunir partituras e outros documentos de compositores urbanos da virada do século, como Anacleto de Medeiros (1866-1907), Chiquinha Gonzaga (1847-1935) e Ernesto Nazareth (1863-1934). Essa sua prática colecionista gradativamente o tornou uma espécie de historiador da música popular em seu tempo – impressão compartilhada, a que tudo indica, não só pelos seus pares, mas pelo próprio público ouvinte. Em uma das cartas endereçadas ao

---

12 Neste sentido, pode-se perceber a influência que estes sujeitos tiveram em obras de referência da música popular, desenvolvidas a partir dos anos 1960, embasando os trabalhos de Ary Vasconcelos, Jairo Severiano, Zuza Homem de Mello e José Ramos Tinhorão.

radialista, por exemplo, o ouvinte J. Silveira Lima a ele se remetia como "locutor musical e historiador".[13]

Como colecionador, chegava a ser fetichista, guardando consigo até o atestado de óbito do amigo Noel Rosa – como revelou na série que abordava a biografia do poeta da Vila[14] –, e uma mesa do extinto Café Nice, ponto de encontro da boêmia carioca e seus músicos. Este empenho, por outro lado, fez com que ele conquistasse, além do respeito do público geral, a credibilidade de outros pesquisadores – estes sim agentes de esferas reconhecidas intelectualmente –, como o folclorista Câmara Cascudo e o musicólogo Renato de Almeida, que a ele confiavam documentos e recorriam para consultas. Em uma de suas correspondências com o radialista, Renato Almeida admitia ser, "positivamente, seu fan mais cacete, porque enquanto os outros lhe enviam sugestões e lhe aliviam portanto o trabalho, vivo eu a amolá-lo a cada passo".[15] Em seguida, o musicólogo e folclorista baiano lhe enunciava o pedido de esclarecimento:

> Na sua palestra de 2ª feira, você citou aquele refrão de embolada:
>
> Tengo, tengo
> Ferreiro bate o malho
> etc. etc.

---

13 Carta escrita pelo ouvinte J. Silveira Lima, sobre a composição "Tico-Tico no Fubá", s/d. Acervo MIS-RJ, Coleção Almirante, doc. 102.

14 *No Tempo de Noel Rosa*, série em 22 capítulos, 1951. Collector's Studios, AER077 – AER087, lados A e B.

15 Carta de Renato Almeida a Almirante. Rio de Janeiro, 15 maio 1938. Acervo MIS-RJ, Coleção Almirante, doc. 501.

que é refrão legítimo do Nordeste. Aqui no Rio, há tempos, cantou-se uma variante deformada, mas a sua é a boa. Agora, vem o pedido: você me póde mandar o texto musical desse refrão. Ando há muito tempo atraz dele, mas, sempre que obtenho, vem o da variante, que é diferente até no verso. Se fôr possível, não lhe preciso dizer o meu agradecimento.

E disponha desse seu admirador, que o escuta sempre com atenção e proveito, [e se subscreve]

[ ]

Renato Almeida

Dois anos mais tarde, Renato Almeida faz outro pedido por carta,[16] cujo conteúdo sugere certa frequência de seus diálogos com Almirante, apesar da rarefação deste tipo de fonte em sua coleção:

Meu Caro Almirante,

Você disse que a minha carta foi um presente de Natal para você, no entretanto, você é que foi meu Papai-Noel, enviando-me aquelas coisas deliciosas e de valor inestimável. Não sei como lhe hei-de agradecer. As que cito, não só menciono que recebi de você, como ainda indico o nome da pessoa que fez a colheita, o que espero merecerá o seu acolhimento.

---

16 Carta de Renato Almeida a Almirante. Rio de Janeiro, 2 jan. 1940. Acervo MIS-RJ, Coleção Almirante, doc. 502.

Uma coisa que lhe quero perguntar: que se chama "samba do partido alto"? E mais uma pergunta: o chôro tem três partes, quais são elas? Desculpe estas caceteações, mas você é uma das raras pessoas a quem a gente se pode dirigir no Brasil. E um pedido final: você pode mandar-me aquele sambinha da Penha, que cantou no programa de ontem?

E, com os votos de felicíssimo 1940, lhe mando um abraço muito agradecido e afetuoso,

Renato Almeida

Sem nenhuma referência, Almirante se encarregou de inventar um arquivo especializado em música popular. Um instrumento fundamental que usou para erguê-lo foram seus inúmeros "apelos por este microfone".[17] Valendo-se de sua ferramenta de trabalho, o radialista conseguiu criar uma sólida rede de colaborações, atendendo aos pedidos dos ouvintes e recebendo deles contribuições para seus programas e, consequentemente, para a construção de seu acervo. Além dos ouvintes da capital, eram numerosas as cartas que lhe chegavam de ouvintes de outros estados, sobretudo São Paulo, Bahia e Minas Gerais.[18]

Gradativamente Almirante passou a ser reconhecido como um pesquisador sério e colecionador compulsivo. Ao receber

---

17 *Curiosidades Musicais*, "Cantigas de Capoeiras da Bahia", 20 jun. 1938. Collector's Studios, AER197, lado A.

18 Segundo Cabral, Almirante seria responsável pela primeira transmissão em cadeia nacional no seu programa de estreia na emissora, embora jamais tenha reivindicado para si esta primazia. Cf. *Op. cit.*, p. 175.

partituras de um determinado compositor, buscava completar a coleção, reunindo um grande volume de informações e materiais. Neste sentido, a descrição caricatural feita por Fernando Lobo em 1940 era bastante precisa:

> [...] a sua sala é um amontoado de livros, de cuícas, de tamborins, um escritório que se assemelha a um bazar, onde tudo existe, onde nada falta. [...] Por ali passam os que querem saber sobre música e sobre coisas de música. E passam também os que querem um pouco de iodo, para botar na cabeça do dedo, ou os que querem uma linha – uma linha cinzenta – para pregarem um botão etc. etc. Um homem prático, nesse século prático.[19]

Ser um "homem prático", além de uma característica pessoal do radialista, era absolutamente necessário: de 1930, quando começou a reunir materiais sobre música popular, até 1964 – quando seu arquivo foi vendido para o estado da Guanabara, para dar origem ao Museu da Imagem e do Som, juntamente com a obra dos fotógrafos Augusto Malta e Guilherme dos Santos[20] –, ele reuniu

---

19 Fernando Lobo, *op. cit.*

20 Segundo Cláudia Mesquita, o MIS-RJ se afastou do seu projeto original, tornando-se o projeto de seu Conselho de MPB, do qual Almirante fazia parte. A memória do radialista dentro da instituição era tão forte, "a ponto de se pensar ter sido o seu arquivo pessoal a base de criação do MIS. As lembranças do pesquisador e radialista consolidaram-se como uma das mais cultuadas no Museu da Imagem e do Som, seja pela grande procura de pesquisadores aos seus acervos sobre música popular, ou por intermédio de inúmeras homenagens póstumas" (MESQUITA, Cláudia. *Um museu para Guanabara: Carlos*

mais de "cem mil partituras, centenas de álbuns com recortes de jornais e revistas, discos, fotografias, programas de teatro, catálogos de gravadoras, coleções de jornais de modinhas, livros, libretos teatrais".[21] Sua coleção neste museu foi e é consultada por diversos "estudantes, professores, escritores, artistas de Rádio, TV, teatro, jornalistas, compositores, figuras ligadas aos mais diferentes assuntos", que "fixaram suas assinaturas nas buscas na Musicoteca, Biblioteca e o Dicionário de Músicos e Compositores Brasileiros".[22] De novembro de 1966 a 31 de dezembro de 1973 constam 11.721 assinaturas, entre as quais figuram com frequência os pesquisadores João Máximo, Jairo Severiano e Edigar de Alencar, que também era seu amigo pessoal.

Para dar conta desta vasta documentação, o colecionador teve que desenvolver um sistema de catalogação, recorrendo ao auxílio de Mercedes Reis Pequeno, pesquisadora e precursora da biblioteconomia musical do Brasil, responsável pela criação da Divisão de Música da Biblioteca Nacional.[23] Como ele contou em

---

Lacerda e a criação do Museu da Imagem e do Som (1960-1965). Rio de Janeiro: Folha Seca/Faperj, 2009, p. 171-172). Mais tarde, o acervo fonográfico do jornalista Lúcio Rangel, contendo aproximadamente 16 mil discos em 78 rotações, também foi comprado pela direção do museu, formando-se o primeiro acervo institucional contendo parte da memória da cultura musical popular e urbana do século XX (MORAES, J. G.; MACHADO, C. "'Música em conserva': memória e história da música no Brasil". In: Bresciano, Juan Andrés [comp.]. *La memoria histórica y sus configuraciones temáticas: una aproximación interdisciplinaria*. Montevidéu: Ediciones Cruz del Sur, 2011).

21 CABRAL, Sérgio. *No tempo de Almirante: uma história do Rádio e da MPB*. Rio de Janeiro: Francisco Alves, 1990, p. 336.

22 Livro de Visitas do MIS-RJ, março de 1974; 367p. Acervo MIS-RJ, Coleção Almirante, doc. 2103.

23 Esta informação foi fornecida pela museóloga Adua Nesi, estagiária no

seu depoimento ao Conselho de MPB do MIS-RJ,[24] em 1967, na verdade ele era um "malandro": trabalhava mais, organizando seu material, para poder trabalhar menos, quando necessitasse localizar qualquer documento. Esta capacidade de organização surgiu da necessidade cotidiana de elaborar seus programas, cuja pauta era completamente roteirizada e ensaiada antes de ir ao ar. Com *Curiosidades Musicais*, Almirante é reconhecido como o primeiro radialista no Brasil a realizar um programa montado, no qual texto, música e publicidade se encaixavam perfeitamente, fato absolutamente inédito para o ambiente de improvisação do rádio na época.

O laboratório da linguagem radiofônica brasileira: *Programa Casé*

O *Programa Casé*, estreado na Rádio Philips em 1932, foi uma espécie de "laboratório" para toda uma geração de radialistas e artistas do rádio. Pela primeira vez no Brasil notava-se a preocupação em se criar uma linguagem radiofônica de fato. Além disso, foi com este programa que o rádio começou a ganhar feições mais profissionais, com o estabelecimento de contratos e pagamento de bons cachês para os artistas. Por ali passaram e se consagraram os cartazes nacionais, como as irmãs Carmen e Aurora Miranda, João Petra de Barros, Sílvio Caldas, Marília Batista, Noel Rosa, João de Barro,

---

período em que Almirante atuou no MIS-RJ, tomando conta do próprio acervo. Muitas das fichas criadas pelo radialista se encontram até hoje no museu, ainda que de maneira difusa, após sucessivas reorganizações do acervo.

24　Depoimento de Almirante a Paulo Roberto, Ricardo Cravo Albin e Paulo Tapajós, dia 11 abr. 1967. MIS-RJ, Coleção Depoimentos Para Posteridade, "Almirante".

e o regional de Pixinguinha, com Donga, Luís Americano, Benedito Lacerda e João da Bahiana. Em pouco tempo, o programa alcançou a liderança de audiência no Rio de Janeiro, e permaneceu no ar entre alguns contratempos, por duas décadas.

Seu produtor, o pernambucano Ademar da Silva Casé (Belo Jardim, PE 1902 – Rio de Janeiro, RJ 1993), depois de passar por alguns percalços em sua terra natal, embarcou num navio rumo à capital, em 1922. Chegou a tempo de ouvir a primeira transmissão de rádio realizada no país, com o discurso do presidente Epitácio Pessoa, durante as comemorações do centenário da Independência. Como se pode supor, seu início na cidade não foi menos árduo. Chegasse ele dez anos mais tarde, haveria de ter a mesma impressão que o conterrâneo Nestor de Holanda mencionava em suas *Memórias*: "o Cristo, no Alto do Corcovado, de braços abertos, vive bancando guarda de trânsito, a fechar o sinal para impedir a entrada de novos nordestinos".[25]

Depois de exercer diversos ofícios, acabou trabalhando como vendedor de rádios da Philips. Conseguiu se sobressair neste emprego pela astúcia. Primeiro, procurava na lista telefônica nomes de possíveis compradores. Para se ter um parâmetro, basta avaliar que, até a década de 1990, as linhas telefônicas no Brasil não eram assinadas, mas adquiridas pelos usuários. Ter um telefone em casa nos anos 1930 era para poucos, pois se tratava de um bem quase tão caro quanto um automóvel. O raciocínio de Casé era o de que, se houvesse uma linha telefônica numa residência, lá estaria um potencial comprador de um aparelho rádio receptor. Em

---

25 HOLANDA, Nestor de. *Memórias do Café Nice: subterrâneos da música popular e da vida boêmia do Rio de Janeiro*. 2ª ed. Guanabara: Conquista, 1970, p. 21.

seguida, visitava a casa geralmente no período da manhã, quando era provável que o chefe da família não estivesse, deixando o aparelho para que o experimentassem durante alguns dias, sintonizado na Rádio Sociedade, cuja frequência de ondas era melhor. Ao retornar, havia ali uma venda garantida: um breve período era o suficiente para seduzir os moradores, que não conseguiam mais se despedir daquela caixa de vozes distantes que alimentavam a imaginação. Talvez mais pela hipnose provocada pela curiosidade do invento que pela programação propriamente, nesta época ainda um tanto monótona e amadora.

Casé não só vendia os aparelhos como era fascinado pelo rádio. No entanto, lhe incomodava justamente a falta de dinamismo do meio, em comparação com o *broadcasting* norte-americano da emissora NBC, que ele sintonizava em ondas curtas em sua casa. A partir do bom relacionamento que conseguiu com o Dr. Augusto Vitorino Borges, então diretor da Philips do Brasil, comprou por dois contos de réis um horário aos domingos para produzir e transmitir seu próprio programa, que foi ao ar pela primeira vez em 14 de fevereiro de 1932, sob o não menos improvisado título *"Programa Casé"*. A princípio, o programa com quatro horas de duração era dividido em duas partes. Na primeira, trazia um repertório de música popular e, na segunda, erudita, que aos poucos foi diminuindo, a pedido dos ouvintes. Para atrair o público foram criados também outros tipos de programas, como encenações radioteatrais de romances policiais, com casos fictícios ou baseados em fatos reais.

No *Programa Casé* nasceram os primeiros *jingles* do rádio brasileiro, como o fado para anunciar a Padaria Bragança, de autoria do cartunista e compositor Nássara. A escolha de um fado se devia à nacionalidade do anunciante, porque, como o autor do *jingle* revelou mais tarde, naquele tempo ainda não se pensava que o anúncio deveria se destinar ao público, mas sim satisfazer o cliente. Conforme contou o radialista e cantor Paulo Tapajós em seu depoimento ao MIS,[26] não existia nas emissoras um departamento de *jingles*. Eles ficavam a cargo destes espirituosos compositores, contratados por trabalho, informalmente.[27] Embora a princípio este novo meio de comunicação fosse visto com certo receio pelos anunciantes, que preferiam os espaços de anúncio convencionais, como o jornal, a tendência foi de crescer o caráter comercial do rádio, a partir de 1932[28] e consolidar seu espaço de publicidade.

Com uma programação dinâmica e variada e contando com um time de artistas habilidosos, o *Programa Casé* começou a construir uma linguagem própria para o rádio, que neste início seria marcada, conforme observou Elias Thomé Saliba em relação às rádios paulistanas, pela

---

26 Paulo Tapajós prestou dois depoimentos ao MIS-RJ, em momentos diferentes. O primeiro ocorreu em 5 de abril de 1967, do qual tomou parte Ricardo Cravo Albin, então diretor do museu, e Almirante, membro do Conselho de MPB da casa. O segundo depoimento, feito à época em que ele já havia se desligado da Rádio Nacional, e do qual foi extraída esta informação, foi realizado em 30 de novembro de 1982.

27 Um dos casos antológicos do *Programa Casé* é a parte do programa em que havia o desafio de Marília Batista e Noel Rosa, com participação de Almirante, João de Barro e Manezinho Araújo, promovendo a Dragão da Rua Larga, casa comercial que vendia louças e utensílios de mesa, com o estribilho "de babado sim, meu amor ideal / sem babado não".

28 A partir de 1932, com a aprovação do Decreto n° 21.111, a legislação passou a permitir publicidade no rádio, fixada em 10% da programação.

incorporação anárquica dos ditos e refrões conhecidos por ampla maioria da população, a concisão, a rapidez, a habilidade dos trocadilhos e jogos de palavras, a facilidade na criação de versos prontamente adaptáveis à música, aos ritmos rápidos da dança e aos anúncios publicitários.[29]

Quando o programa esteve ameaçado de se encerrar por problemas financeiros, em 1935, houve uma mobilização da imprensa e da população para que ele continuasse no ar, o que indica que já havia conquistado um espaço no cotidiano carioca, sendo considerado patrimônio da cidade.

Assim como aparece frequentemente na fala de Casé, o depoimento de Almirante sugere uma grande força das contingências em sua vida. Esta tentativa de dar respostas rápidas aos imprevistos que surgiam nos bastidores o incentivaram a aprimorar seus programas com o passar do tempo. O radialista parecia começar testar, junto com seus colegas de profissão, as possibilidades da linguagem radiofônica.

Depois de ter passado pela Rádio Philips e Transmissora, Almirante foi contratado pela Rádio Nacional como cantor, mas propôs dedicar um dos dias de trabalho para falar sobre música popular – o que ele fazia de maneira peculiar, incluindo anedotas, imitando vozes e buscando fundamentar as informações através de densas pesquisas. Desta maneira, conseguiu conciliar duas

---

29 SALIBA, Elias Thomé. *Raízes do riso: a representação humorística na História brasileira – da Belle Époque aos primeiros tempos do rádio*. São Paulo: Companhia das Letras, 2002, p. 228.

52   Giuliana Souza de Lima

vertentes aparentemente contraditórias: o rádio de conteúdo educativo dos primeiros tempos, como fora concebido por Roquette-
Pinto ao criar a Rádio Sociedade, em 1923, com o padrão do rádio
de entretenimento, comercial e profissional, que começava a se
desenvolver, e que, até 1945, se estabeleceria definitivamente.[30]

Educar divertindo, divertir educando

A diferença de concepções radiofônicas era uma questão que
não se circunscrevia ao Brasil, mas estava em pauta no mundo
todo, como apontam os textos acerca de teoria do rádio datados
da década de 1930. Porém, no Brasil, a questão assume certa ambi-
valência, coexistindo os dois projetos – um que remetia ao modelo
educativo europeu, e outro, ao *broadcasting* norte-americano.

As primeiras estações criadas nos Estados Unidos e na
Europa foram obra de produtores radioelétricos que queriam divulgar suas experiências e popularizar suas técnicas, difundin-
do concertos ou notícias. Particularmente nos Estados Unidos,
a programação musical ocupou um lugar privilegiado. A preocupação em atrair ouvintes para tirar proveito das tarifas da
publicidade comercial conduziu rapidamente a dar maior importância à música popular – a música dançante e as canções –,
e aos programas de variedades, como os diálogos humorísticos
de Amos'n'Andy (1929), que tiveram grande êxito. O alcance do
meio fez com que fosse utilizado por políticos em suas campanhas já na década de 1920 e, mais efetivamente, pelo presidente

---

30   GURGUEIRA, Fernando L. *A integração nacional pelas ondas: o rádio no Estado
      Novo*. Dissertação (mestrado em História Social) – DH-FFLCH-USP, São
      Paulo, 1995, p. 133.

Almirante, "a mais alta patente do rádio"   **53**

Franklin D. Roosevelt na década seguinte, com o programa *Conversa ao Pé da Lareira* (1933). Assim, nos Estados Unidos a noção da finalidade do rádio se assentou no tripé informação, cultura e entretenimento.

Na Europa os progressos da radiodifusão foram mais lentos, mas a partir de 1921 observa-se o nascimento de estações emissoras e programas regulares. O exemplo mais representativo é a criação da British Broadcasting Corporation (BBC) em 1927, que assinalava o monopólio não estatal da radiodifusão, baixo a tutela da Direção Geral de Correios e Telecomunicações, na pessoa do primeiro-ministro Arthur Neville Chamberlain.

A exemplo do *broadcasting* norte-americano, desde 1922, a música popular – sobretudo o jazz – e os *sketches* humorísticos haviam figurado na programação radiofônica europeia. No entanto, de modo geral, na Europa prevaleceu como concepção o papel cultural do rádio. Mais da metade de seus programas estava consagrada à música (concertos e artes líricas), com a presença de emissões literárias e históricas, que pretendiam difundir o patrimônio cultural destes países. Em alguns deles, as emissões religiosas também contribuíam para reforçar o caráter cultural, de modo a homogeneizar e reforçar os laços identitários nacionais. O viés do entretenimento era explorado apenas pelas estações de caráter comercial, nos Estados Unidos, e na França, em emissoras privadas.[31]

---

31   Na França o precursor do rádio de entretenimento foi Émile Girardeau, que, em regresso de viagem aos Estados Unidos, obteve autorização governamental para emissões, e inaugura, em 1922, a primeira emissora privada, a Radiola (ALBERT, Pierre; TUDESQ, André-Jean. *Historia de La Radio y La Televisión*. Cidade do México: Fondo de Cultura Económica, 1993, p. 42).

54 Giuliana Souza de Lima

Ao observar o potencial da radiodifusão, muitos intelectuais que vivenciaram seu início se assombraram. O poeta e dramaturgo alemão Bertold Brecht questionava, num ensaio de 1932, quais eram as produções sonoras que chegavam aos ouvintes "por este éter", acreditando que "os resultados efetivos do rádio são deprimentes, mas as possibilidades, infinitas".[32] Para Brecht, o rádio deveria ser um meio verdadeiramente democrático, aproximando-se dos acontecimentos reais, ao invés de se contentar com meras reproduções e conferências. A música deveria ser escrita exclusivamente para o rádio, não vendo valor na utilização de trabalhos de músicos importantes em concertos ou acompanhamento para peças radiofônicas. E, sobretudo, a arte e o rádio deveriam se colocar à disposição de projetos didáticos. Para aproveitar o que o rádio tinha de positivo seria necessário transformá-lo de aparelho de transmissão em aparelho de comunicação:

> O rádio poderia ser o mais formidável aparelho de comunicação que se possa imaginar para a vida pública, um enorme sistema de canalização, ou melhor, poderia sê-lo soubesse não só transmitir, mas também receber, não só fazer o ouvinte escutar, mas também fazê-lo falar, não isolá-lo, mas colocá-lo em contato com os demais. [...] Nosso governo necessita tanto da ação do rádio como necessita da nossa justiça.[33]

---

32 BRECHT, Bertold. "Teoría de la radio". In: GODED, Jaime (org.). *Los médios de la comunicación colectiva*. Cidade do México: Universidad Autónoma de México, 1976, p. 291-300 (Série Lecturas 1), p. 291.

33 *Ibidem*, p. 295.

No Brasil, percebe-se que houve grande preocupação institucional para fazer com que o rádio cumprisse seu papel educativo, que em seu curso apresentou características matizadas. Durante a gestão de Francisco Campos no Ministério da Educação e Saúde (MES), em 1932, o Governo Provisório previa, em dois decretos distintos – 21.111 e 21.240 –, que este órgão teria um papel de orientação educacional nos serviços de radiodifusão, e na sistematização governamental na área do cinema educativo. Cumpriria ao Ministério

> transpor os limites apertados das instituições existentes, buscando atingir, com sua a influência cultural a todas as camadas populares. O Departamento de Propaganda, aqui projetado, terá esta finalidade. Ele deverá ser um aparelho vivaz, de grande alcance, dotado de um forte poder de irradiação e infiltração, tendo por função o esclarecimento, o preparo, a orientação, a edificação, numa palavra, a cultura de massas.[34]

Em 1934, Getúlio Vargas criou o Departamento de Propaganda e Difusão Cultural, junto ao Ministério da Justiça, que esvaziou o MES desta função. Assim como foi a política adotada na Alemanha, o esforço era em colocar os meios de comunicação a serviço direto do poder Executivo. Diante disso, o MES propôs a divisão do Departamento de Propaganda em

---

34 Arquivo Gustavo Capanema *apud* SCHWARTZMAN, Simon *et al. Tempos de Capanema*. São Paulo: Paz e Terra: Fundação Getúlio Vargas, 2000, p. 104.

duas partes: Publicidade e Propaganda, sob responsabilidade do Ministério da Justiça, e Difusão Cultural, orientado pelo MES.

Com a reforma do MES, em 1937, houve a institucionalização do Serviço de Radiodifusão Educativa e do Instituto Nacional de Cinema Educativo (INCE), que desde o início, em 1936, teve à frente o médico e antropólogo Edgar Roquette-Pinto (Rio de Janeiro RJ, 1884-1954). Seu intuito era de que o INCE atuasse em todos os setores: projeções em escolas e institutos culturais, organização de filmoteca, intercâmbios culturais e elaboração de filmes documentais. No ano seguinte, o ministro da educação em exercício, Gustavo Capanema, defendia que se preservasse a atuação do MES na radiodifusão, ao invés de torná-la incumbência do Ministério da Justiça. Para ele, aquele ministério não precisava de uma estação própria, mas de horários diários para veicular sua mensagem, pois do contrário, ninguém a sintonizaria. A radiodifusão educativa deveria ser introduzida de modo a estabelecer uma "comunhão de espírito [...] pois tudo concorre para isolar as nossas escolas".[35] Propunha ainda a criação de uma emissora de uso exclusivo do MES, entregue a um professor, para aplicação estrita escolar.

Esta cultura radiofônica, que indicava o uso do rádio a serviço da "civilização" da população, já estava presente no Brasil antes mesmo de alcançar as esferas governamentais. O maior divulgador desta concepção foi o próprio Roquette-Pinto, que através da criação da Rádio Sociedade, em 1923, buscou colocar em prática suas ideias.[36] Quando se encerraram as atividades da Exposição

---

35 SCHWARTZMAN, *op. cit.*, p. 106-107.

36 GILIOLI, Renato de Sousa Porto. *Educação e cultura no rádio brasileiro:*

Almirante, "a mais alta patente do rádio"   57

Internacional do Centenário da Independência, os equipamentos utilizados para fazer a primeira transmissão radiofônica foram comprados pelo governo e doados à Companhia Radiotelegráfica Brasileira. Roquette-Pinto dispunha de grande prestígio entre os intelectuais e políticos, e requisitou estes equipamentos para transmissões ocasionais. Interessado por novas tecnologias em suas pesquisas antropológicas, havia realizado anteriormente inúmeros registros fonográficos em Rondônia, entre 1912 e 1913, com Cândido Rondon, e experimentos com radiodifusão, juntamente com os amigos da Escola Polytechnica do Rio de Janeiro.

A radiodifusão era considerada até então uma questão de segurança nacional e, portanto, de uso restrito. Para ampliar a legislação, Roquette-Pinto recorreu ao apoio de Henrique Morize, engenheiro, astrônomo e presidente da Sociedade Brasileira de Ciência. Juntos assinaram a ata de fundação da Rádio Sociedade do Rio de Janeiro (PRA-2), que nasceu com certa aura de ilegalidade, pois não havia licença federal para seu funcionamento. Mais tarde o antropólogo acabou se beneficiando da nova legislação de 1925, que estipulava a submissão da exploração do rádio por particulares, sob a condição de ser realizada por empresas brasileiras, que se dispusessem a utilizar o rádio com fins educativos, científicos, artísticos, em benefício público, que por tal razão estariam isentas de taxas.[37]

A proposta de Roquette-Pinto vinha ao encontro do debate acerca das reformas estaduais dos sistemas de ensino. O

---

concepções de radioescola em Roquette-Pinto. Tese (doutorado em Educação) – Faculdade de Educação-USP, São Paulo, 2008.

37   GURGUEIRA, *op. cit.*, p. 70.

58   Giuliana Souza de Lima

antropólogo vislumbrava nas tecnologias educacionais – isto é, o cinema e o rádio educativo – uma maneira de alcançar, a baixo custo, aqueles que não tinham acesso à escola. No entanto, devido às limitações financeiras e técnicas, Roquette-Pinto empregou o cinema e o rádio como ferramentas pedagógicas predominantemente no meio urbano, tanto em relação à Rádio Sociedade (PRA-2), na década de 1920, como no projeto seguinte, a Rádio Escola Municipal (PRD-5), de 1934.

A primeira experiência tinha por objetivo elevar a cultura média da população. Desta forma, adaptou elementos da cultura escrita, científica e jornalística para compor sua linguagem, a qual era caracterizada pelo eruditismo, incluindo-se na programação musical sessões de ópera e música erudita.[38] Já a Rádio Escola Municipal, sediada no Instituto de Educação do Rio de Janeiro, tinha programas para professores, para o público infantil e outros voltados para o público em idade não escolar. Baseando-se em projetos de rádios educativas europeias e na experiência da Rádio Sociedade, a Rádio Escola tinha por objetivo levar "estética elevada e cultura desinteressada" para os ouvintes.

Em São Paulo um projeto similar ao de Roquette-Pinto foi esboçado no mesmo período. No entanto, este não saiu do papel: tratava-se da Rádio Escola de Mário de Andrade (São Paulo SP, 1893-1945). À frente do Departamento de Cultura do Município de São Paulo, criado pelo Decreto nº 861 de 30 de maio de 1935, Mário assumiu ainda a Divisão de Expansão Cultural, que se encarregava dos teatros, cinema e rádio educativo. O departamento tinha por objetivo

---

38   GILIOLI, *op. cit.*, p. 373.

estimular e desenvolver todas as iniciativas destinadas a favorecer o movimento educacional, artístico e cultural, e pôr ao alcance de todos, pelo serviço de uma estação radiodifusora, palestras e cursos populares de organização literária e científica, cursos de conferências universitárias, sessões literárias e artísticas, enfim, tudo o que possa contribuir para o aperfeiçoamento e extensão da cultura.[39]

Ao contrário de Roquette-Pinto, Mário não logrou na época dispor dos mesmos recursos políticos e financeiros para implementar seu projeto da Rádio Escola, baseado sobretudo no modelo francês.[40] Este parece ter sido mais um desgosto do intelectual modernista durante sua gestão do Departamento de Cultura de São Paulo, a qual renunciaria em 1938.

O fracasso da Rádio Escola provavelmente fez com que Mário de Andrade percebesse, além da falta de amparo para fazer frente ao rádio comercial que começava a ganhar fôlego, as peculiaridades da linguagem deste meio, que extrapolava as normas da cultura escrita. Anos mais tarde, refletindo sobre essas questões a propósito de um inquérito aberto pela Diretoria Geral dos Correios e Telégrafos, órgão então responsável pela radiodifusão na Argentina, Mário ponderava que

---

39   SÃO PAULO, Prefeitura, 1935 *apud* GILIOLI, *op. cit.*, p. 133.

40   Verificando a Rádio Documentação organizada por Mário de Andrade, constata-se um grande número de publicações francesas que fundamentavam seu projeto educativo para a radiodifusão. IEB, Coleção Mário de Andrade, Caixa 171.

> A geografia do rádio não alcança as montanhas elevadas da cultura. Fica-se pelos vales, pelos platôs largos e pelos litorais. Daí sua linguagem particular, complexa, multifária, mixordiosa, com palavras, ditos, sintaxes de todas as classes, grupos e comunidades. Menos da culta, pois que desta ele apenas normalmente se utiliza daquelas cem palavras e poucas normas em que ela coincide com todas as outras linguagens, dentro dessa abstração que é a Língua.[41]

Além dos impasses de ordem econômica ou política, portanto, percebe-se que outro problema para a rádio educativa era sua dificuldade em criar uma *linguagem radiofônica* propriamente dita.

Em sua *Estética Radiofônica*, escrita na década de 1930, Rudolf Arnheim já observava que o rádio possuía uma linguagem própria, que deveria ser considerada ao se conceber uma obra para este meio. Sendo assim, ele propunha:

> É preferível uma exposição simples, com pequenos exemplos e o tempero de algumas curiosidades divertidas, evitando a forma rígida e vocalizada dos colegiais, pois o radiouvinte deseja ser considerado como uma pessoa inteligente, a quem não se deve ir com cuidados e indulgências.[42]

---

41 ANDRADE, Mário de. "A língua radiofônica". In: ALVARENGA, Oneyda (org.). *O empalhador de passarinho*. São Paulo: Martins Fontes, 1972, p. 210.

42 ARNHEIM, Rudolf. *Estética radiofónica*. Barcelona: Editorial Gustavo Gili, 1980, p. 128-129. Tradução livre.

Radicado nos Estados Unidos na Segunda Guerra, o psicólogo e filósofo alemão percebia que, num mundo cada vez mais impregnado de palavras e ruídos, onde as pessoas estavam submersas em gírias das ruas, textos de periódicos, diálogos do cinema sonoro, som de fábricas e automóveis, era imperioso que recebessem através do rádio o modelo de um idioma natural, ligeiro, singular, conciso e lógico. Era necessário, portanto, encontrar uma medida para conceber uma linguagem ao mesmo tempo popular e com grande conteúdo, acomodando os temas ao gosto do ouvinte. A clareza e objetividade eram características procuradas dentro de um texto radiofônico que, além do mais, deveria soar de maneira simpática e compreensível:

> O mais importante de tudo é que o conteúdo da conversa resulte compreensível para seu ouvinte. Portanto, é fundamental que a linguagem empregada seja clara. (...) Deve-se rechaçar o emprego de referências pseudo-elegantes, como "o primeiro" e "o último", "este", ou "aquele", utilizando sem timidez os conceitos pelo seu nome. Há de se evitar também os conceitos profissionais, elegendo um tema que, desde o começo da exposição, empregue uma fluidez de ideias, de modo que só apareçam tais conceitos quando seja realmente imprescindível, no momento exato e sem que distraiam a atenção do ouvinte.[43]

---

43 *Ibidem*, p. 127-128.

62 Giuliana Souza de Lima

Estas novas maneiras de falar, que surgiam no cotidiano ligeiro das grandes cidades, foram inclusive registradas pela ficção[44] e, na vida real, exaustivamente pela música popular, como foi tratado em mais um programa idealizado e realizado por Almirante, *História do Rio pela Música*, cujo tema era gírias e manias populares.[45]

Na mesma época, o compositor francês Pierre Schaeffer estava interessado também pelas potencialidades artísticas e de comunicação do rádio. Para ele, o rádio só conseguiu se estabelecer como veículo de comunicação e ganhar a adesão popular a partir do momento em que deixou de "transmitir" apenas e começou a "criar".[46]

Neste sentido, é possível compreender porque os programas de Almirante começaram a soar muito distintos da produção existente até então no país. O tratamento dispensado à organização do conteúdo passava ao largo da retransmissão de palestras ou músicas de maneira aleatória. Cada ação, como a entrada e saída do locutor, das orquestras e cantores, do contrarregra

---

44 Um exemplo é a comédia *Ball of Fire*, de 1941, dirigida por Howard Hawcks, cujo enredo se desenrola a partir de oito lexicógrafos que elaboram uma enciclopédia. Bertram Potts (Gary Cooper) tem como função preparar a parte de literatura inglesa e quer incluir no seu trabalho as gírias populares. Ouvindo e anotando os modos de falar das pessoas nas ruas, conhece Sugarpuss O'Shea (Barbara Stanwyck), uma cantora de boate, que é uma fonte inesgotável para seu trabalho. Foragida da Justiça, a cantora se hospeda na casa dos lexicógrafos, a pretexto de que deseja colaborar com a enciclopédia.

45 *A Nova História do Rio Pela Música*, capítulo XVIII (seis episódios). Rádio Nacional, 2 jan. – 6 fev. 1956. MIS-RJ, Coleção Almirante, docs. 149-153.

46 SCHAEFFER, M. *Ensaio sobre o rádio e o cinema: estética e técnica das artes-relé, 1941-1942*. Belo Horizonte: Editora UFMG, 2010.

Almirante, "a mais alta patente do rádio" **63**

e a introdução dos reclames publicitários eram indicadas no roteiro, que era previamente ensaiado para evitar erros, pois os programas eram transmitidos ao vivo. Mas distinguiam-se, sobretudo porque "a música deixou de ser apenas pano de fundo e motivo para a exibição de um cantor, e tornou-se parte integrante e viva que dialogava com o texto roteirizado".[47]

Seguindo nessa dinâmica oblíqua entre uma rádio educativa e de entretenimento, Almirante conduziu, semanalmente, com um tom não raro professoral, centenas de programas divididos em quase 30 séries, ao longo de 24 anos de carreira radiofônica. Apesar das variações de estilo, o que prevaleceu neste arco temporal de 1934 a 1958,[48] foi o lema "educar divertindo, divertir educando", o que levou seu trabalho a dialogar tanto com os defensores de projetos da "rádio-escola", como com os ouvintes, que buscavam apenas uma forma de entretenimento.

Considerando estes aspectos, encontramos diferenças significativas entre o estilo de abordagem feito pelas rádios educativas e a obra aqui estudada. Apesar de não abrir mão de um viés educativo em seus programas, Almirante tinha as qualidades elencadas por Arnheim para ser um bom comunicador no rádio. Seu trabalho era elogiado pelo próprio Roquette-Pinto, que o reconhecia como "uma figura interessantíssima de vulgarizador

---

47 MORAES, José Geraldo Vinci de. "Entre a memória e a história da música popular". In: MORAES, J. G. V.; SALIBA, E. T. (orgs.). *História e Música no Brasil*. São Paulo: Alameda, 2010, p. 238.

48 Este corresponde ao período que Almirante atuou como produtor, sem considerar o início da carreira, como cantor exclusivo do *Programa Casé*, em 1932.

64 Giuliana Souza de Lima

de ideias e fatos", que "sem desejar ensinar nada a ninguém, vai ensinando tudo a todo mundo".[49]

A noção de rádio como tecnologia educativa não era, de forma alguma, rechaçada pelos produtores do rádio de entretenimento, sustentada por meio dos "comercias" ou "reclames". Ademar Casé, por exemplo, admirava as ideias de Roquette-Pinto, afirmando que, como o antropólogo, ele achava que o rádio deveria ser educativo – "mas o telefone, que não parava de tocar desde oito da noite, às 10h parecia com defeito: calava-se".[50] O radialista inclusive era um apreciador do repertório erudito. Chegou a percorrer a cidade toda atrás de um patrocínio de 50 contos para realizar duas audições com o pianista Alexander Brailowsky – intérprete de Chopin em passagem pelo Rio – em seu programa, nesta época na emissora Mayrink Veiga.[51] No entanto, tanto as questões de ordem financeira como a prática cotidiana o fizeram perceber as limitações do modelo educativo e agir de modo a criar uma nova dinâmica, menos aborrecida, para o rádio brasileiro.

Seguindo seu exemplo, Almirante criou séries que assimilavam o caráter educativo, sem perder de vista as

---

49   Roquette-Pinto *apud* CABRAL, *op. cit.*, p. 223.

50   CABALLERO, Mara; REIS, Rogério (fotos). Ademar Casé, o pioneiro e seu grande engano: "eu pensei que o rádio fosse acabar". *Jornal do Brasil*, Rio de Janeiro, Caderno B, p. 4, 3 abr. 1978.

51   O radialista revelava em seu depoimento para o MIS-RJ em 27 de setembro de 1972 que "50 contos naquela época já não estava valendo tanto". Mas julgando pela resposta do patrocinador, o proprietário da Perfumaria Lopes, esta devia ser uma soma considerável: "Você está sonhando, rapaz? Pra vender 50 contos [vão] 15 dias aqui!". Após longas negociações, ele ofereceu 30 contos e, "discussão vai, discussão vem, fechei por 35 contos. Ainda perdi 15 contos. Mas foram os 15 contos mais bem perdidos da minha vida".

características e recursos de sua mídia e o público ao qual se dirigia. Analisando o conjunto de sua obra, percebe-se que os programas se dinamizaram com o passar do tempo, indo da "rádio-aula" para a incorporação de aspectos do rádio-entretenimento, como a linguagem mais concisa e direta, e a participação cada vez mais incisiva da publicidade, com anúncios elaborados e que usavam fragmentos do texto da audição para se integrar à narrativa. No entanto, suas séries nunca se dissociaram da atividade de pesquisa, elemento presente desde o seu primeiro programa como produtor.

A MÚSICA SUGESTIONANTE: PROGRAMAS MUSICAIS

Dentro das grades das rádios comerciais desenvolveram-se diferentes gêneros de programas. Fazendo frente aos "programas educativos", que geralmente se mostravam avessos às emissoras privadas, surgiu o gênero dos programas de "variedades" que, através de um tratamento leve, incluíam assuntos diversos. Alguns deles eram temáticos, como os de folclore, de curiosidades, de história da cidade, de efemérides políticas e científicas e os programas de auditório.[52] Outros gêneros que nortearam a criação de departamentos específicos dentro da Rádio Nacional nos anos 1940 foram o esportivo, o radioteatro, o noticiário e o musical. Recorrendo a estas categorias, percebe-se que os programas de Almirante se concentraram principalmente no gênero das variedades e musicais – que, em sua maioria, estavam entrelaçados.

---

52   CALABRE, *op. cit.*, p. 146.

Através de uma *escuta atenta* pode-se indicar os traços predominantes de cada programa, tanto com relação ao estilo como aos temas abordados. Assim, priorizando o papel que a música desempenhava dentro da estrutura de cada programa, identificam-se dentro do gênero de programas musicais outros subgêneros: educativo, "documentário sonoro", biográfico e "historiográfico". Este último, como será tratado adiante, corresponde aos programas em que o radialista demonstrava maior preocupação em fundamentar a pesquisa segundo métodos "historiográficos", a fim de reconstituir a história e a memória recente da música popular, ou, inversamente, se apropriar das músicas como fonte para se reportar a determinado período.

O radialista apropriou-se ainda da linguagem dos programas de auditório e, em um único caso, da radiodramaturgia, nas histórias fantásticas e casos de assombração, dramatizados na série *Incrível! Fantástico! Extraordinário!* – embora o elenco do radioteatro já tivesse participado em menor escala em outras de suas produções.

No preâmbulo do livro *No tempo de Noel Rosa*, Almirante lembrava suas realizações:

> Em toda a minha vida radiofônica passei a divulgar – escrevendo e falando – os assuntos mais diversos, quase sempre ligados à música popular, nas Rádios Philips, Transmissora, Nacional, Record, Tupi, Globo e Clube do Brasil, e produzindo os programas "Curiosidades Musicais" (1935), "Orquestra das Gaitas" (1940), "A Canção Antiga" e

"Tribunal de Melodias" (1941), "História do Rio pela Música" (1942), "História das Danças", "Campeonato Brasileiro de Calouros" e "História das Orquestras e Músicos" (1944), "Aquarelas do Brasil" (1945), "Carnaval Antigo" (1946), "O Pessoal da Velha Guarda" (1947), "Academia dos Ritmos" (1952) e a "Nova História do Rio Pela Música" (1955).

Sobre outros temas também lancei programas que alcançaram sucesso, tais como "Caixa de Perguntas" (1938), "Programa de Reclamações" (1939),[53] "Anedotário das Profissões" (1946), "Incrível, Fantástico, Extraordinário" (1947), "Onde está o Poeta?" (1948), "Corrija o Nosso Erro" (1953) e "Recolhendo o Folclore" (1955).

Somente sobre Noel, transmiti os seguintes programas: "Noel Rosa" (Rádio Tupi, 4-5-1942), "No Tempo de Noel Rosa" (Rádio Tupi, 6-4-51 a 31-8-1951), "A Vida de Noel Rosa" (Rádio Record, 12-9-1952 a 9-1-1953) e "Recordações de Noel Rosa" (Rádio Record, 16-1-1953 a 13-2-1953) e, na *Revista da Semana*, com fotografias, documentos e fatos desconhecidos, publiquei em 12 capítulos, de 18-10-1952 a 3-1-1953, "A Vida de Noel Rosa".[54]

---

53 Aqui o radialista se contradiz, pois em outros momentos havia admitido que *O Programa das Reclamações* foi o único fracasso de sua carreira. Ver: CABRAL, *op. cit.*, p. 202.

54 ALMIRANTE, *op. cit.*, 1977, p. 13-14.

68   Giuliana Souza de Lima

Cabe ressaltar que o radialista elencava apenas a data inicial dos programas, de modo que algumas realizações se estenderam por muitos anos, como é o caso dos programas *Curiosidades Musicais* (cujo último registro sonoro é de 1941), *O Pessoal da Velha Guarda* (que se estendeu até 1952) e *Incrível! Fantástico! Extraordinário*, que permaneceu por onze anos no ar, entre idas e vindas à Rádio Tupi. Através da classificação do próprio radialista, é possível identificar pelo menos três grandes eixos em seus programas: musicais, variedades e biografias.

Transitando entre o gênero de variedades, sobretudo enfatizando as curiosidades e o aspecto musical do folclore e das manifestações da cultura popular, Almirante concebeu *Curiosidades Musicais*, e duas outras séries que dela derivavam, *Instantâneos Sonoros* (1940) e *Aquarelas do Brasil* (1945). Elas assumiam simultaneamente características de programas de variedades, musicais, educativos e, as duas últimas, de "documentário sonoro", como será tratado a seguir.

Curiosidades Musicais

Curiosidades Musicais foi uma série fundamental na carreira de Almirante, ao estabelecer os temas que seriam valorizados em suas produções subsequentes, bem como o método de trabalho e a forma da abordagem. Esta estrutura seria empregada e atualizada em outros programas, como *Carnaval Antigo* (1936 e 1946), *A Canção Antiga* (1941), *História do Rio Pela Música* (1942), *Costumes de São João* (1949), *Canção de Natal* (1950), *Histórias do Nosso Carnaval* (1952) e *A Nova História do Rio de Janeiro Pela Música* (1954). Seria reconhecível mesmo em realizações mais audaciosas em termos de linguagem, como *Aquarelas do Brasil* e *Instantâneos Sonoros*.

A série visitava temas relacionados à música e ao folclore, pesquisados por Almirante nos jornais, relatos de cronistas, estudos "científicos" e nas contribuições dos ouvintes. Estas informações eram roteirizadas, e transmitidas sem a pretensão "de ensinar, nem de fazer rir". Se ele recorria a explicações "mais minuciosas sobre esse ou aquele ponto é porque, para que todos se distraiam, é preciso que entendam tudo", enquanto as anedotas serviam como "um pretexto para que cada exemplo, quando não chegue a ser compreendido com uma explicação árida, possa ser ao menos tolerado".[55]

Os programas iniciavam "com seu prefixo musical de sempre" – a primeira linha do samba "Na Pavuna", em versão orquestrada –, precedidos pelo tema de *"Rapsody in Blue"*, de Georg Gershwin, com arranjos de Radamés Gnattali. Em seguida, o *speaker*[56] da Rádio Nacional anunciava a abertura e o tema daquela audição, fazendo um breve reclame comercial do patrocinador que, entre 1938 e 1941, foram a Philips do Brasil – com o seu rádio modelo 312-A, "o pequeno gigante" –, o Laboratório Moura Brasil, fabricante do Colírio Moura – "o tranquilizador dos olhos" –, e de Cilion – "o supremo embelezador das pestanas". Para promover os dois últimos produtos, o criativo recurso era a citação da primeira frase da valsa "Teus Olhos Castanhos"(1930), de Lamartine Babo e Bonfiglio de Oliveira, que apareciam no início e final de cada audição, acompanhado de

---

55 *Curiosidades musicais*, "A música sugestionante", 24 jul. 1939. Collector's Studio, AER197, lado B.

56 No início dos tempos do rádio no Brasil, este anglicismo era utilizado. Só mais tarde, entre os anos 1940 e 1950, que se adotou a expressão "locutor".

um breve texto. O contrarregra inseria o som de um apito de navio – uma espécie de precursor do logoton –, antecipando a entrada de Almirante, que na sequência assumia o comando, introduzindo o tema e seus objetivos. Passava então para uma explanação minuciosa, que recorria às músicas geralmente para exemplificar, encaminhava para a conclusão e, por fim, pedia aos ouvintes para que lhe enviassem um breve parecer, como nesta audição, que tratava do "esquisito assunto das Cantigas de Capoeiras da Bahia":

> Creio que com esses exemplos já pude dar a vocês, meus ouvintes, uma impressão do que vem a ser as Cantigas dos Capoeiras da Bahia. Mais uma vez peço a todos que não se esqueçam que durante um ano venho trabalhando para trazer até esse microfone hoje essas curiosas cantigas. Para ter a certeza de que este esforço não foi inteiramente improfícuo, peço a todos o obséquio de ao menos me escreverem uma linha dando impressões.[57]

Este registro sonoro – o vestígio mais antigo da série – data de junho de 1938, quase dezesseis anos depois da primeira irradiação realizada no Brasil. Nesta época, a "luta regional baiana" necessariamente era introduzida ao grande público como algo inédito, visto que, até 1940, a prática permaneceria no Código Penal, distante dos setores médios da população e associada à malandragem. Era bastante significativo, portanto, que um programa

---

57 *Curiosidades Musicais*, "Cantigas de Capoeiras da Bahia", 20 jun. 1938. Collector's, AER197, lado A.

radiofônico, destinado à diversão "sadia" e "familiar", se dedicasse naquela época ao estudo do *"esquisito assunto"*. Além disso, chama a atenção o fato de seu idealizador ter se disposto a pesquisá-lo durante *"um ano"*, o que seria impensável na lógica da produção radiofônica dos anos seguintes. Conservando o aspecto de "rádio--aula", o programa era assim introduzido pelo *speaker*:

> A criação e realização de Almirante, "a mais alta patente do rádio", apresenta hoje uma audição em que serão *estudadas* Cantigas de Capoeiras da Bahia. Com apresentação do berimbau, rudimentar e bárbaro instrumento afro-brasileiro. [...] Há um ano seguramente que Almirante vem reunindo elementos, vem fazendo apelos por este microfone, e vem estudando *este esquisito assunto* [...]. Mas não foi em vão todo esse esforço. Graças aos ouvintes, e à boa vontade de todos, tem prazer em levar e em fazer ressaltar a beleza das nossas coisas, Almirante está agora diante do microfone da Rádio Nacional para apresentar, *pela primeira vez no rádio brasileiro, com acompanhamento de legítimos berimbaus, de cuia, o sensacional programa sobre as Cantigas dos Capoeiras da Bahia*. Mas atenção, que aí vem o Almirante.

Abordando vagarosamente o tema, a narração loquaz de Almirante ocupava a maior parte do tempo da audição, que somada às intervenções publicitárias totalizava meia hora. Ao longo de sua exposição, o radialista se encarregava de fazer uma explicação didática do significado das expressões empregadas no jogo, como "vadiar", e apresentar as partes do "rudimentar e bárbaro instrumento afro-brasileiro", mostrando seu uso, com a participação de dois instrumentistas, Valter Conceição e Geraldo Vasconcelos.

Um aspecto relevante é a ênfase dada pelo radialista à música como elemento preponderante no jogo da capoeira. Essa característica, do seu ponto de vista, é o que distingue a capoeira de qualquer outro jogo no mundo – e, por fim, uma manifestação popular legitimamente brasileira, que representa "a beleza de nossas coisas". Para ele, "apesar de todo o aspecto bárbaro que possam ter as cantigas dos capoeiras da Bahia, ninguém pode negar a beleza rúdica [sic] que vai em algumas delas".[58] Se por um lado este recorte dá a entender a postura muitas vezes receosa – ou mesmo pejorativa – do radialista em relação à cultura afro-brasileira, por outro, evidencia a urgência em tratar dessas manifestações.

Curiosidades Musicais trazia a cada audição uma mostra farta de manifestações da cultura popular, reunindo músicas, práticas, crenças, festas e narrativas de costumes. O programa, que ia ao ar às segundas-feiras no horário nobre das 21h, tratou em seus aproximados cinco anos de existência de diversos temas folclóricos, como a "Evolução do Carnaval", "O Bumba-meu-boi", "Cantigas de Reisados e Pastoris", "As Congadas" e os "Famosos Desafios do Norte".

Embora a música fosse o núcleo do programa, ela aparecia nesta série apenas de maneira incidental, recorrendo-se a

---

58 *Ibidem.*

elementos narrativos externos para justificá-la, o que faz com que a voz do radialista predomine sobre um fundo quase silencioso. O seu intuito era, a cada programa, provar uma tese, a qual era pautada por uma pesquisa "cientificamente" conduzida, como ele justificava aos ouvintes:

> [...] O programa de hoje se chama "A Música Sugestionante". Não sei se vocês ouvintes irão gostar. Talvez ele pareça mesmo um tanto sombrio, talvez ele não chegue a despertar curiosidade alguma, e talvez vocês nem se distraiam com o que eu vou contar. Contudo faço questão de esclarecer uma coisa. Tudo que eu disser nesse programa, por mais incrível que pareça, foi observado e constatado por pessoas incapazes de uma fantasia ou de uma afirmação leviana sobre uma questão de caráter tão científico, como as que vão ser citadas aqui.[59]

Este tipo de introdução é característica principalmente desta série, na qual há ainda muitas referências à concepção da "rádio-escola". No entanto, elas são amenizadas pelo humor no decorrer de cada audição. Com o passar do tempo, percebe-se um amadurecimento gradativo dos roteiros, o que abriu a possibilidade para explorar novas formas.

---

59 *Curiosidades musicais*, "A música sugestionante", 24 jul. 1939. Collector's Studio, AER197, lado B. Curiosamente, naquele mesmo ano, Mário de Andrade escrevia seu artigo "Terapêutica musical", no qual avaliava que a música nascia de estados fisiopsíquicos, o que demonstra certa correlação de temas na mentalidade da época. In: ALVARENGA, Oneyda (ed.). *Namoros com a medicina*. São Paulo: Livraria Martins Editores, 1972.

74   Giuliana Souza de Lima

Na segunda série de *Curiosidades Musicais*, na Rádio Nacional (considerando-se que a primeira foi na Rádio Transmissora, da qual não há registros), a estrutura era "minimalista", isto é, baseava-se tão somente na introdução do tema, pelo *speaker*, com um breve anúncio do produto que patrocinava a audição, seguido pela justificativa, exposição e desfecho do tema. A partir de 1940 inaugura-se, também na Rádio Nacional, a terceira série do programa, com nova estrutura, que se diferencia da anterior principalmente pela presença dos intervalos comerciais.

Com o tempo e a experiência, o radialista provavelmente percebeu que a recepção se dava através da distração, não da atenção.[60] Assim, o tom professoral foi aos poucos substituído por uma narrativa mais ágil na próxima série em que enfocava as manifestações folclóricas brasileiras, *Instantâneos Sonoros do Brasil*.

Aquarelas e Instantâneos

Instantâneos Sonoros do Brasil (1940) ia ao ar aos sábados às 21h, e pouco diferia de *Curiosidades Musicais* com relação aos temas. No entanto, seu formato era mais ligeiro, para caber em aproximados 15 minutos de duração.[61] Em vez de iniciar a abordagem do

---

60 Conforme formulou Walter Benjamin em seu ensaio de 1936. Ver: BENJAMIN, W. "A obra de arte na era da sua reprodutibilidade técnica". In: *Magia e técnica, arte e política: ensaios sobre literatura e história da cultura*. V. 1. São Paulo: Brasiliense, 1996, p. 192-194.

61 Segundo os responsáveis pela compilação das gravações, os programas duravam em média 12 minutos, e deveriam totalizar um quarto de hora se somados aos anúncios publicitários dos produtos de higiene pessoal da marca Eucalol, que não foram registrados nas gravações. Disponível em: <http://www.collectors.com.br/CS05/cs05_02ae.shtml>. Acesso em: 19 abr. 2012.

Almirante, "a mais alta patente do rádio" **75**

assunto de maneira direta, com uma enunciação introdutória na qual se expunha o tema, as audições geralmente eram iniciadas por um trecho de uma canção. O episódio cujo tema era "A Seca do Nordeste", por exemplo, era introduzido pela canção "Vou deixar meu Ceará" (1937), de Sá Róris. A voz do narrador, em tom de crônica, contava a saga do nordestino em meio à seca, que "procura no horizonte vermelho de poeira um Canaã desconhecido".[62]

Para executar estes roteiros, exigia-se um novo tipo de empreendimento, o qual mobilizou esforços inéditos da orquestra da Rádio Nacional. Algo de tal magnitude só seria feito no programa musical *Um Milhão de Melodias* (1943), e mais tarde em *Aquarelas do Brasil* (1945), seguido por *Aquarelas das Américas* e *Aquarelas do Mundo* (1946-1947). Para isso, a equipe também teve de ser ampliada: se antes ela era formada basicamente por Almirante e o regional, além do locutor e do contrarregra, a partir deste momento as funções foram divididas com José Mauro, o narrador Celso Guimarães e o maestro Radamés Gnattali, que cuidava da integração entre os quadros sonoros e a narrativa. Segundo o radialista Paulo Tapajós, a tarefa de escrever os roteiros era dividida entre Almirante e José Mauro, cada um fazendo um programa a cada quinze dias, "que era para dar tempo de produzir, de pesquisar e sentar na máquina e escrever, porque o trabalho de elaborar o programa é muito demorado". Ele ressaltava:

> [...] realmente é um programa grandioso. Mas tinha dificuldades enormes pra ser montado,

---

62 *Instantâneos Sonoros do Brasil*, "A Seca do Nordeste", 15 jun. 1940. Collector's, AER201, lado A.

inclusive porque era tudo ao vivo, né? Não tinha esse negócio de gravar um pedaço aqui, como hoje, que você grava na fita e é fácil. Naquele tempo você gravava no disco de acetato direto, e a gravação era feita de oito às nove da noite, durante a transmissão da *Hora do Brasil*. Enquanto estava transmitindo a *Hora do Brasil*, nós ocupávamos o estúdio pra gravarmos *Instantâneos Sonoros*. Claro, eles já estavam ensaiadíssimos. A gente já vinha ensaiando antes, não é? Era uma semana de ensaio, quase, porque ensaiava pedacinho por pedacinho, cada cantor com a sua responsabilidade, e quando chegava à noite, naquele dia – não me lembro em qual dia da semana era – de oito às nove, então com orquestra, coros, solistas, todo mundo no estúdio, se gravava direto, não podia errar.[63]

A parceria com o roteirista José Mauro rendeu ainda outras séries: *Aquarelas do Brasil*, *A Canção Antiga (Royal Briar)* e *Incrível! Fantástico! Extraordinário!*, na qual pesaria seu talento como dramaturgo, como será tratado mais adiante. De toda forma, percebe-se já em *Instantâneos Sonoros* que a participação de José Mauro resultou num diálogo com linguagens cinematográficas, adotando-se procedimentos semelhantes aos que o roteirista utilizaria na concepção da série de curtas-metragens *Brasilianas*, produzida e distribuída pelo INCE entre 1945 e 1956,

---

63 Depoimento de Paulo Tapajós ao Conselho de MPB do MIS-RJ, 1967. Coleção Depoimentos para Posteridade.

na qual trabalhou ao lado do irmão Humberto Mauro.[64] A diferença, grosso modo, assentava-se na especificidade de cada meio: o rádio é por excelência o reino do som. Ademais, não era feita uma pós-produção, mas a decupagem se dava no próprio roteiro, ensaiado e executado ao vivo – enquanto no cinema a montagem pode alterar todo o sentido do filme.

Além da semelhança estética, os temas escolhidos eram correlatos, seja porque o folclore e as manifestações da cultura popular eram temas recorrentes no período, seja pela própria proximidade de José Mauro com o trabalho de Almirante, que já havia realizado densas pesquisas em torno destes assuntos. Embora não haja na documentação nenhum indício da colaboração de Almirante em seu trabalho em *Brasilianas*, percebe-se que a própria seleção musical dos temas – como o aboio, as cantigas de engenho e de trabalho – coincide entre uma produção e outra. Assim, é possível que, indiretamente, José Mauro tenha recorrido ao amigo e parceiro de profissão, beneficiando-se dos registros que Almirante vinha organizando desde *Curiosidades Musicais*, ainda que a única referência a ele nos créditos de *Brasilianas* seja como cantor e compositor da embolada "Galo Garnizé", no curta--metragem *Manhã na Roça – O Carro de Bois*. Esta impressão é reforçada, novamente, pelo relato de Paulo Tapajós:

---

64 De 1945 a 1964, Humberto Mauro trabalhou para o instituto, filmando vários curtas-metragens inspirados em canções recolhidas por Villa-Lobos e Mário de Andrade, entre eles a série *Brasilianas: Chuá-chuá* e *Casinha Pequenina* (1945), *Azulão e Pinhal* (1948), *Aboio e cantigas* (1954), *Cantos de trabalho* (1955), e *Manhã na roça* (1956). Cf. SILVA, Márcia Regina Carvalho da. *A canção popular na história do cinema brasileiro*. Tese (doutorado em Multimeios) – Unicamp, Campinas, 2009, p. 113.

Do ponto de vista intelectual, o José Mauro era mais redator que o Almirante, né? Ele era um sujeito que tinha um outro tipo de brilho intelectual, diferente do Almirante. Em compensação, José Mauro não tinha o brilho artístico que o Almirante tinha, né? O Almirante era um camarada muito mais completo, muito mais organizado que o Zé Mauro. O Almirante sempre foi muito organizado, e sobretudo, ele era mais técnico. Ele se preocupava muito menos com a parte, vamos chamar, literária do programa. Ele escrevia e escrevia bem. E o Zé Mauro já era mais poeta até como redator que o Almirante. Agora, eu tenho a impressão que se tivesse que comparar o trabalho de um e de outro, o peso maior ficava com o Almirante. Peso de trabalho artístico, né? O José Mauro aprendeu muita coisa, inclusive, com o Almirante. O Almirante, todos nós do rádio, devemos ao Almirante muita coisa.

Este "peso artístico" a que Tapajós se referia, provavelmente dizia respeito à sua atividade criativa, de sugerir e pesquisar temas, que juntamente com a capacidade de organização eram os pilares do seu trabalho.

Muitos dos temas apresentados em *Instantâneos Sonoros* – como "Cantigas de cegos", "Congadas", "Velórios e rezas para defuntos", "Festa da Penha", "Pregões do Brasil", "Escolas de samba" e "Frevo e Maracatus" – voltariam a ser abordados em nova parceria entre Almirante, José Mauro e Radamés Gnattali, cinco anos mais tarde, em *Aquarelas do Brasil*. Idealizada e concebida por

Almirante, *Aquarelas do Brasil* ia ao ar às sextas-feiras, às 21h30, e foi a primeira de uma trilogia produzida por José Mauro, Haroldo Barbosa e Radamés Gnattali, complementada pelos programas *Aquarelas das Américas* e *Aquarelas do Mundo* (1946-1947).

Tributário a *Instantâneos Sonoros do Brasil*, *Aquarelas* conserva o aspecto ora "cinematográfico", ora de crônica em sua narrativa, o que faz dela uma série de gênero híbrido. Fundindo a linguagem do "documentário sonoro" ao aspecto informativo do programa aos moldes "rádio-aula", a série pretendia, conforme explicitava o texto de sua abertura, apresentar um "quadro sonoro sobre costumes, tradições, festas e cantigas populares do Brasil de ontem e de hoje [...] em arranjos altamente descritivos".

O programa assumia assim uma terceira característica, de documentário musical, o que parece ser intencional, como se afirma no programa sobre a "Festa de São João":

> O quadro de hoje, com suas toadas e seus cânticos de igreja, é mais um *documentário folclórico* que *reconstitui* uma das mais belas épocas do ano brasileiro.[65]

Através dos textos dos episódios e da direção musical, a cargo de Radamés Gnattali, *Aquarelas do Brasil* assumia, dentro do conjunto da obra de Almirante, a característica de um monumento, no sentido de que reiterava as manifestações da cultura popular a partir de uma construção estética altamente elaborada,[66] com a

---

65 *Aquarelas do Brasil*, "Festa de São João", 22 jun. 1945. Collector's, AER223, lado A, grifo nosso.

66 LE GOFF, Jacques. "Documento/Monumento". In: *História e Memória*.

finalidade de legitimar aquela memória. Realizando a sinfonização de cantigas tradicionais, a série explorava de maneira intensa o trabalho da orquestra. A introdução musical arranjada pelo maestro – que ocupava cerca de dois dos 30 minutos de duração do programa –, iniciava com a valsa dolente "Terezinha de Jesus" (de domínio público), que ia se acelerando num ritmo jocoso, até atingir o ápice, de maneira grandiloquente. Ela se harmonizava com a fala do locutor, passando do *background* para o primeiríssimo plano, aumentando o volume e intensidade nos momentos em que interessava expandir a carga dramática.

O caráter monumental e pitoresco de *Aquarelas* era reforçado pelo discurso introdutório feito por Almirante, na primeira audição:

> Quero antes de mais nada recomendar aos ouvintes que acompanhem essas *Aquarelas* não somente com os ouvidos, mas também e, bastante, com a imaginação. Conduzida pela descrição falada e com o auxílio do arranjo musical que tudo vai narrando em efeitos sonoros claramente compreensíveis, a imaginação estará com o dom mágico de fazer com que cada um dos ouvintes veja nitidamente, tal qual como num filme cinematográfico, todas as minúcias destes quadros pitorescos e movimentados. Nas *Aquarelas* de hoje vão surgir as curiosas cenas do Bumba-meu-boi, que aqui aparecerão pintadas com as suas verdadeiras cores, isto

---

Campinas: Editora da Unicamp, 2006, p. 526.

é, suas cantigas legítimas, colhidas em demoradas pesquisas folclóricas.[67]

Diferentemente de *Curiosidades Musicais*, *Aquarelas* apresentava uma equipe maior, com funções bem definidas, além da presença da orquestra da Rádio Nacional[68] no lugar de um regional.

O programa, que foi ao ar entre 1945 e 1946, às 21h30 das sextas-feiras, era direcionado aos "ouvintes de todo o Brasil e da América", dado que na época as ondas da Rádio Nacional já possuíam alcance internacional.[69] Apesar de seu discurso eminentemente nacionalista, na série era onipresente a influência estrangeira, assinalada desde a abertura, com a mensagem do patrocinador, a companhia aérea norte-americana Pan American World Airways, que desejava "estreitar suas relações com os brasileiros de todas as camadas sociais".

Além da presença estrangeira na publicidade, a própria música executada dentro do programa estabelecia, através dos arranjos de Radamés Gnattali, um diálogo com a música

---

67   *Aquarelas do Brasil*, "O Bumba-meu-boi", 6 abr. 1945. Collector's, AER194, lado A.

68   Em seu período "áureo", a Rádio Nacional chegou a contar com onze orquestras trabalhando simultaneamente. Cf. PEREIRA, Leandro. *Rádio Nacional do Rio de Janeiro: a música popular brasileira e seus arranjadores (década de 1930 a década de 1960)*. Dissertação (mestrado em Música) – Universidade Federal do Rio de Janeiro, Rio de Janeiro, 2006.

69   Em 1942, já incorporada ao patrimônio da União há dois anos, a Rádio Nacional iniciaria as transmissões em ondas curtas para a América do Norte, Ásia e Europa, irradiando programas em quatro idiomas, pelos quais eram divulgados os principais produtos brasileiros (SAROLDI; MOREIRA, *op. cit.*, p. 98).

internacional. Ao maestro gaúcho eram associadas as características de modernidade e sofisticação, em contraponto a outro maestro da casa, Alfredo da Rocha Viana, o Pixinguinha, considerado como o maior representante da "Velha Guarda". Radamés Gnattali adotava uma linguagem similar a das *big-bands* jazzísticas, não só na instrumentação – que incluía trompete, sax alto, tenor e barítono, guitarra elétrica e contrabaixo –, mas também nas inflexões melódicas e na rítmica, repleta de síncopas e contratempos, característicos do *swing*. Baseado nas orquestras de Glenn Miller e George Gershwin, seus arranjos mesclavam timbres eruditos à moderna guitarra elétrica, representante da vertente modernizante do rádio brasileiro, a qual tinha o intento de apresentar "velhas páginas brasileiras orquestradas em ritmos novos".[70]

Embora houvesse maior dinamismo na integração dos quadros sonoros à narrativa, percebe-se que a voz do narrador ainda era o elemento predominante nesta série. A música aparecia de maneira ilustrativa ou incidental em relação ao texto narrado, sendo este geralmente longo e declamado com imponência. A música nunca era executada na íntegra, mas servia para exemplificar o enunciado.

Acompanhando estas características do programa, o anúncio publicitário apresentava uma tendência à monumentalidade, contrastando com os singelos anúncios de *Curiosidades Musicais*. Para promover a Pan American World Airways, além

---

70 BESSA, Virgínia de Almeida. *Um bocadinho de cada coisa: trajetória e obra de Pixinguinha. História e Música popular no Brasil nos anos 20 e 30.* Dissertação (mestrado em História Social) – DH-FFLCH-USP, São Paulo, 2006, p. 221-224.

do som de turbina de avião no início de cada episódio, havia várias intervenções, quase sempre com um texto longo, arrematado pelo slogan "pelos caminhos do Céu que abraçam na Terra os homens de boa vontade", exaltando a superação das limitações humanas pelo progresso da máquina:

> Entre o pobre e lento veículo que se arrasta pelo chão [o carro de boi] e o pássaro de aço que devora distâncias no infinito medeia todo um século de progresso nas conquistas humanas.[71]

A narrativa enunciada procurava construir uma cena metafórica e, ao mesmo tempo, "cinematográfica": o passageiro, que olha para baixo (o carro de boi se arrastando pelo chão) e para trás (o passado), louvando o progresso que propiciou observar esta imagem do alto. Outra peculiaridade desta série é o fato de apresentar sempre uma música-tema, que funcionava como um refrão do programa, o que consistia em um recurso narrativo sofisticado, pois reiterava o tema com a finalidade de reforçar a tese.

A série combinava, portanto, duas preocupações: o caráter documental, que buscava uma reprodução fiel dos acontecimentos, e o caráter patrimonial, pois defendia que essas manifestações deviam ser registradas antes que se perdessem. Esta preocupação com a preservação da memória também caracterizaria os programas da série *O Pessoal da Velha Guarda* (Rádio Tupi, 1947 a 1952).

---

71 *Aquarelas do Brasil*, 15 jun. 1945. Collector's, AER195, lado B.

Quem são eles? Já te digo

Em 25 de fevereiro de 1948, quarta-feira, às 21h, foi ao ar pela Rádio Tupi do Rio de Janeiro mais uma audição do programa *O Pessoal da Velha Guarda*, com produção e apresentação de Almirante, coprodução e direção artística de Pixinguinha, e a presença da orquestra Pessoal da Velha Guarda e do Regional de Benedito Lacerda. Neste episódio, Almirante apresentava o samba-maxixe "Quem são eles?" (1918), de Sinhô, dedicado aos Fenianos, que era uma espécie de desafio direcionado àqueles que contestavam seu posto de "rei do samba" – Pixinguinha, Donga e sua turma. A resposta, segundo Almirante, veio pela polca-choro de Pixinguinha e seu irmão China, "Já te digo" (1919, gravada apenas em 1923), executada no ar, na íntegra, pelo Pessoal da Velha Guarda.

Quatro meses decorridos da primeira audição da série, aquele episódio trazia o mesmo objetivo dos anteriores: valorizar a "boa e legítima música popular brasileira", conduzindo os ouvintes "ao país dos sonhos e da saudade, nas asas de músicas imortais do tempo de nossos avós". Tudo isso orquestrado por um "seleto grupo de chorões dos velhos tempos". O radialista pretendia, através do programa, chamar a atenção para "a beleza de nossas coisas", combatendo "tudo que de ruim existe nas composições populares, desde a pobreza de inspiração musical, até os versos inexpressivos e de má linguagem".[72]

O programa parece ter surtido o efeito desejado, pois nessa audição um ouvinte dizia, em carta à emissora, ser "consolador um programa como o *Pessoal da Velha Guarda*", num tempo em que

---

72   Respectivamente, *O Pessoal da Velha Guarda*, 25 fev. 1948, AER026, lado A e 8 out. 1947, AER022, lado A.

Almirante, "a mais alta patente do rádio" **85**

"tudo é *swing*, bolero, conga ou rumba". E, obviamente, o comentário envaideceu o produtor, que fazia votos "para que não só [esse ouvinte] pense assim, para que outros estejam de acordo com aquela opinião". Almirante, dessa forma, mostrava a que veio: ao mesmo tempo em que combatia o estrangeirismo que permeava o repertório da música popular daquele tempo, tinha a oferecer

> músicas do Brasil de ontem e de hoje em arranjos especiais de Pixinguinha para a orquestra exclusiva do Pessoal da Velha Guarda. Polcas, *schottish*, valsas, modinhas, choros, enfim, as músicas tradicionais das serenatas aqui aparecerão tocadas também por um legítimo grupo de chorões, formado por bombardinos, flautas, violões, saxofone, cavaquinhos, e entoadas por autênticos seresteiros. Também aqui vocês terão a flauta de Benedito Lacerda em diálogos harmônicos com o trêfego saxofone de Pixinguinha. Tudo isso, ouvintes, comandado pela mais alta patente do rádio![73]

Como fundo musical para esta introdução, a orquestra sob a batuta de Pixinguinha construía variações sobre músicas que haviam se consagrado entre o final do século XIX e início do XX: o *schottish* "Iara", de Anacleto de Medeiros – que depois recebeu os versos de Catulo da Paixão Cearense ("Rasga o coração") –, a polca "Atraente", de Chiquinha Gonzaga, a seresta "O Meu Ideal", de Irineu de Almeida, também com letra de Catulo,

---

73 Texto introdutório da série *O Pessoal da Velha Guarda*, que se manteve inalterado durante os cinco anos de existência.

o choro "Um a Zero" (Pixinguinha e Benedito Lacerda, 1946), finalizando com o samba "Na Pavuna", introdução de todas as séries de Almirante, em versão de valsa. Assim, dava uma pequena amostra das músicas que integravam o repertório da Velha Guarda, e que embalariam aquelas audições. O nome do programa e sua orquestra, igualmente, aludiam ao conjunto integrado por Pixinguinha nos anos 1930 – a Guarda Velha.[74]

Pixinguinha era um dos compositores e arranjadores mais influentes na década de 1920. Através de sua atuação, o choro atingiu a primeira exposição extensiva, nacional e internacional, já que o grupo que ele integrava, Os Oito Batutas, chegou a fazer shows na França e na Argentina – para assombro da imprensa carioca da época, que via a apresentação de um grupo composto somente por negros como uma forma de denegrir a imagem do Brasil no exterior.

O termo "choro" caracterizava, no século XIX, os conjuntos compostos por naipes de cordas, com instrumentos de origem europeia e instrumentos percussivos de origem africana. Gradualmente, o termo passou a designar não só os conjuntos, como a música que eles executavam. Este conceito, entretanto, não era neutro. O desacordo sobre a etimologia revelava a própria dinâmica do debate, no qual críticos, músicos e fãs estavam preocupados em estabelecer a autenticidade, e inclinados a ver a música como uma evocação do passado.[75]

---

74 MORAES, *op. cit.*, 2010, p. 254.

75 McCANN, Bryam. *Hello, Hello Brazil: popular music in the making of modern Brazil.* Durham, Londres: Duke University Press, 2004, p. 163.

Este gênero musical se desenvolveu no limiar entre o "popular" e o "erudito". Compositores como Ernesto Nazareth e Joaquim Antônio Calado combinavam a espontaneidade da música popular, de origem europeia e africana, à complexidade melódica da música de câmara, criando composições que demandavam talento técnico, mas que eram feitas primeiramente para a audiência popular. Os músicos também se destacaram pelo devassamento das barreiras sociais, como pode ser notado na formação da Banda do Corpo de Bombeiros, liderada por Anacleto de Medeiros, que incluía instrumentistas de classe-média baixa, negros e mestiços.

No final dos anos 1920, entretanto, a popularidade do gênero caiu, o que não afastou Pixinguinha imediatamente da indústria musical. O músico continuou como regente no *Programa Casé* e arranjador na RCA Victor até meados da década de 1930, deixando o Grupo da Guarda Velha – que tinha quase os mesmos integrantes dos Oito Batutas –, consciente de que o estilo do grupo estava fora de moda. Nos anos 1940, a Victor raramente chamava Pixinguinha pra fazer arranjos, muito menos pra gravar suas músicas, o que o levou ao empobrecimento e a uma depressão alcoólica.[76] Já seu parceiro, Benedito Lacerda, era reconhecido como o segundo melhor flautista no Rio de Janeiro, e se tornou um renomado regente, formando o melhor regional do rádio na década de 1930. Ao contrário de Pixinguinha, Benedito Lacerda não foi tão

---

76 Na mesma época, muitos outros músicos profissionais ficaram desempregados, em decorrência do fechamento dos cassinos, na gestão de Eurico Gaspar Dutra, em 1946.

afetado pela queda do choro. Sendo anos mais jovem e um arranjador talentoso, passou a trabalhar com os sambistas mais populares do período.[77]

A indústria fonográfica nas primeiras décadas do século XX era dominada por corporações estrangeiras, que imprimiram sua influência aos padrões das músicas gravadas. Frederico Figner, fundador da Casa Edson, por exemplo, contratou Simon Bountman, pioneiro da incorporação do jazz norte-americano nas gravações brasileiras, com arranjos extravagantes, e interpretadas por cantores populares como Mário Reis. Outros produtores, como Leslie Evans, da RCA Victor, e Wallace Downey, procuravam combinar elementos locais, que soavam exóticos ao público norte-americano, com os padrões da produção padronizada estrangeira. Ambos foram bem sucedidos, transformando estes intérpretes em estrelas à altura dos cantores populares americanos. Os músicos também se mostraram hábeis em se apropriar destes padrões, que chegavam ao Brasil através dos filmes e discos. Sendo assim, as gravadoras Columbia, RCA Victor e Odeon liberaram *covers* de melodias populares, havendo preferência pelos tangos e boleros, que eram mais fáceis de traduzir.

---

77 Poucos meses antes da criação de *O Pessoal da Velha Guarda*, em 1947, Benedito Lacerda auxiliou a reinserir Pixinguinha na cena artística, através de um contrato com a Victor para a gravação de 25 discos de 78 rpm, no qual ele atua como o solista na flauta, e Pixinguinha como sax tenor. Fecharam ainda um contrato com a Vitale, pelo qual editaram todas as músicas gravadas (da autoria de Pixinguinha, mas creditadas a ambos), para que, com o adiantamento dos pagamentos, Pixinguinha pudesse quitar suas dívidas. Cf. PAES, Anna. *Almirante e o pessoal da velha guarda: memória, história e identidade*. Dissertação (mestrado em Música) – Unirio, Rio de Janeiro, 2012, p. 29.

Em decorrência disso, a década de 1950 apresentava um novo universo. Diferentemente dos anos 1930 e 1940, em que os novos gêneros da música popular começavam a ocupar espaço na nascente radiofonia, no período Pós-Guerra a indústria do rádio e fonográfica foram marcadas pelo cosmopolitismo, apresentando atrações como o baião de Luís Gonzaga e Humberto Teixeira[78] por um lado, e "invadidas" pelos gêneros estrangeiros, por outro. Além das numerosas versões para músicas estrangeiras, os compositores encontravam soluções miméticas, fazendo com que o samba assumisse feições de fox, bolero, de acordo com as demandas do mercado. Por tal razão, Almirante passou a adotar uma postura de militância em favor da música nacional, criticando a ação de compositores e de intérpretes, e resgatando a memória da música da virada do século, que ele considerava como a autêntica música popular brasileira, através da figura de Pixinguinha.

Para ele, alguns cantores eram responsáveis pela descaracterização das músicas, alegando que, ao atrasar ou adiantar a linha melódica, acabavam fazendo com que elas perdessem seus traços originais. A estes cantores, Almirante aconselhava:

---

78 O baião, corruptela de "baiano", foi esteio de um projeto destes dois compositores para difundir a música nordestina no Sudeste, por possuir características de fácil assimilação pelo grande público urbano. O alcance da iniciativa ultrapassou inclusive as expectativas iniciais, tomando repercussão internacional. Contribuiu para a aceitação do gênero no exterior o sucesso do filme O *Cangaceiro* (1953), cuja trilha foi premiada em Cannes. Dentro do país, o projeto veio ao encontro da política cultural de valorização das identidades regionais no período Pós-Guerra. Cf. DREYFUS, Dominique. *Vida do viajante: a saga de Luiz Gonzaga*. São Paulo: Editora 34, 1996 (Coleção Ouvido Musical).

90   Giuliana Souza de Lima

> Cantores e cantoras de música popular: o
> maior benefício que vocês podem fazer à mú-
> sica brasileira é cantar o samba como samba, a
> marcha como marcha, a valsa como valsa etc.
> etc. Nada de andar imitando Bing Crosbys e
> Frank Sinatras. Os efeitos que eles fazem nos
> foxtrotes podem ser bons para os foxtrotes,
> mas não para nossas músicas.[79]

O radialista se opunha às corrigendas que alguns cantores faziam em certas canções sertanejas pois considerava que
estas também as descaracterizavam. Criticava ainda o "mau
hábito" de se comparar o que era gravado no Brasil ao que vinha do estrangeiro. Isto para ele denotava num exercício de
inferiorização da música nacional, que ignorava a seleção do
material ocorrida antes deste ser divulgado para outros países,
de modo que a comparação era, não raro, injusta.

Ao contrário do que este discurso sugere, Almirante não
rechaçava completamente a música estrangeira, lembrando a
importância que alguns gêneros tiveram para a formação da
música brasileira. Foi o caso da valsa inglesa *"Supplication"*, de
W. J. Paans, que ganhou versão brasileira de Gutemberg Cruz,
"O último beijo", cuja origem anglo-saxônica poucos conhe-
ciam, dado sua popularidade nesta versão. Outro caso foi o
gênero da *habanera*, que, para Almirante, era a precursora do
tango brasileiro, logo, do samba.[80]

---

79 *O Pessoal da Velha Guarda*, 15 out. 1947. Collector's, AER022, lado B.

80 Ambos os exemplos estão em *O Pessoal da Velha Guarda*, 27 mar. 1952.
Collector's, AER031, lado A.

Almirante, "a mais alta patente do rádio" **91**

Um indício que parece reforçar a ideia de que o radialista não se opunha às versões para músicas estrangeiras foi sua iniciativa, anos antes, de lançar o concurso de quadrinhas para dar uma letra em português para a melodia "*Happy birthday to you*" ("Parabéns pra você", 1941).[81] Ou, possivelmente, naquele momento, em que se estreitavam os laços com os Estados Unidos através da sua "política de boa-vizinhança", esta preocupação ainda não era tão intensa quanto se tornou na década seguinte. De qualquer forma, ao criar uma letra brasileira para a canção que já era cantada em inglês corriqueiramente, a justificativa parecia ser semelhante a de outro cantor da época, Jorge Goulart, para quem verter era uma forma de assegurar a "reserva do mercado" nacional. O cantor, que se definia nacionalista e esquerdista, complementava: "além disso, as versões eram feitas por grandes compositores, como Braguinha, o que assegurava o bom nível da música vertida". No caminho inverso, o compositor Aloysio de Oliveira, integrante do Bando da Lua, dizia escrever aquelas "letrinhas vagabundas de brincadeira", usando a música americana em função

---

81 Segundo o musicólogo Vasco Mariz, "por volta de 1940, Vicente Paiva dirigia a orquestra do Cassino da Urca e notava que fregueses estrangeiros cantavam o estribilho *Happy birthday to you* por ocasião do aniversário de algum dos presentes. Para agradá-los, preparou singela orquestração e... em breve todos cantavam aquelas palavras, em inglês estropiado. Foi quando Almirante teve a ideia de lançar um concurso contendo as fórmulas comuns de saudação e sem vocativo especial. Após seis meses, foi premiada uma quadrinha vinda de Pindamonhangaba, da senhora Berta Celeste Homem de Melo. [...] A versão brasileira não é, portanto, como já se disse, uma tradução mal feita e sim inteiramente original e muito mais completa do que a norte-americana, que se limita a repetir quatro veses [sic] as mesmas palavras" (MARIZ, Vasco. *A canção brasileira: erudita, folclórica popular*. 4ª ed. Rio de Janeiro: Cátedra; Brasília: INL/MEC, 1980, p. 274-5).

do ritmo brasileiro. Para o compositor e produtor musical, que se instalou nos Estados Unidos em 1939, acompanhando as apresentações de Carmen Miranda, era mais garantido lançar algo com que os americanos reconhecessem e se identificasse ao invés de lançar uma música totalmente nova e desconhecida.[82]

A versão não era, porém, ponto pacífico entre os compositores e críticos: para uns era sempre uma cópia abaixo da qualidade do original; para outros, era um produto revestido de qualidades próprias, dotado de originalidade. Os puristas, na verdade, criticavam mais os arranjos feitos para a música estrangeira que as versões gravadas por intérpretes brasileiros.[83]

Com relação à opinião de Almirante, o que se nota através de seu discurso, é que ele reprovava a imitação pura e simples dos gêneros estrangeiros, combatida fervorosamente por ele em *O Pessoal da Velha Guarda*. Mas em sua percepção, isto também se aplicava à música nacional, sobretudo às canções carnavalescas, que tinham a tendência em reproduzir os sucessos do ano anterior, como ele expôs em outra série contemporânea, *Histórias do Nosso Carnaval* (Rádio Tupi, 1951). Assim, elogiava o Pessoal da Velha Guarda pela sua "originalidade", homenageando-os publicamente mais uma vez, e depois passava a recuperar obras significativas para a história da música popular, contando algumas de suas curiosidades.

Além de apresentar as músicas de "tempos imemoriais", *O Pessoal da Velha Guarda* se propunha a esclarecer acontecimentos

---

82 Jorge Goulart *apud* LENHARO, Alcir. *Cantores do Rádio: a trajetória de Nora Ney e Jorge Goulart e o meio artístico de seu tempo*. Campinas: Editora da Unicamp, 1995, p. 75; OLIVEIRA, Aloysio de. *De Banda pra Lua*. Rio de Janeiro: Record, 1982.

83 McCANN, *op. cit.*, p. 142.

Almirante, "a mais alta patente do rádio" 93

em torno de composições, autorias, e a desvendar a origem de certas músicas, estabelecendo os fatos de sua invenção. No episódio do dia 15 de outubro de 1947, por exemplo, contava sobre a polca "Morcego", de Irineu de Almeida, que era dedicada ao famoso carnavalesco, e que possuía a particularidade de ser interrompida a certa altura do andamento para que gritassem "ô Morcego". No mesmo programa, Almirante homenageava o centenário da maestrina Chiquinha Gonzaga, contando sua história e relembrando algumas de suas composições, como a polca "Atraente", de 1877, e o tango "Gaúcho" ("Corta-Jaca"), escrita para a revista *Zizinha Maxixe*, de 1897. O radialista também ressaltava a repercussão social da composição, relembrando que "a notável música foi a coqueluche nesta cidade", e causou "enorme escândalo no seio da sociedade" ao ser "executada em solo de violão numa recepção oficial no Palácio do Catete, executado pela esposa do então presidente da República", em 1914.[84]

---

84 *O Pessoal da Velha Guarda*, 15 out. 1947. Collector's, AER022, lado B. O escândalo a que Almirante se refere provavelmente se trata da reação do senador Rui Barbosa em seu pronunciamento de 7 de novembro de 1914: "Uma das folhas de ontem estampou em fac-símile o programa da recepção presidencial em que, diante do corpo diplomático, da mais fina sociedade do Rio de Janeiro, aqueles que deviam dar ao país o exemplo das maneiras mais distintas e dos costumes mais reservados elevaram o Corta-jaca à altura de uma instituição social. Mas o Corta-jaca de que eu ouvira falar há muito tempo, o que vem a ser ele, sr. Presidente? A mais baixa, a mais chula, a mais grosseira de todas as danças selvagens, a irmã gêmea do batuque, do caterête e do samba. Mas nas recepções presidenciais o Corta-jaca é executado com todas as honras da música de Wagner, e não se quer que a consciência deste país se revolte, que as nossas faces se enrubesçam e que a mocidade se ria?" (SANDRONI, Carlos. *Feitiço decente: transformações do samba no Rio de Janeiro (1917-1930)*. Rio de Janeiro: Zahar/Editora UFRJ, 2001, p. 89).

Nesta série, Almirante daria a forma melhor acabada de seu projeto de defesa da música popular brasileira, trazendo as "diretrizes estabelecidas em Curiosidades Musicais e amadurecidas em Aquarelas do Brasil, mas convertidos para um novo universo musical: o da moderna música urbana produzida e difundida nos meios de comunicação de massas".[85]

Uma diferença desta série em relação às anteriores era que, naquelas, as músicas serviam para proporcionar um encadeamento para a fala, mas não necessariamente eram mais importantes que o texto. Nesta, ao contrário, as músicas eram executadas na íntegra, de modo efusivo, e aplaudidas ao final pela audiência presente. Percebe-se inclusive que, dos episódios iniciais, de 1947, aos últimos registros sonoros, de 1952, as falas são diminuídas e a parte musical ampliada, sobretudo para atender aos pedidos dos ouvintes, que solicitavam em correspondências a execução de determinadas músicas, as quais eram acompanhadas de uma breve explanação sobre seu autor ou contexto de criação. Aos poucos, a parte publicitária ocupou espaço maior do programa, com a realização do concurso temático do patrocinador (o Sal de Frutas ENO), que se apropriava do tema do programa, apresentando fragmentos de músicas "de hoje e de ontem" para que os ouvintes adivinhassem, concorrendo a prêmios em dinheiro.

Recorrendo aos seus arquivos – que mais tarde, junto com o material pesquisado para o programa *História das Orquestras e Músicos do Brasil*, se transformariam na sua tentativa de criar um dicionário dos músicos e compositores brasileiros –, e às memórias, suas e de terceiros, Almirante contribuiria para

---

85 MORAES, *op. cit.*, 2010, p. 253.

Almirante, "a mais alta patente do rádio" **95**

estabelecer, através deste programa, uma "linha evolutiva" da música popular urbana.[86] Os argumentos de sua crítica eram construídos a partir da ideia de autoridade das evocações-memória e veracidade de suas fontes.

O radialista tornou-se um dos responsáveis por construir um sentido de tradição ao apresentar novos compositores, como fez ao promover o primeiro disco de Jacob do Bandolim, no programa de 29 de outubro de 1947, no qual o instrumentista era introduzido ao público como "o novo da Velha Guarda". Este sentido se cristaliza em outra iniciativa, a organização do Festival da Velha Guarda, com o apoio de Paulo Machado de Carvalho, fundador da Rádio Record, em São Paulo. A primeira edição, em virtude da comemoração do IV Centenário da cidade (1954), era também um tributo ao aniversário de Pixinguinha. Foram organizados dois concertos, um no teatro da Rádio Record, outro no Parque do Ibirapuera, transmitido ao vivo pela emissora. O evento foi um sucesso – mais de 10 mil fãs lotaram o Ibirapuera para a performance ao ar livre –, o que encorajou o grupo a organizar outros concertos ao voltar ao Rio, no Hotel Glória, que não tiveram a mesma repercussão. No ano seguinte, em São Paulo, a orquestra da Velha Guarda novamente causou impacto, atraindo milhares

---

86 Esta linha evolutiva ganha fôlego com edições como *História da Música Popular Brasileira*, coleção com 48 fascículos acompanhados de discos de 10 polegadas, lançados pela Editora Abril nos anos 1970 e relançados posteriormente, os quais traziam uma compilação dos sucessos destes compositores populares consagrados. Almirante foi um dos consultores da primeira edição deste projeto, ao lado de José Lino Grünewald, José Ramos Tinhorão, Júlio Medaglia, Tárik de Souza, Aracy de Almeida, Ary Vasconcelos, Augusto de Campos, Capinan, Ezequiel Neves, Francisco Petrônio, Jota Efegê, Lúcio Rangel, Miécio Caffé, Rogério Duprat, Sérgio Cabral e Walter Silva.

de fãs.[87] Provavelmente o Festival teria sua terceira edição, não fosse o fato de Almirante deixar a emissora naquele ano.[88] O programa também resultou na gravação de discos e emissão em TV.

Para o historiador Bryam McCann, *O Pessoal da Velha Guarda* foi simultaneamente a melhor e a pior coisa que aconteceu ao choro: se por um lado reviveu o gênero, por outro o condenou a ficar em uma forma restrita. O autor norte-americano compara a retórica de Almirante à de Getúlio Vargas, na defesa da campanha "O Petróleo É Nosso" na década de 1950, incitando os brasileiros a defender suas riquezas naturais contra a ganância imperialista. No entanto, este é um ponto de vista a ser nuançado. Basta comparar a performance adotada pela orquestra da Velha Guarda com suas gravações originais para ter uma noção de que ali eles experimentaram outras sonoridades, dentro das possibilidades da gravação de um programa de rádio.[89] O próprio autor nota as contradições entre a retórica e a prática do período mais adiante, ao constatar que Almirante desenvolveu seu programa de cunho nacionalista na emissora de Assis Chateaubriand, um fervoroso apoiador dos investidores multinacionais, acusado pelos protecionistas de ser o mais vil "entreguista" do país:

> Dentro deste campo diverso de radiodifusão, no entanto, os receios com relação à penetração

---

87 McCANN, *op. cit.*, p. 172.

88 Além de trabalhar na Rádio Tupi do Rio de Janeiro, Almirante realizou duas séries em 1951 na Rádio Record: *A Vida de Noel Rosa* e *Histórias do Nosso Carnaval*.

89 Sobre este aspecto, conferir o trabalho de Anna Paes (2012), no qual a autora expõe que a atuação de Almirante em *O Pessoal da Velha Guarda* contribuiu tanto para a fixação desses padrões estéticos como para a criação de novos.

internacional na época tornou quase inevitável que as emissoras que abraçavam o sentimento nacionalista alcançassem ampla ressonância na crítica. A genialidade de Almirante foi ligar aquela retórica a um fenômeno musical aparentemente inovador, revitalizando um dos mais ricos gêneros musicais do Brasil.[90]

A relação entre o nacionalismo cultural e o investimento internacional não era uma simples oposição: as empresas Standard Oil e Shell dependiam de Chateaubriand para defender seus interesses no Brasil e o apoiavam pesadamente com anúncios em seus jornais. Chateaubriand dependia de Almirante para produzir os programas populares, e ele e a Velha Guarda dependiam de Chateaubriand para expor seu trabalho e garantir o emprego. Isto evidencia a complexidade e a expansão da arena da cultura popular no Brasil.

IMAGEM 1. Almirante e O Pessoal da Velha Guarda.
Revista do Rádio, nº 297, 21 maio 1955

---

90 McCANN, *op. cit.*, p. 179-180. Tradução livre.

98   Giuliana Souza de Lima

É interessante notar que, nessa trajetória, não só a música era caracterizada como "do tempo de nossos avós", como também seus representantes, transformados em alvos dessa museificação. Pixinguinha, cuja obra não alcançava 50 anos, já era considerado como um "músico de antigamente".[91] O próprio Almirante tinha então 39 anos, dos quais mais da metade foram dedicados à música e ao rádio. É possível, portanto, que este combate também estivesse pautado pela nostalgia, por perceber a mudança dos tempos, numa velocidade acelerada.[92]

E o tempo haveria de confirmar seus receios, quando já afastado do *broadcasting* devido às sequelas de um AVC, dez anos mais tarde, acompanhou a gradativa perda de espaço do rádio para a televisão, meio que divulgaria a nova música popular. Sem condições físicas e num universo cultural com características diferentes daquelas que formou sua escuta e seu pensamento, Almirante transportou sua "militância" em favor da "legítima música popular brasileira" para a escrita[93] e para o plano institucional. Na imprensa, mas, sobretudo, na curadoria do acervo do MIS-RJ, ele pôde reorganizar e reavivar suas memórias, e continuar influenciando a construção da história da música popular.

---

91   BESSA, *op. cit.*, p. 209.

92   Isto evidencia a gradativa imposição da "lógica esmagadora da rápida substituição de ídolos e gêneros" na indústria da cultura musical no Brasil (MORAES, José Geraldo Vinci de. "Prefácio: para ler com os ouvidos". In: BESSA, Virgínia de Almeida. *A escuta singular de Pixinguinha: história e música popular no Brasil dos anos 1920 e 1930*. São Paulo: Alameda, 2010, p. 13).

93   Na década de 1960, Almirante torna-se colunista do jornal *O Dia*, escrevendo as colunas *Cantinho das Melodias* e *Pingos do Folclore*, além de publicar a biografia de Noel Rosa, pela Livraria Francisco Alves, em 1963 (1ª edição).

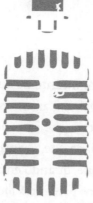

II. A MAIS ALTA PATENTE DO RÁDIO

NOS BASTIDORES DO RÁDIO

Em seu depoimento prestado ao MIS, em 1967, o radialista Paulo Tapajós declarava: "o que a gente fazia naquela época é uma ciência. O público não tomava conhecimento disso, ele só queria ouvir bem em casa". Até atingir uma forma agradável e acessível ao grande público, alcançando de maneira ampla a sociedade, o rádio passou por sucessivas transformações. Assim, tanto o rigor técnico como o aperfeiçoamento artístico foram frutos do trabalho cotidiano, do exercício empírico, da tentativa e erro.[1]

---

[1] Estas práticas cotidianas também motivaram curiosos inventos. Atribui-se a Almirante criação de um pequeno aparelho elétrico que, conjugado à mesa telefônica, tinha capacidade de chamar a atenção de qualquer pessoa, sem provocar o menor ruído. Por se adequar bem aos trabalhos de bastidores, este dispositivo, batizado de "procurol" foi por muito tempo utilizado na Rádio Nacional e na Tupi do Rio de Janeiro. Ver: FERREIRA, José de Jesus. *Luiz Gonzaga: O Rei do Baião. Sua vida, seus amigos, suas canções*. São Paulo: Ática, 1986, p. 101.

A contribuição de Almirante neste processo de construção de um saber-fazer lhe valeu a antonomásia de "a mais alta patente do rádio", alusão tanto ao seu apelido da juventude como à importância e autoridade que alcançou no meio radiofônico e fora dele – a tal ponto que, quando entrava num restaurante do qual era frequentador, os presentes lhe saudavam com um gesto de continência.[2] No final dos anos 1930, ele realizou suas primeiras experiências com programas de auditório, com *Caixa de Perguntas* [*By-so-do*] (1938-1941) e *Programa das Reclamações* (1939), o que certamente ampliou seu contato com o público para além dos interessados em música popular. O primeiro consistia num programa de auditório na Rádio Nacional em que o público participava pelo aspecto lúdico e pela possibilidade de receber prêmios em dinheiro. Já o segundo teve uma vida bastante curta, como o radialista justificaria anos mais tarde: "foi uma saia justa, porque a censura não permitia aquilo. Eu ia contar as coisas, problemas das ruas, da gente, do povo, mas a censura cortava isso tudo. Então fui obrigado a fazer o *Programa das Reclamações* contando piadas só".[3]

O título parece ter mesmo causado celeuma no órgão censor, pois sequer restaram registros desta série, até onde o mapeamento das fontes permitiu verificar. Por outro lado, não se percebe nenhuma interferência direta da censura em seus programas, cujo aspecto nacionalista agradava o Estado

---

2   Conforme revelou sua estagiária no MIS à época, Adua Nesi, em depoimento citado.

3   Almirante, depoimento para Nirez, Museu Cearense da Comunicação, realizado no dia 27 de agosto de 1978, no Rio de Janeiro. Entrevistadores: Jairo Severiano e Aloísio de Alencar Pinto.

Novo.[4] Além disso, a imprensa jornalística foi o setor mais atingido pelo DIP, havendo no rádio, meio considerado "fundamental para a divulgação da propaganda política, brechas para atividades relativamente autônomas".[5] A radiodifusão era marcada por um sistema misto, no qual o Estado exercia controle e fiscalizava a atividade, mas deixava a cargo da iniciativa privada sua exploração, de modo que a censura sobre o meio durante o Estado Novo foi menos radical do que pretendia. Se por um lado este programa foi censurado, por outro, as músicas veiculadas em outras séries, ainda que alvo de censura, reiteravam de maneira sub-reptícia as críticas ao governo e às mazelas da população.

A radiofonia brasileira consolidaria definitivamente, entre 1935 e 1945, seu caráter profissional e comercial, apresentando uma multiplicidade de caminhos: educativo, instrumento político e cultural de integração nacional e, principalmente, entretenimento. A convergência de interesses entre o Estado e rádio comercial se tornou visível, por exemplo, na década de 1940, com o posicionamento do Estado Novo ao lado dos aliados e a consolidação da política

---

4 Cabe salientar que em 1931, como integrante do Bando de Tangarás, Almirante gravou a marcha "Ge-Gê" ("Seu Getúlio"), de Lamartine Babo, cuja letra dizia: *"Só mesmo com a revolução/Graças ao rádio e o parabelo/ Nós vamos ter transformação/ Neste Brasil verde amarelo/ G-e-ge, Ge / T-u-tu-tu/ L-li, o/ Ge-tú-lio"*. Gravada após a Revolução de 1930, essa marcha fazia apologia ao líder do golpe. Ali se fixavam os meios da Revolução: o rádio e o parabelo, pistola automática usada pelos alemães, símbolo da força.

5 CAPELATO, Maria Helena R. "Estado Novo: novas histórias". In: FREITAS, Marcos Cezar de (org.). *Historiografia brasileira em perspectiva*. São Paulo: Contexto, 2005, p. 204.

norte-americana de boa-vizinhança,[6] como se percebe na publicidade veiculada em algumas séries. Dentre elas, são emblemáticos o noticiário *Repórter Esso*, o programa de variedades *Almanaque Kolynos* e o musical *Um Milhão de Melodias*, que marcaram a entrada da agência de publicidade McCann-Erickson no Brasil. A partir dos anos 1950, as principais agências tinham seu próprio departamento de rádio, como era o caso da McCann-Erickson.[7] Representada por essa agência, a Coca-Cola Company patrocinou um dos programas musicais mais elaborados da história do rádio brasileiro, responsável por estabelecer um padrão de qualidade inclusive para as gravadoras de discos: *Um Milhão de Melodias*. Estreado na Rádio Nacional em janeiro de 1943, o programa teve como produtores José Mauro e Haroldo Barbosa durante sete anos, e voltou ao ar em 1952, sob direção de Paulo Tapajós e Lourival Marques.

Segundo o relato de Paulo Tapajós, em 1938 a Rádio Nacional já havia tomado a iniciativa de contratar arranjadores, mas foi a partir deste programa que se imaginou dar um tratamento à música brasileira igual ao das orquestrações impressas que vinham dos Estados Unidos. Para reger a orquestra, o produtor José Mauro convidou o maestro Radamés Gnattali, que aceitou a tarefa sob a condição de que tivesse recursos pouco mais sofisticados do que a rádio dispunha na época. Assim, constituiu-se uma grande orquestra, que contava com naipe de violinos completo, viola, violoncelo, harpa, saxofone, três pistões, trombone, flauta, clarinete, oboé, fagote, bateria completa e outros

---

6   GURGUEIRA, *op. cit.*, p. 154.

7   OLESEN, Jens. *McCann: cinquenta anos em dois vividos e contados por Jens Olesen e Altino Barros*. São Paulo: Siciliano, 1995.

instrumentos de percussão. O produtor contou que o programa, inclusive, deve ter dado prejuízo à Rádio Nacional

> [...] mas a política do Gilberto [de Andrade] era global. A ele não interessava o que aqueles quinze minutos iam render, porque ele sabia que o programa do Jararaca e Ratinho, que não tinha a menor condição técnica, o menor recurso de aprimoramento, era um programa que tinha dois indivíduos fazendo graça lá na frente, um grupo regional lá atrás, acompanhando eles; esse programa cobria o prejuízo que deixava *Um Milhão de Melodias*. [...] A Rádio viveu sempre do global. Não fosse assim, ela nunca teria o elenco que teve, porque enquanto ela pagava um salário fabuloso ao Orlando Silva, ao Almirante, ao Chico Alves etc., ela pagava salários menores a artistas de menor porte, mas podia mantê-los, mesmo que eles não fossem popularmente lucrativos para a emissora. Todos, no conjunto, eram de utilidade para a Rádio Nacional.

Além de dar novas roupagens para a música brasileira, seguindo o estilo das *big bands* jazzísticas, e divulgar versões em português de músicas estrangeiras famosas, os criadores do programa reconheciam como seu mérito "recuperar melodias e canções quase esquecidas", integrando o projeto de construção da memória musical brasileira encabeçado por Almirante.[8]

---

8   BESSA, *op. cit.*, 2006, p. 211.

Outras empresas estrangeiras se estabeleceram no país na época e apoiaram programas que tinham uma roupagem musical internacional, cujo objetivo, entretanto, era o de defender e legitimar a música nacional. A série *Aquarelas do Brasil* (1945-1946), por exemplo, era patrocinada pela companhia aérea norte-americana Pan American World Airways – "a rede mundial dos *clippers*". Já a alemã Chimica Bayer Ltda., que abriu seu primeiro escritório de representação no país em 1911 – e manteve por muitos anos o mesmo slogan, criado em 1909 por Bastos Tigre, "*se é Bayer, é bom*" –, patrocinou vários programas radiofônicos no Brasil, entre os quais *A Vida de Noel Rosa* – série em 18 capítulos transmitida pela Rádio Record-SP, em 1953, similar a *No Tempo de Noel Rosa* (Tupi-RJ, 1951).

Era corriqueira a prática de se aproveitar a estrutura dos programas para criar um "gancho" publicitário. Outro recurso comum era dar aos programas o nome do anunciante. Existiam diversas modalidades de anúncio. O cliente poderia comprar o horário de uma emissora, produzir um programa, patrocinar um cantor de sucesso ou irradiar textos e *jingles* nos intervalos comerciais. Assim nasceram programas como o já citado *Caixa de Perguntas By-so-do*, *Levertimentos* (1954) e o *Programa Royal Briar* (1941), que apresentava "A Canção Antiga". Este quadro consistia num musical, idealizado por Almirante e redigido por Agnaldo Amado, aos moldes do que viria a ser *O Pessoal da Velha Guarda*, e que, nas palavras do *speaker* na introdução, permitiriam aos ouvintes "travar conhecimento com bonitas melodias do passado, atravez de modernos arranjos...".[9] O pro-

---

9   Introdução do *Programa Royal Briar*, 25 abr. 1941. Coleção Almirante,

grama contava ainda com a participação de Almirante no coro, ao lado de Nuno Roland, Lamartine Babo, Joel e Gaúcho, e os irmãos Haroldo e Paulo Tapajós.

O fato de empresas estrangeiras patrocinarem estas séries indica o prestígio do seu produtor entre os ouvintes e, logo, entre os anunciantes. Embora os profissionais do anúncio lamentassem não haver nenhum indicador confiável da audiência na época, as cartas dos ouvintes mensuravam o sucesso dos programas – além de assinalarem, como observou Tapajós, as transformações da dinâmica da cultura do rádio no país. Se a princípio as cartas se resumiam a pedidos de retratos e autógrafos por fãs, mais tarde os ouvintes passaram a fazer comentários sobre a programação e participar de maneira mais efetiva da sua elaboração. Outro indício, além das cartas que lhe chegavam à emissora, é o horário em que os programas iam ao ar – sempre à noite, quando a família geralmente encontrava-se reunida em casa.[10]

Um aspecto que estes anúncios permitem avaliar é a mudança de comportamento social e o ritmo que a vida moderna impunha ao corpo e à mente nesta primeira metade do século XX. Conforme observou Lia Calabre,

---

MIS-RJ. Doc. n° 174.

10 Analisando as pesquisas de audiência, Lia Calabre afirma que o horário das 21h era o mais ouvido pela população já na década de 1940, criando a ideia de "horário nobre" no rádio e, portanto, o mais concorrido e caro para os anunciantes. Cf. CALABRE, Lia. *No Tempo do Rádio: radiodifusão e cotidiano no Brasil – 1923-1960*. Tese (doutorado em História) – Universidade Federal Fluminense, Niterói, 2002, p. 171.

O rádio foi um agente fundamental na implantação de novos hábitos de consumo, isso se deveu não apenas ao papel de veiculador de textos publicitários. Dentro da programação havia outros elementos, tais como o texto ficcional radiofônico, que agiam como introdutor de novas práticas sociais e novas formas de consumo. Esse processo poderia ocorrer propositalmente como o personagem X utilizando o produto do patrocinador. Entretanto, havia ainda os desdobramentos da própria história ficcional, através dos hábitos mantidos pelos personagens, que possuem carros, viajam de avião, têm em sua casa aparelhos eletrodomésticos, dentre outros, sem necessariamente alardear a marca do produto utilizado.[11]

Os anúncios publicitários, voltados sobretudo à crescente classe média, não eram meros veículos que usavam a música popular para vender dentifrício: eles eram também parte da cultura popular. Eles criavam o imaginário de que se tratavam de produtos de luxo, com a ressalva de que eram acessíveis a todos.[12]

Assim, a população passou a incorporar novos hábitos e desejos. Com o "supremo embelezador das pestanas" o público feminino poderia obter o olhar lânguido das atrizes de cinema,

---

11   CALABRE, *op. cit.*, p. 180.

12   McCANN, Bryam. *Hello, Hello Brazil: popular music in the making of modern Brazil*. Durham, Londres: Duke University Press, 2004, p. 224.

enquanto os homens deveriam trajar uma "elegante roupa, com o tecido garantido da Casa Barki".[13] O cérebro precisava ser ágil e o corpo forte, apesar do esgotamento causado pela vida numa sociedade em que os estímulos visuais e sonoros aumentam mais a cada dia:

> Iofoscal é uma composição completa para uma saúde integral. Iodo para o sangue, fósforo para o cérebro e cálcio para os ossos, eis o que Iofoscal oferece aos esgotados, anêmicos e convalescentes. Para o senhor que se encontra extenuado pelo trabalho em excesso, e para seu filho, que se acha debilitado pelos estudos intensos, Iofoscal é o grande restaurador das forças perdidas. [...] É comum as mães dizerem que os professores não devem obrigar seus filhos a estudos intensos porque eles andam com o cérebro cansado. Este comentário é contraproducente e ilógico. O que elas devem fazer é procurar um medicamento para restaurar a energia das crianças, devolvendo aos seus cérebros o fósforo perdido.[14]

E, acima de tudo, o organismo precisava estar bem regulado, para que não se faltasse ao trabalho ou a outros compromissos sociais!

---

13 Anúncio da Casa Barkí, em *No Tempo de Noel Rosa*, 6 abr. 1951. Collector's, AER077, lado A.

14 Mensagem do patrocinador em *O Pessoal da Velha Guarda*, 25 fev. 1948. Collector's, AER026, lado A.

108   Giuliana Souza de Lima

> *Sal de Fruta ENO – laxante ideal – apresenta a canção do bom-humor.* "Tudo azul, tudo bem/ tudo calmo e sereno/ Nós tomamos Sal de Fruta/ Sal de Fruta ENO/ Alegria ao deitar, bom humor ao despertar".[15]

Estes ideais de saúde física e mental dos quais estavam impregnadas as peças publicitárias, os concursos de robustez infantil etc., encontravam-se plenamente ajustados às políticas sociais do Estado Novo, o qual neste sentido instituiu, desde 1937, o ensino de Educação Física no currículo escolar.[16] Muitos dos anúncios de produtos contribuíram para a melhora da saúde e higiene da população, ao mesmo tempo em que fomentavam uma valorização das "riquezas nacionais". O sabonete da marca Eucalol, por exemplo, patrocinador da série *Instantâneos Sonoros* nos anos 1940, não era apenas era bom porque proporcionava limpeza, mas porque continha as "propriedades benéficas da flora brasileira".[17]

---

15   *Jingle* do Sal de Fruta ENO, patrocinador de*O Pessoal da Velha Guarda*, 6 jul. 1950. Collector's, AER028, lado B.

16   LENHARO, Alcir. *Sacralização da política*. 2ª ed. Campinas: Papirus/Editora da Unicamp, 1989, p. 77.

17   CALABRE, *op. cit.*, p. 167.

Almirante, "a mais alta patente do rádio" 109

IMAGENS 2, 3, 4. Alguns dos patrocinadores dos programas de Almirante, entre os anos 40 e 50. Nas propagandas divulgadas na mídia impressa, que reforçavam os anúncios do rádio, percebem-se os anseios daquela sociedade: força, vitalidade, beleza, elegância e, claro, bom-humor.

IMAGEM 5. O anúncio das Casas Barkí, patrocinadora da série *No Tempo de Noel Rosa*, apontava outra qualidade que os produtos daquele tempo deveriam ter – serem duráveis.

Para além de uma imposição cultural, esta mentalidade passou a ser gradativamente assimilada pela própria população urbana, que se habituava a novos padrões de consumo e de comportamento, o que muito se deve à influência dos meios de comunicação em massa. Concomitantemente a isso, a tendência foi de cada vez mais os ouvintes se aproximarem aos microfones das emissoras.

A VOZ DO OUVINTE: PROGRAMAS DE AUDITÓRIO

Além de marcar toda uma geração da cultura brasileira, o rádio fez parte de muitas histórias do universo privado.

> Eu tinha um namorado naquela época, e ele teimava que eu ia à rádio para paquerar o Paulo. Eu ia com mamãe toda semana à rádio, porque ela não perdia o *Caixa de Perguntas*. Um dia me enchi e disse: "quer saber?Quer confiar em mim, confie, senão a gente para por aqui". Depois que terminamos, comecei a dar atenção ao Paulo.[18]

Foi assim que dona Norma conheceu seu marido, o cantor, e então assistente de Almirante, Paulo Tapajós. A partir daquela convivência intermitente do programa, dona Norma começaria uma história de amor com o futuro produtor, com

---

18   Este foi um depoimento informal concedido à autora pela senhora Norma Tapajós, viúva do cantor e radialista Paulo Tapajós, em 20 de setembro de 2010, em sua residência, no bairro de Botafogo, Rio de Janeiro.

quem teve três filhos – os compositores Paulinho, Maurício e a cantora Dorinha Tapajós. A memória afetiva de dona Norma se entrelaça às memórias de uma vida decorrida dentro dos bastidores do rádio, onde ela amealhou um número considerável de fotografias de vários artistas da época. Além do aspecto privado, sua memória revela a força deste meio de comunicação no cotidiano, que, tudo indica, não era só o seu, mas de muitas pessoas que viveram aqueles dias, e que passaram a medir o tempo pela programação semanal do *broadcasting*.

Os programas de auditório se tornaram na década de 1940 uma verdadeira coqueluche na capital republicana. A tendência foi eles crescerem em popularidade na primeira metade dos anos 1950 e continuar em ascensão até o final da década, quando a televisão começou a se difundir no Brasil. O que distinguia os programas de auditório do final dos anos 1940 para seus sucessores é a ampliação da participação da audiência. Até então, ela era limitada a membros de certa classe média difusa, pois os convites eram distribuídos em revistas, ou a funcionários das emissoras. Neste primeiro período, a frequência não era muito diferente de uma noite no teatro "sério" (posto que a tradição do teatro musicado já era muito estridente): a plateia era encorajada a permanecer em silêncio, apenas esboçando alguma reação nos números cômicos. Para frequentar aquele espaço, as pessoas vestiam luvas, e a orquestra trajava *smoking*. A plateia ouvia tudo e aplaudia de maneira polida ao final. Embora houvesse shows que envolvessem a distribuição de prêmios, o contato entre os músicos e o público era mínimo, e os ruídos da audiência raramente entravam na transmissão.

Neste sentido, o programa *Caixa de Perguntas* encontrava-se num ponto intermediário entre estes dois universos. Assim como em *Curiosidades Musicais*, em que Almirante imitava vozes e incentivava um clima de descontração, em *Caixa de Perguntas* ele se destacava como animador, desafiando os conhecimentos gerais dos espectadores presentes no auditório, sempre apoiado no lema *educar divertindo, divertir educando*. Tratava-se de uma produção arrojada para aquele tempo, pois envolvia a pesquisa de temas, elaboração de textos, escolha das músicas, para executar tudo ao vivo, na frente do público, mobilizando o trabalho em equipe e os conhecimentos adquiridos em sua produção anterior. Como observou o sonoplasta Edmo do Valle, "ele revirou aquela rádio... de pernas pro ar. [Porque] rádio era ainda um ambiente meio engravatado, meio borocoxô".[19]

Neste período, a Rádio Nacional, que veiculava o programa, continuava investindo em uma programação cuja finalidade era educativa e cultural, e de divulgação da música popular sofisticada, ao mesmo tempo em que investia pesadamente nas novelas, séries de aventuras infantis e programas femininos. No entanto, a lógica de dividir os horários dos programas por gênero do público nem sempre funcionava. Um exemplo disso é que a maior audiência do programa *Um Milhão de Melodias* era feminina.[20]

Quando os programas de auditório cresceram, a Rádio Nacional começou a cobrar preços modestos pelos ingressos. Até porque, no período Pós-Guerra, com a expansão da economia e dos

---

19 *Apud* SAROLDI, Luiz Carlos; MOREIRA, Sônia Virgínia. *Rádio Nacional: o Brasil em sintonia*. 3ª ed. Rio de Janeiro: Zahar, 2005, p. 46.

20 McCANN, *op. cit.*, p. 187.

salários, as classes baixas tornaram-se alvo da publicidade do rádio. Embora o preço tenha se elevado nos anos 1950, a demanda era tão grande que os ouvintes começaram a acampar nas filas para retirar ingressos de atrações como o *Programa César de Alencar*. Seu apresentador, que dava nome ao programa, cearense radicado no Rio de Janeiro, foi responsável por dar um novo alento ao formato, demonstrando um humor contagiante e o desejo em satisfazer a audiência. Ele percebeu que a chave para o sucesso estava em enfatizar a participação do auditório e apelar diretamente aos ouvintes da classe trabalhadora e pobres. No ar, ele fazia referências constantes aos subúrbios do Rio, convidando os ouvintes daquela localidade a escutarem o programa, e enfatizava suas raízes nordestinas, sabendo que boa parte dos trabalhadores suburbanos eram migrantes. Este programa inspirou muitas imitações. Em 1948 a Rádio Nacional começou outro programa de auditórios, apresentado por Manoel Barcellos, às terças-feiras de manhã. No final dos anos 1940, a Rádio Nacional também promovia programas de auditório de pequena escala, nas ruas, como *Ronda dos bairros* e *A felicidade bate a sua porta*, com a participação da cantora Emilinha Borba.

Ao contrário de *Um Milhão Melodias*, ou mais tarde *O Pessoal da Velha Guarda*, em que era uma atmosfera de profundo respeito à música executada, no *Programa César de Alencar* a orquestra era pequena, mal ensaiada e quase inaudível sob o barulho da plateia. Quando artistas menos conhecidos pegavam o microfone, o apresentador continuava no palco, conversava com a plateia e com os músicos e cortava o número musical após dois versos. A popularidade do gênero de programa musical caiu justamente quando este estilo de programa de auditório estava no ápice.

114   Giuliana Souza de Lima

O público que frequentava o auditório no início dos anos 1940 não era, portanto, esta espécie de audiência profissional que se formou em meados dessa década. A nova audiência era formada pelos membros de fã-clubes, que alimentavam rivalidades com outros. Eles provinham geralmente de classes trabalhadoras ou famílias pobres, excluídas das esferas políticas, frequentemente mulheres, negras, empregadas domésticas – o que originou a pejorativa expressão "macacas de auditório". Os clubes eram menosprezados não só por ser composto pelos pobres, mas por serem considerados depravados, posto que esta era uma esfera de sociabilidade do público homossexual, que até então só tinha os dias de momo para assumir sua orientação.[21]

Outra mudança implicada foi na própria dinâmica dos artistas, que nos anos 1950, mais do que nunca, dependiam do rádio para vender seus discos, e do auditório para serem vistos, nutrindo uma espécie de *star system* nacional. A contrapartida deste fenômeno, não raro, foi o deslocamento do foco da música para a personalidade e a vida privada do cantor. A *Revista do Rádio* (1948-1969) era a principal engrenagem e ícone dessa transformação. A publicação procurava propagar a ideia de que o mundo do rádio do Rio de Janeiro era a Hollywood brasileira. Dentro de poucos anos, a *Revista do Rádio* se tornou a segunda mais popular do Brasil e manteve esta distinção até o final dos anos 1950, quando o meio começou a perder seu domínio sobre o imaginário brasileiro. Durante este tempo de preeminência, ela foi fundamental para estabelecer carreiras e criar tendências.

---

21 *Ibidem*, p. 183.

Ao lado da *Revista*, destacavam-se as ações dos fã-clubes na criação desse conceito de estrelato. Os fãs atuavam como "empresários" locais, encorajando a carreira dos cantores. Eles não só publicizavam a carreira das estrelas como as guiava, alugando espaços para sua apresentação e convencendo emissoras locais a apoiá-los. Mesmo com o desaparecimento do *mainstream*, artistas que tinham seu fã-clube, cuja organização era autônoma, continuaram fazendo turnês pelo Brasil.[22]

Para muitos fãs, a primeira viagem para um programa de auditório não se tratava apenas da primeira incursão no mundo do rádio, mas à vida pública metropolitana. A longo prazo, os participantes de fã-clubes perceberam que o maior benefício foi a criação de uma rede de sociabilidade mais ampla, não afetada pelas divisões sociais e de classe.

Almirante, a seu modo, se apropriou em determinadas realizações da linguagem dos programas de auditório, tendo sempre em vista a finalidade de servir a sua proposta educativa e a construção de um conceito de música popular brasileira, em realizações como *Onde Está o Poeta*, *Recolhendo o Folclore*, além dos concursos de calouros.

"De músico, poeta e louco, todos nós temos um pouco"

Nos seus programas tipicamente de auditório, Almirante realizou algumas experiências que tinham em comum o aspecto de concurso musical e de variedades sobre poesia e costumes populares. Entre suas realizações estão *Concurso de Palavras Cruzadas* (1934), *Concurso de Gaitas de Boca* (1940), *Tribunal de*

---

22 *Ibidem*, p. 209-214.

Melodias (1942), *Campeonato de Calouros* (1944), *Onde Está o Poeta?* (1948-1949), *Academia dos Ritmos* (1952), *Corrija os Nossos Erros* (1953) e *Recolhendo o Folclore* (1955-1958).

O grau de participação dos ouvintes variou entre uma produção e outra, porém é possível perceber que suas preferências estavam ali contempladas, posto que nos programas em que os espectadores não participavam diretamente no auditório, eles se reportavam através de cartas e telefonemas. Um destes programas era o *Corrija os Nossos Erros*, que ia ao ar aos domingos, com reapresentação às terças-feiras, pela Rádio Record de São Paulo, patrocinado pelos Laboratórios Raul Leite. Os ouvintes concorriam ao prêmio de uma excursão à Suíça, para assistir ao Campeonato Mundial de Futebol, de 1954. Tratava-se de um programa que contava algumas histórias sobre músicas, com alguns erros, precedidos pela expressão "se não me engano", a fim de chamar a atenção do ouvinte para o equívoco propositalmente colocado, o qual nem sempre tinha a ver com a música, mas com o seu contexto histórico de criação. Este não era um programa propriamente musical, embora tivesse a música como fio condutor.

Já o programa *Onde Está o Poeta?* seguia o modelo de programas que visavam a participação, contando com a presença direta dos ouvintes. Tratava-se de uma espécie de gincana realizada nos auditórios da Rádio Tupi do Rio de Janeiro, às quintas-feiras, às 21h, num oferecimento de Guaraína – "um medicamento nacional de conceito universal, [...] o comprimido que corta a dor e não ataca o coração" – e Tônico Infantil.[23] O anúncio

---

23 Segundo Lia Calabre, uma pesquisa realizada em 1953 pelo PN – *Anuário do Rádio*, destacou que o setor que mais anunciava no rádio era o

Almirante, "a mais alta patente do rádio" **117**

dos patrocinadores pelo locutor era intercalado com uma marchinha, cuja letra adaptava um provérbio popular: "De músico poeta e louco/ todos nós temos um pouco". Entre um quadro e outro, a orquestra atacava, fazendo variações sobre a melodia do início, em ritmo de samba, valsa etc.

Após a introdução, Almirante se encarregava do microfone, afirmando que, "a cada quinta-feira, lá está para descobrir novos talentos, e que nesta trajetória já encontrou muitos".[24] O programa era dividido em alguns quadros. Em "Vamos fazer uma quadrinha?", pedia para que as pessoas do auditório dessem duas palavras rimadas, e depois premiava aquele que fizesse as quadrinhas a partir das palavras. Alguns participantes faziam quadrinhas "publicitárias", com o nome do patrocinador. No quadro seguinte, "A poesia sertaneja", um poeta popular declamava seu poema, que, na edição de 21 de julho de 1949 foi o bardo paraibano, motorista de profissão, Raul de Souza, com o poema "Asa Branca". Em seguida, vinha o quadro "O novo poeta", em que Almirante recebeu Chico Veiga, recitando alguns de seus sonetos. No quadro "Enriqueça com a rima", Almirante desafiava os participantes do auditório a dar rimas para as palavras dadas. Cada rima era premiada com 30 cruzeiros. Em "O mote e a glosa", o auditório julgava os poemas enviados por ouvintes-poetas, a partir de um mote previamente dado. Por fim, vinha o momento mais esperado da noite: o "Improviso ao som de violas". Almirante anunciava os dois concorrentes, expondo os critérios de avaliação:

---

farmacêutico, seguido pela indústria alimentícia.

24   *Onde Está o Poeta?*, 21 jul. 1949. Collector's, AER364, lado A.

eles deveriam respeitar a métrica de sextilha e o ritmo para não zerar. Quem vencesse, voltaria na semana seguinte para concorrer ao prêmio de mil cruzeiros, contra o jurado classificado na semana anterior.

Cinco anos mais tarde, com um regulamento mais rígido, seria lançado o *Campeonato Brasileiro de Calouros*, dentro do *Programa Luiz Vassalo* na Rádio Nacional, irradiado aos domingos, das 10h às 21h.[25] Produzido e apresentado por Almirante, o concurso visava a escolha dos dois melhores cantores populares do Brasil, um homem e uma mulher. Os calouros deveriam ter entre 18 e 27 anos, saber ler e escrever corretamente, apresentar repertório popular bem conhecido "a fim de ser possível um julgamento imparcial". Segundo o regulamento, "o concurso não visa escolher uma voz propriamente bonita, mas sim uma voz que interesse ao rádio".[26] Esta observação do regulamento permite entrever que os realizadores de rádio possuíam uma consciência sobre as especificidades estéticas do meio, que se baseavam em critérios diferentes daqueles da música de câmara.[27] Ao mesmo tempo, tratava-se de uma iniciativa inédita para estabelecer "parâmetros estéticos para a prática e ensino do canto popular".[28] Os candidatos eram submetidos a quatro provas:

---

25 CALABRE, *op. cit.*, p. 233.

26 Regulamento do Campeonato Brasileiro de Calouros. MIS-RJ, Coleção Almirante, doc. 146.

27 SCHAEFFER, M. *Ensaio sobre o rádio e o cinema: estética e técnica das artes-relé*, 1941-1942. Belo Horizonte: Editora UFMG, 2010, p. 50.

28 PAES, Anna. *Almirante e o Pessoal da Velha Guarda: memória, história e identidade*. Dissertação (mestrado em Música) – Unirio, Rio de Janeiro, 2012, p. 27.

1ª Prova: Tessitura (exame de extensão da voz), b) um samba de ritmo difícil, c) uma valsa ou canção, d) marcha, e) volume: a 30 cm e a 1m do microfone. O julgamento dos juízes será feito segundo ritmo, exatidão das melodias, gramática, agrado geral. 2ª Prova: a) ouvido: repetição de pequena melodia fácil escolhida a sorte pelo candidato, b) ouvido: cantar nos diferentes tons que o piano ferir, c) fácil adaptação: encaixar uma letra que será dada na hora à melodia a); d) musicalidade: improvisar uma pequena música para uma quadrinha popular que será fornecida no momento para o candidato. 3ª Prova: Interpretação. A) música popular bem conhecida; b) música popular inédita escolhida pelo candidato. Importante: as duas músicas não poderão ser do mesmo gênero. Si uma for valsa ou canção a outra terá que ser samba ou marcha. 4ª Prova: Interpretação a) música popular conhecida com acompanhamento de conjunto; b) música popular inédita, à escolha do candidato e se possível com acompanhamento de orquestra. Os juízes serão de todos os Estados. Os calouros que chegarem à prova final, no Rio de Janeiro, terão todas as despesas custeadas.

Embora o modelo do programa de calouros em si não fosse novidade, sendo antecedido por outros como *Hora dos Calouros*, de Ary Barroso (1947), e *Papel Carbono* (1940), de Renato Murce, o texto deste regulamento indicava algumas mudanças da dinâmica do rádio nesta época. Primeiramente, o alto nível de profissionalização que alcançava desde sua equipe técnica e administrativa até seu elenco. Nas emissoras trabalhavam profissionais divididos em diversas áreas. A potencialidade de uma emissora era medida, entre as décadas de 1940 e 1950, pelos seus equipamentos e pelo seu *cast*; sendo que as emissoras mais importantes contavam com um número significativo de atores e atrizes, maestros, arranjadores, produtores, locutores, contrarregras, músicos, jornalistas e demais funcionários na área técnica e burocrática.

Em segundo lugar, a popularidade dos programas de auditório e dos concursos. Na Rádio Nacional, a principal emissora do país até então, o volume de correspondências remetidas aos programas de auditório equivalia a 84% das cartas recebidas. As filas dos programas de auditório serviam para medir o prestígio das emissoras, e algumas delas chegavam a realizar estes programas em teatros. Outras construíam espaços cada vez maiores, a tal ponto que em 1952 a Rádio Tupi inaugurou novas instalações, que ficaram conhecidas como o "Maracanã dos auditórios".

E, por fim, a importância do rádio como instância de consagração para os músicos populares. Conforme observou Lia Calabre,

> A Rádio Nacional do Rio de Janeiro era uma espécie de Hollywood brasileira, capaz de realizar sonhos, transformando a vida num conto de fadas. Ser cantor ou ator de uma grande emissora carioca ou paulista era o suficiente para que o artista conseguisse sucesso em todo o país, obtivesse destaque na imprensa escrita e até

mesmo freqüentasse os meios políticos (como um convidado especial ou mesmo como candidato a algum cargo político).[29]

Para o público, o programa de auditório também consistia numa possibilidade de se aproximar de seus artistas favoritos, além de concorrer a prêmios, ou simplesmente aproveitar de momentos de diversão com amigos e anônimos, pois o rádio ajudou a criar referências coletivas entre os indivíduos.

Alguns também lá estavam pelo sonho de se tornar uma daquelas estrelas.[30] O ambiente radiofônico proporcionava, além de entretenimento, novas esferas de sociabilidade, dentro de casa ou fora, nas emissoras.

"Você não acredita no sobrenatural? Então ouça!"

Nem só do sonho de alcançar o estrelato nos programas de auditório viviam os ouvintes. As ondas do rádio também lhes traziam suspense, drama, terror, emoção. Algumas histórias, feitas para atingir o público feminino e veiculadas no período matutino, comoviam e faziam suspirar. Outras eram repletas de aventura, destinadas ao público infanto-juvenil. De grande

---

29 CALABRE, *op. cit.*, p. 73.

30 Segundo Edgar Morin, o cinema é por excelência o meio de consagração de estrelas, algo que não ocorre em outras esferas do espetáculo. No entanto, no Brasil percebe-se que o rádio ocupa um lugar decisivo na cultura popular, tornando-se a grande instância de consagração de artistas. De qualquer forma, cabe sua observação de que "é justamente o desenvolvimento da modernidade, isto é, da vida urbana e burguesa, que suscitou e levou adiante o mito das estrelas". Cf: MORIN, Edgar. *As estrelas: mito e sedução no cinema.* Rio de Janeiro: José Olympio, 1989.

destaque eram as tramas de mistério, que relatavam casos sobrenaturais, crimes e investigações policiais, e tinham a capacidade de envolver diferentes perfis de ouvintes. Todas as modalidades possuíam o mesmo intuito: levar o ouvinte a acompanhar sistematicamente os episódios.

Os programas de ficção para o rádio, sobretudo as radionovelas – e antes delas as radiodramatizações e o radioteatro –, ocuparam um lugar de destaque nas emissões das décadas de 1940 e 1950. Um dos precursores deste tipo de narrativa foi o veterano Ademar Casé. Interessado pela inovação da linguagem radiofônica, o produtor introduziu na grade do *Programa Casé*, durante o período em que estava na Rádio Mayrink Veiga, peças radiofônicas e ficções policiais, escritas por Maria Luiza Leite de Almeida. No entanto, quando a escritora e muitos dos rádio-atores decidiram romper o contrato, migrando para a Rádio Guanabara, Casé teve uma ideia ainda melhor: dramatizar casos reais, o que teve grande repercussão junto aos ouvintes.[31]

A possibilidade de estar diante de um desastre ou crime real atraía a atenção da população de longas datas. Os produtores radiofônicos, de maneira intuitiva, foram muito sensíveis a isso, apropriando-se de temas que já estavam presentes no imaginário popular através dos tabloides, na virada do século XIX para o XX, e na música popular. Um gênero muito consumido na capital paulista, por exemplo, recolhido pelo escritor Antônio de Alcântara Machado no início do século XX, eram as "modinhas para se

---

31 Este caso é narrado por Casé no documentário *Programa Casé: O que a gente não inventa não existe*. Direção: Estevão Ciavatta. Rio de Janeiro: Biscoito Fino, 2011. 1 DVD (80 min), digital, color.

cantar chorando".[32] Tratava-se de pequenas histórias tristes e trágicas, publicadas em papel-jornal, cuja fonte de inspiração era as conversas suburbanas e as notícias publicadas com destaque nos diários. Contavam, entre tantas histórias cotidianas, eventos envolvendo atropelamentos, assassinatos, suicídios e amores não correspondidos, aos quais os autores acrescentavam sugestões de melodias já conhecidas, visando maior empatia com o leitor. O tema da morte era frequentemente tratado de forma paródica nestas realizações, recorrendo às inúmeras metáforas que os adultos utilizavam para tratar do assunto na frente das crianças. A crueldade da notícia era então diluída pela supressão das aparências, pelo jogo de palavras, de modo que o registro humorístico reenquadrava a ruptura da vida num outro sentido.[33]

Os terrores da cidade grande igualmente figuravam entre os temas preferidos da época na imprensa ilustrada. Na capital da República dos anos 1900, isto não poderia ter outro resultado

---

32 MORAES, José Geraldo Vinci de. "Cantar e contar o cotidiano. As modinhas paulistanas (anos 20/30)". In: MATOS, C.; TRAVASSOS, E.; MEDEIROS, F. (orgs.). *Palavra cantada: ensaios sobre poesia, música e voz*. Rio de Janeiro: Faperj/7 Letras, 2008, p. 181-191.

33 SALIBA, Elias Thomé. *Raízes do riso: a representação humorística na História brasileira – da Belle Époque aos primeiros tempos do rádio*. São Paulo: Companhia das Letras, 2002, p. 265. Estas características estão presentes de maneira extensiva na produção cultural do período. Alguns exemplos são citados pelo autor, como os versos de "Acidente de Trabalho", de Lamartine Babo (1931), e a valsa "Romance de uma caveira" (1937), de Chiquinho Sales e Alvarenga e Ranchinho. A dupla de cômicos também interpreta a "valsa tétrica" "Drama de Angélica" (1942), de Alvarenga e M. G. Barreto, que narra o inusitado e trágico fim de uma "mulher anêmica, de cores pálidas e gestos tímidos": após uma mórbida série de desventuras, "morreu de cólica" (Odeon, disco 12.219-A).

124   Giuliana Souza de Lima

a não ser dar samba ou marcha carnavalesca, como Almirante relatou na série *Histórias do Nosso Carnaval* (1952), em que os compositores satirizavamo "perigo amarelo" – o bonde –, que fazia inúmeras vítimas em seu trajeto.[34] A fixação por tragédias ressaltava "uma esfera pública radicalmente alterada, definida pelo acaso, pelo perigo e por impressões chocantes", em contraponto à "concepção tradicional de segurança, continuidade e destino autocontrolado".[35] As imagens produzidas pela imprensa ilustrada sugeriam a pressão da vida moderna, refletindo as ansiedades de uma sociedade que ainda não havia se adaptado por completo à modernidade urbana, evidenciando a percepção da vida na metrópole como opressiva, estranha e traumática. Neste contexto, à medida que os *hiperestímulos*[36] se intensificaram, o suspense surgiu como tônica da diversão destes novos tempos.

Almirante também criou e divulgou com sucesso um programa com essas características. O sugestivo título *Incrível!Fantástico!*

---

34   *Histórias do Nosso Carnaval*, nº 4. IMS-RJ: Coleção José Ramos Tinhorão.

35   SINGER, Ben. "Modernidade, hiperestímulo e o início do sensacionalismo popular". In: CHERNEY, Leo; SCHWARTZ, Vanessa (orgs.). *O cinema e a invenção da vida moderna*. São Paulo: Cosac Naify, 2004, p. 103-106.

36   Este conceito é empregado principalmente por Georg Simmel que, junto com Walter Benjamin e Siegfried Kracauer, defendeu a concepção de uma *modernidade neurológica*, isto é, a modernidade não só do ponto de vista das transformações políticas e tecnológicas, mas das mudanças de subjetividades perante a essa nova realidade, mais acelerada, caótica, fragmentada e desorientadora. Em meio à turbulência, o indivíduo se defronta com uma nova estimulação sensorial. Este *hiperestímulo* foi registrado em toda classe de representação social, dos ensaios acadêmicos e manifestos estéticos (como os de Marinetti e Leger), passando por comentários leigos (como as discussões sobre neurastenia) e cartuns da imprensa ilustrada, e em jornais sensacionalistas populares. Cf. SINGER, *op. cit.*

Extraordinário! (1947-1953) dá uma dimensão de suas pretensões. Porém, ele enfatizava que o objetivo não era explorar o sensacionalismo, mas, simplesmente, contar histórias:

> Iniciamos hoje uma nova série de programas de assunto até então não explorado de maneira sistemática no rádio – o sobrenatural. De início queremos esclarecer que não cuidaremos de aqui fazer sensacionalismo. Iremos somente contar, tim-tim por tim--tim, os casos espantosos, extraordinários, que vocês ouvintes nos queiram enviar. Não há aquele que não tenha uma história dessas no seu repertório. Você que está aí atento ao rádio, já terá de certo observado que numa roda, quando alguém começa a contar um caso qualquer extraordinário, todos os demais também têm um caso, ou mais, e cada qual mais espantoso. Algumas dessas histórias têm explicação racional, outras ficam envoltas de mistério. Nós vamos irradiar umas e outras; não vamos defender nenhuma tese, não pretendemos convencer ninguém da existência ou não de poderes sobrenaturais, não vamos explorar [fé] religiosa ou crendices. Vamos simplesmente contar histórias.[37]

Irradiada às terças-feiras às 21h30, pela Rádio Tupi do Rio de Janeiro, a série se dedicava ao relato de histórias fantásticas,

---

37 *Incrível! Fantástico! Extraordinário!*, 1947. Collector's, AER317, lado A.

126 Giuliana Souza de Lima

enviadas pelos ouvintes, depois publicadas numa coletânea homônima, pelas Edições *O Cruzeiro*.[38]

Por mais incríveis, fantásticas e extraordinárias que fossem as histórias, Almirante pedia aos ouvintes que fossem fiéis à verdade ao endereçar alguma à produção, solicitando a maior acuidade possível de dados destes colaboradores – que não foram poucos, pois Almirante conseguiu estabelecer uma impressionante rede de colaboração com seus ouvintes. Os casos, que chegavam de todo o Brasil, eram roteirizados por José Mauro, na maioria das edições, por César de Barros Barreto, e narrados por Almirante, com a participação de rádio-atores e arranjos especiais da Orquestra Tupi, regida por Aldo Taranto. Os efeitos sonoros ficavam a cargo sobretudo de José Mauro – que nesta época realizava trabalhos como roteirista e fotógrafo para o INCE, ao lado do irmão Humberto[39] –, e também com a orquestração de Aldo Taranto.

Inevitavelmente, a estética adotada para relatar estes fatos se situava no limiar entre realidade e ficção, o que dá contornos à série de um "docudrama".[40] Esta característica narra-

---

38 ALMIRANTE (Henrique Foreis Domingues). *Incrível! Fantástico! Extraordinário! Casos verídicos de terror e assombração*. Rio de Janeiro: Edições O Cruzeiro, 1951.

39 Em alguns dos filmes da série de documentários musicais *Brasilianas*, o nome de José Mauro também aparece associado como responsável pelo "cenário musical".

40 Aqui emprestamos o termo da cinematografia, mas não há nenhum estudo sobre estética radiofônica que o utilize. Em linhas gerais, *docudrama* designa um gênero híbrido, que mescla elementos narrativos ficcionais a fatos documentais. Nesse sentido, esta série em especial pode ser caracterizada como um docudrama, pois há um componente documental – as histórias enviadas pelos ouvintes –, que são dramatizadas no ar pelo radioteatro da Rádio Tupi.

tiva é construída através da sugestão sonora, assim como nos demais gêneros ficcionais do rádio. Na ausência das imagens, o rádio deveria aproveitar todas as possibilidades de construção de uma narrativa convincente a partir dos sons, revelando-se um meio bastante criativo neste aspecto. Tanto que, quando o programa semanal *Fantástico* da Rede Globo de Televisão tentou reconstituir esta série, na década de 1980, ela não impactou os espectadores da mesma forma que conseguira no rádio, onde permaneceu por onze anos.

Conforme o radialista e diretor Oduvaldo Viana defendeu numa palestra proferida em 1950, no rádio a imaginação flui com mais facilidade, podendo ser transportada na velocidade do som para onde se quiser, vivendo também "da imaginação de quem o ouve". Além da inflexão da voz adequada – às vezes exagerada, para que não haja ambiguidade quanto à intenção evocada pelo personagem –, e do narrador onisciente, as obras de ficção radiofônica contavam com uma ampla gama de efeitos especiais e temas musicais, que ficavam a cargo de uma criativa equipe de técnicos e músicos. Destacava-se, assim, a figura do sonoplasta, que é

> [...] o homem especializado em escolher fundos musicais, ruídos gravados em discos, bem como as separações de uma cena para outra. [...] Os efeitos sonoros fixam os ambientes em que a ação se passa. [...] Com um acorde, o sonoplasta dará impressão de passagem de tempo e de mudança de ambiente. É o sonoplasta, portanto, um homem necessário ao radioteatro, onde o tempo e o

ambiente não têm limites. No palco, o autor está preso ao cenário; no rádio, ele pode ser completamente mudado.[41]

Ao lado deste, era imprescindível o trabalho de outro técnico: o contrarregra. Viana enumerava as várias e curiosas possibilidades que o contrarregra tinha para criar sugestões sonoras na ausência da gravação em disco, como criar os ruídos de um incêndio com papel celofane, ou cavalos no asfalto, usando cascos de coco. A partir da combinação entre performance vocal, trilha sonora e efeitos criados em estúdio, conseguia-se a ambientação necessária para a configuração da trama, respeitando o tom exigido pelo gênero narrativo abordado.[42]

No caso de *Incrível! Fantástico! Extraordinário!*, a atmosfera que se pretendia criar era a de suspense e mistério,[43] o que é evidenciado nos roteiros, através das indicações para a sonoplastia, contrarregragem e orquestra. O programa do dia 18 de outubro de 1949, trazia as seguintes rubricas:

---

41 VIANA, Oduvaldo. "Rádio e sua técnica" (1950). In: *Herança de ódio*. Rio de Janeiro: Edições Casa de Rui Barbosa, 2007, p. 81.

42 Esta "esquizofonia", como chamou Murray Schafer, isto é, a dissociação entre som e fonte que a produz, que por sua vez cria um outro significado, demonstra a imensa criatividade destes profissionais, uma vez que eles inventaram e consolidaram um saber-fazer para os efeitos sonoros. Podemos denominar esta composição de "paisagem sonora", que "articula todas as potencialidades expressivas num único cone de tensões". Cf. SCHAFER, Murray. *O ouvido pensante*. São Paulo: Editora Unesp, 1992, p. 90; 172.

43 Alguns casos também terminavam de forma leve e inesperada, dissolvendo o clima de mistério. Cf: "O fantástico caso do cemitério, ou a debandada do bloco carnavalesco". *Incrível! Fantástico! Extraordinário!*, 25 nov. 1947, AER318, lado A.

ORQUESTRA — ABERTURA DE "NA PAVUNA" EM FORMA IMPRESSIONANTE.

ALMIRANTE — (Vindo de longe, e depois de longo silêncio) Você não acredita no sobrenatural?!!! Então, ouça!

ORQUESTRA — EFEITO IMPRESSIONANTE, EM TRÊS MODALIDADES DISTINTAS; SOBRE CADA UMA DELAS, UMA FOZ DIFERENTE QUE ANUNCIA:

VOZ 1 – (Sobre a música) Incrível!!!

VOZ 2– (Sobre a música) Fantástico!!!

VOZ 3 – (Sobre a música) Extraordinário!!

CRESCE, PASSANDO A MELODIOSO, PORÉM SOMBRIO, ESTRANHO

LOCUTOR — (Sobre música) O mais arrojado programa do Rádio. um presente do Sabão Platin. Com "ALMIRANTE", música descritiva especial, sonoplastia, radio-teatro e grande orquestra.

CRESCE E FINALISA DE FÓRMA IMPRESSIONANTE.

Apesar de destoar do conjunto dos programas musicais, esta série se aproxima às demais por se preocupar com narrativas da cultura popular, como lendas urbanas e "causos" contados no interior do país, bem como por recorrer aos mesmos procedimentos metodológicos para se reportar a fatos sobrenaturais, como podemos perceber em sua exposição:

> A respeito da impressionante narrativa dos cachorros que irradiamos na semana passada, devemos responder aos que nos perguntam, que no livro *Esses dias tumultuosos*, de Pierre Van Paassen, de onde tiramos o caso, não há maiores explicações sobre aqueles fenômenos. Continuamos a pedir a vocês que nos enviem histórias para irradiarmos aqui. É indispensável que sejam verídicas, e que portanto tragam provas de que os fatos aconteceram.[44]

Em resposta aos que o acusavam de sensacionalismo, o radialista afirmava que

> O cinema, o jornal, o teatro, os livros, estão fartos de exibir ou publicar histórias do mesmo aspecto que as que contamos aqui, e todos vão aos cinemas, aos teatros, e todos leem os jornais e as revistas, atraídos muito mais pelas narrativas espantosas do que pelas histórias "água-com-açúcar".[45]

Interessava ao produtor apenas contar histórias fantásticas, aparentemente verídicas, que indicassem as provas de sua autenticidade. Para provar a idoneidade dos relatos, Almirante só tornava públicos os casos que fossem enviados pelos ouvintes juntamente com seu nome completo e endereço, os quais eram mencionados

---

44 *Incrível! Fantástico! Extraordinário!*, 4 nov. 1947. Collector's, AER317, lado B.

45 *Idem.*

no ar. Na ocasião da publicação do livro homônimo, ele observava a especificidade de seu trabalho em comparação aos demais:

> Eis aqui um livro nos moldes de tantos outros que têm surgido em todo o mundo. Êste, apresenta, entretanto, um indiscutível mérito sôbre os demais. Os livros de assunto fantasmagórico, ou relatam fatos recorridos em épocas remotas, ou indicam vagamente, às vêzes somente por simples iniciais, seus protagonistas, suas testemunhas, e os lugares onde os episódios se desenrolaram. *Dessa maneira ficam impossibilitadas tôdas as investigações dos estudiosos.* [...] Os fatos aqui publicados foram transmitidos no programa *Incrível! Fantástico! Extraordinário!,* da Rádio Tupi do Rio de Janeiro, e, a despeito da vasta publicidade de que se viram cercados, jamais sofreram a mais leve contestação.[46]

A verdade era afirmada, portanto, como um valor acima de qualquer outro, e era para "revelá-la" que o radialista submetia seus trabalhos a densas pesquisas, ao passo que considerava o valor do testemunho como uma prova objetiva. Tudo indica que a "palavra dada" e assinada tinha outro peso na mentalidade do período, a ponto de o simples fato de o autor do caso se manifestar publicamente conferir fé ao relato.

Respeitando o critério de exatidão das informações, Almirante revelava o procedimento de submeter a redação

---

46   ALMIRANTE. "Prefácio", *op. cit.,* 1951 (grifo nosso).

definitiva à apreciação dos ouvintes que lhe havia relatado o caso, antes da publicação do livro. Almirante também indicava como procedimento uma espécie de crítica interna a estes relatos, através da comparação entre casos similares:

> Inúmeras são as cartas que descrevem, oferecendo provas concretas, situações absolutamente idênticas em que se viram envolvidas pessoas diversas, em épocas diferentes e lugares variados. Dir-se-ia até que os fenômenos anímicos podem ser submetidos a uma classificação folclórica e enquadrados em ciclos perfeitamente definidos.[47]

Na sequência, radialista-autor oferecia oito exemplos de casos muito recorrentes, entre os quais o do indivíduo que se vê atraído por uma linda jovem, e após passar com ela uma noite de delícias, retorna ao local, no dia seguinte, para apanhar algum objeto esquecido (geralmente um relógio), constatando que é um cemitério e que seu relógio ali está, sobre uma das campas. Este caso mereceu inclusive uma homenagem do "rei do breque", Moreira da Silva, no samba "A Dama do Cemitério".[48]

Incrível! Fantástico! Extraordinário! foi uma série que marcou profundamente o imaginário carioca e de ouvintes de outras partes do país – como atesta o grande número de cartas

---

47 *Ibidem*, p. 8.

48 Parceria com Kiabo, 1961, gravado no álbum *Malandro Diferente*. Odeon, MOFB 3245.

remetidas ao programa na época. Embora possamos inferir que Almirante priorizasse algumas narrativas em detrimento de outras, posto que seu objetivo era divulgar histórias "verdadeiras", cumpre enfatizar que ele não considerava falsas as histórias repetidas. Esta reiteração, para ele, traduzia um aspecto "folclórico" e, portanto, um dado sobre a mentalidade do período. Estas narrativas demonstram que "a ficção, alimentada pela história, torna-se matéria de reflexão histórica". Cabe ao historiador "destrinchar o entrelaçamento de verdadeiro, falso e fictício" – esta é sua trama.[49]

Este mesmo objetivo, estabelecer a verdade, era o núcleo dos programas de Almirante sobre a história dos músicos e da música popular da primeira metade do século XX, que serão tratados mais adiante.

Recolhendo o Folclore

Quando dirigia seu carro pela Avenida Rio Branco e sofreu o derrame que o afastaria do meio radiofônico naquele 11 de janeiro de 1958, Almirante então estava em uma fase bastante ativa, produzindo e apresentando semanalmente três programas: *Incrível! Fantástico! Extraordinário!*, *Recolhendo o Folclore*, e uma nova edição de *No Tempo de Noel Rosa*, na Rádio Tupi. *Recolhendo o Folclore* (1955-1958) era um programa de auditório "do mais puro nacionalismo", que abordava "as lendas e as histórias do sertão, as encantadoras crendices dos simples, as

---

49 GINZBURG, Carlo. *O fio e os rastros: verdadeiro, falso, fictício*. São Paulo: Companhia das Letras, 2006, p. 11; 14.

emocionantes cantigas anônimas do Brasil, os mais tradicionais costumes do povo, tudo mais que constitua folclore".[50]

O programa tinha alguns quadros fixos, como "Faz mal", seção realizada com a colaboração dos ouvintes, que enviavam crendices do que deveria ser evitado para não trazer má sorte. No episódio do dia 27 de agosto de 1955, o rádio-ator, desfiando num exagerado sotaque caipira, pontificava:

> RÁDIO-ATOR – Faz mal fazê limpeza da casa de noite.
> ALMIRANTE – *Que que faz isso?*
> R – Se algum canto num ficá bem limpo o Diabo vem limpá.
> A – Xiii.
> R – Faz mal a pessoa ri muito antes do armoço.
> A – Rir antes do almoço, é?
> R – É, é sinal de que vai chorá muito antes do jantar.
> A – Ô, diabo!
> R – É... Óia, faz mal cumprimentar alguém por cima da mesa.
> A – *Faz mal, né, suja o braço, né?*
> R – É sinal de amizade disfeita!
> A – *Ahn...*
> R – Faz mar cumê uma laranja depois cumê uma banana.
> A – Faz mal isto?
> R – Faz a pessoa ficá cega por alguns instantes.

---

50 Abertura da série *Recolhendo o Folclore*. Acervo da Rádio Nacional, CD nº 0312. Outros volumes consultados foram 0339, 0340, 0472, 0475, 0537, que condensam 19 discos de acetato.

Outro quadro, "Dr. Saratudo", era destinado a ensinar remédios caseiros, conselhos e simpatias, enviados pelos ouvintes. Para quem tivesse irritação nas vistas, carne esponjosa etc., a sabedoria popular também ensinava uma receita, que levava a plateia ao riso:

> RÁDIO-ATOR – A pessoa arranja três piolhos.
> ALMIRANTE – Três piolhos?!
> R – É sim. Mete eles num breve[51] e pindura no pescoço. Quando a vista ficá boa, tira logo o breve.
> A – Por que, hein?
> R – Pra que os piolho num fique roendo o caroço do oio.
> A – *Uai, mas olho tem caroço?*
> R – Pois intão, moço! É pur onde a gente óia, uai! O oio tem três partes: tampa, qui também si chama párpebra, bolota, que é aquela bola de gude, i caroço, qui tá dentro da bolota...[52]

O hábito de fazer humor através da caricatura do caipira não era algo novo na história cultural do país. Como observou Elias T. Saliba, "não há quem não conheça, sob as mais variadas formas, a imagem do Jeca Tatu", que na criação de Monteiro Lobato

---

51 Breve é um saquinho de couro ou pano, no qual se colocava um pedido ou oração, amarrando-o e pendurando-o ao pescoço, como forma de amuleto. Ver: CASCUDO, Luiz da Câmara. *Dicionário do Folclore Brasileiro.* 10ª ed. Rio de Janeiro/São Paulo: Ediouro, 1999, verbete "Breve".

52 A gravação encontra-se no CD nº 0340, e foi transcrita tentando recuperar a representação do caipira pelo rádio-ator.

136 Giuliana Souza de Lima

sintetizava "inúmeras figuras já presentes na produção humorística desde a última década do século XIX".[53] Assim, a produção cômica que envolvia este personagem em outros circuitos culturais – os diversos gêneros do teatro musicado, publicidade, jornalismo – é reiterada pela presença dos humoristas nos primeiros tempos do rádio no Brasil, que desenvolveram novos recursos cômicos para se adequarem ao humor radiofônico.[54]

Esse tipo de humor, que se valia do uso de expressões rebarbativas (não só do caipira, mas também dos imigrantes de diversas procedências) soava impertinente, num momento em que se assinalava uma "nova antítese entre um matiz de nacionalismo assimilacionista contra outro, mais intransigente". Era justamente através desta fala pouco aceita – tanto em circuitos oficiais, como por alguns ouvintes, que a consideravam de caráter antieducativo – que certos cômicos explicitavam as tensões sociais existentes, uma vez que "forjar novos laços simbólicos neste novo quadro implicava apagar as marcas de um passado bastante recente, nunca mencionado".[55]

No entanto, neste fragmento de *Recolhendo o Folclore*, a fala do caipira não sugere a intenção de esboçar estas questões, mas aparece mais no registro da ingenuidade do personagem. Ao contracenar com a representação do caipira, a qual servia como

---

53 SALIBA, *op. cit.*, p. 128.

54 Isto explica parcialmente o sucesso de alguns artistas levados para o Rio de Janeiro, a partir do final dos anos 1920, por Cornélio Pires, com sua Turma Caipira (gravada pela Colúmbia do Brasil), seguida pela Turma Caipira Victor (RCA-Victor). São representativos deste humor as duplas Jararaca e Ratinho, Alvarenga e Ranchinho e, a partir da década de 1950, os filmes produzidos e interpretados por Amácio Mazzaropi.

55 SALIBA, *op. cit.*, p. 248.

fio condutor para apresentar a sabedoria tradicional, percebe-se que o tom de Almirante era a do estranhamento, da desconfiança do homem que se cria e vive na cidade grande, diante daquelas práticas. E, como mostram as frases acima sublinhadas, mesmo chega a contestar com leve ar de ironia aqueles saberes.

Lembremos que Almirante falava de um lugar social específico: proveniente de uma família remediada,[56] ele teve acesso à educação básica e detinha uma capacidade de escrita acima da média da população, ao mesmo tempo em que conviveu cotidianamente com as culturas populares, como agente e como estudioso. Deste ponto de vista, desempenhando um papel de mediador cultural, o radialista de certa forma tomava como referencial a ótica etnocêntrica, do branco ocidental, que percebia a organização mental de outros segmentos sociais "referida à clave das superstições".[57]

Outra dimensão estava aludida no próprio título da série: a ideia de folclore como um "fruto" a ser colhido, algo natural à "civilização brasileira". Isto ficou registrado em um anúncio

---

56 Analisando as relações sociais em São Paulo no final do século XIX, Maria Luiza de Oliveira define como "apenas remediados" aqueles que possuíam poucos bens de raiz, muitas dívidas e grande mobilidade. Eram pessoas que conseguiam na maior parte das vezes uma "estabilidade precária, escapando do nível baixo, mas ainda numa situação frágil, com um estilo de vida pautado pela simplicidade". Os setores médios, geralmente formados por negociantes, funcionários públicos, guarda-livros, os que viviam de renda, eram famílias que começavam a experimentar um pouco mais de estabilidade (OLIVEIRA, M. L. *Entre a casa e o armazém: relações sociais e experiência da urbanização de São Paulo, 1850-1900*. São Paulo: Alameda, 2005, p. 84).

57 MATOS, Cláudia Neiva de. *A poesia popular na república das letras: Sílvio Romero Folclorista*. Rio de Janeiro: Funarte/Editora UFRJ, 1994.

impresso do programa de 1957, patrocinado pela Philips. Ele trazia uma caricatura de Almirante, em traje de oficial da Marinha, segurando um balaio sobre o mapa do Brasil, no qual ele ia "recolhendo" uma baiana com tabuleiro na cabeça, um gaúcho de bombachas empunhando um violão e outros estereótipos regionais.[58]

IMAGEM 6. Anúncio de *Recolhendo o Folclore* no *Correio da Manhã*

Por outro lado, o título se remetia ao próprio intuito de promover a coleta destas manifestações, empreendido pelo pesquisador. Em entrevista concedida à *Imprensa Popular*, em 19 de julho de 1955, ano da inauguração do programa, Almirante afirmava que o folclore era "alma e vida do povo", e que "preservá-lo" era

---

[58] In: *Correio da Manhã*. Rio de Janeiro, terça-feira, 21 de maio de 1957, n° 19.677, ano LVI, 1° Caderno, p. 16. Acervo da Fundação Biblioteca Nacional/Hemeroteca Digital Brasileira. Disponível em: <http://memoria.bn.br/DocReader/DocReader.aspx?bib=089842_06&pagfis=22897&pesq=>. Acesso em: 7 out. 2013.

sua maior preocupação. Defendia, ainda, a criação da Biblioteca de Folclore, e revelava:

> Basta dizer que quando ia fazer o programa "Cantigas de Cegos", reuni mais de 200 originais sobre a matéria. Todavia, Mário de Andrade, fazendo pesquisas sobre o mesmo assunto, apenas encontrou um original.[59]

Nota-se que sua indexação, entretanto, tinha um perfil bastante diferente do fichário analítico elaborado pelo musicólogo paulistano, cumprindo com a finalidade de compilar e organizar, para servir de base para os programas que elaborava.

Além dos quadros citados, Almirante apresentava "A Música Tradicional", que recuperava as pesquisas feitas para outros programas, como *Curiosidades Musicais* e *Aquarelas do Brasil*. Ao final de cada audição, era salientado que 'todo o material enviado para estes programas ficará à disposição dos estudiosos e interessados no nosso folclore". Este material incluía até mesmo uma vastíssima coleção de rótulos de cachaça.

O produtor, no entanto, fazia o esclarecimento de que ele próprio não era folclorista, mas um "curioso do folclore" – posição que ele também defenderá em relação aos seus estudos sobre música popular brasileira, ao afirmar que seu intuito era o de fornecer materiais para que um historiador, mais autorizado,

---

59 ALMIRANTE. Entrevista concedida ao repórter Jackson de Souza. Em defesa do folclore: "Possuo 50.000 músicas em meu arquivo". *Imprensa Popular*, 19 jul. 1955. Na época em que foi consultado (2008), encontrava-se numa pasta na Hemeroteca do MIS-RJ, na Praça XV, intitulada "Almirante".

pudesse deslindar sua história.[60] Isto ficava particularmente claro naquela mesma audição de agosto de 1955, em que ele lembrava a comemoração do Dia do Folclore:

> Nessa semana transcorreu o Dia do Folclore. Foi comemorado no dia 22. Foi o 109º aniversário da palavra e, assim, quase consequentemente, da ciência do folk-lore.[61] Porque *folk-lore é uma ciência, cujo objetivo é estudar o povo através de suas mais diferentes manifestações, isto é, o povo falando, cantando, pensando, inventando, gesticulando, interpretando etc.* Devo adiantar, sem qualquer modéstia, mas com absoluta honestidade, que eu não sou folclorista, como alguns bondosa e apressadamente me intitulam. *O folclorista é antes de tudo um cientista, e eu sou um mero produtor de programas de rádio.* Aliás, o vocábulo folclorista tem sido aplicado erradamente a cantores, compositores, escritores etc. Fica então tudo claramente explicado, e é pois *na simples qualidade de um curioso do folclore* que aqui envio cumprimentos à Comissão Nacional do Folclore pela maneira brilhante como a 22 do [mês] corrente comemorou no Brasil o Dia do [Folclore]!

---

60   *No Tempo de Noel Rosa*, n° 1, 6 abr. 1951. Collector's, AER077, lado A.

61   A palavra "Folclore" aparece grafada nos roteiros das duas maneiras: no título do roteiro, é adotada a forma abrasileirada, enquanto ao longo deste ele empresta o anglicismo "Folk-lore". Isto se percebe inclusive na sua pronúncia, que parece dividir a palavra.

Apesar de desempenhar este papel de "mero curioso", Almirante parecia sustentar um complexo diálogo com folcloristas e musicólogos, embasado em pontos de vista heterogêneos, à medida que corroboravam seu pensamento. Assim, é possível identificarem seu discurso tanto matizes da vertente romântica, embrionárias do folclorismo, como do cientificismo, ambas presentes em sua formação. A reminiscência romântica podemos atribuir a seu afã de colecionador,[62] bem como à intenção de registrar estas manifestações para que não se perdessem, em meio ao vórtice da modernidade, como a segunda parte do texto introdutório da série nos permite inferir:

> FOLK significa *povo*, LORE significa *saber*... Cada um de nossos ouvintes há de saber algo popular e tradicional que mereça ser registrado, para que não se perca. Cada um de vocês deverá colaborar com 'Almirante' neste RECOLHENDO O FOLCLORE.

Ao mesmo tempo, chama a atenção o fato de ele reconhecer o folclore como ciência, sentido ainda em construção nos anos 1950, debatido e questionado entre os próprios folcloristas à época. Na segunda metade do século XIX, os estudiosos da

---

62 Segundo Arnaldo Momigliano, o antiquário é o "homem que se interessa pelos fatos históricos sem se interessar pela história", cuja paixão por objetos antigos decorre de seu interesse pela observação empírica e pelo experimento em todos os campos. "Eles desconfiavam da tradição literária, desgostavam das controvérsias teológicas e viam pouca utilidade na história política" (MOMIGLIANO, A. *As raízes clássicas da historiografia moderna*. Bauru: Edusc, 2004, p. 85-90).

142   Giuliana Souza de Lima

cultura popular passaram a se denominar "folcloristas", neologismo que não é apenas uma inovação terminológica, mas que diz respeito aos métodos empregados neste estudo. Os estudos folclóricos se ocupavam então daquilo que a História punha à margem, fazendo assim uma crítica à historiografia tal como ela foi construída no XIX, com vistas somente ao Estado nacional. Devemos considerar que a própria noção de cultura popular é fruto recente, surgindo somente com o movimento romântico, e cristalizando-se com os folcloristas, os quais têm "consciência de que opera[m] à margem da História oficial, e que seu mundo contrapõe-se a qualquer tendência globalizadora".[63]

Num primeiro momento, o folclorismo nacional assemelhou-se a suas matrizes europeias, valorizando a poesia oral como via de acesso privilegiada ao caráter nacional. Foi a partir da obra de Sílvio Romero (Lagarto, SE 1851 – Rio de Janeiro, RJ 1914) que ele passou a ter um tratamento cientificista, criticando o viés que prevalecia acerca da "inerrância popular".[64] Para Sílvio Romero, a perspectiva romântica ficou limitada à intuição artística, carecendo da legitimidade que daria condições de figurar no repertório da ciência.[65] Ao empreender um esforço em sistematizar o repertório linguístico em *Estudos* e *História da literatura brasileira*, Romero dava um tratamento científico ao objeto literário. Seu estudo prestava-se a dois fins, ambos vinculadas ao projeto na-

---

63   ORTIZ, Renato. *Românticos e folcloristas: cultura popular*. São Paulo: Olho d'Água, 1992, p. 49; 61.

64   VILHENA, Luís Rodolfo. *Projeto e missão: o movimento folclórico brasileiro (1947-1964)*. Rio de Janeiro: Funarte/Fundação Getúlio Vargas, 1997, p. 106.

65   MATOS, *op. cit.*, p. 52.

Almirante, "a mais alta patente do rádio" **143**

cionalista: no domínio científico, fornecer uma contribuição et-
nológica, um subsídio anônimo para a compreensão do espírito
da nação; e no domínio literário, construir uma matriz referencial
para a construção de uma literatura dotada de originalidade e re-
presentatividade nacionais. Neste sentido, "a criação literária não
se poderia concentrar nos exercícios de estilo, nem perder-se no
diletantismo: deveria ser orientada por um empenho *documental*
aplicado à linguagem popular"[66] – ponto de vista sustentado também por Mário de Andrade. A Carta do Folclore Brasileiro, aprova-
da em 1951, era inspirada nas propostas do musicólogo paulistano,
e se tornou o texto programático do movimento folclórico, que se
situava no momento-chave da institucionalização das Ciências
Sociais e da rejeição ao ensaísmo literário.

Almirante, na condição de homem do rádio, tentava construir seu método usando estes instrumentos teóricos que lhe
eram apresentados. Justamente por não se exigir de um radialista que tivesse um rigor acadêmico que ele pôde se apropriar
desses discursos à sua maneira, aproximando-se na prática de
pesquisa e nas intenções destes intelectuais quando conveniente, ao passo que se distanciava deles por adotar muitas vezes
uma postura romântica em sua argumentação. Esta ambiguidade, no entanto, não era exclusiva do radialista, posto que este
novo campo encontrava-se aberto à especulação.

"Vamos Falá do Norte"

O interesse pelas manifestações da cultura popular já estava
presente na obra do jovem cantor, pandeirista e compositor do

---

66 *Ibidem*, p. 80 (grifo nosso).

Bando de Tangarás. Em sua série biográfica sobre Noel Rosa, de 1951, Almirante rememorava aqueles tempos:

> A aura de nacionalismo que se formara graças ao seu repertório incondicionalmente brasileiro e no qual não se fazia a mais ligeira concessão ao estrangeirismo avassalador aumentava o entusiasmo de seus cinco componentes principais: Noel Rosa, Henrique Brito, Alvinho, João de Barro e eu. Até então, porém, a não ser na contribuição magnífica no terreno das músicas de aspecto folclórico, tais como as toadas, as canções regionais e as emboladas, nada mais caracterizava o Bando de Tangarás.[67]

Como compositor, antes de gravar sambas, Almirante foi bastante influenciado pelos conjuntos nordestinos que se apresentaram no Rio de Janeiro no final dos anos 1920, entre os quais os Turunas da Mauricéia, como ele próprio relatava em seus programas, textos e memórias. Nos jornais que veiculavam sua participação em algum evento, Almirante era sempre mencionado como um cantor de emboladas. Contudo, apesar de ter gravado 121 músicas, Almirante nunca se considerou um cantor, propriamente,[68] mas um curioso que destacava seu interesse pela "legítima música popular brasileira".

---

67 *No Tempo de Noel Rosa*, n° 3, 20 abr. 1951. Collector's, AER078, lado A.

68 Declaração feita ao jornalista Sérgio Cabral e Redento Natali Junior. *Jornal do Brasil*, 2° Caderno, domingo, 20 set. 1960.

Sua atividade como compositor oferece algumas pistas de suas preferências e do que ele entendia por música popular como estudioso, embora no final dos anos 1930 ainda estivéssemos diante de uma obra ainda pouco amadurecida. De qualquer forma, percebe-se que a sua posição era, na verdade, a do pesquisador que se confundia com o próprio objeto de estudo, num momento em que estas expressões estavam fervilhando na capital da República.

IMAGEM 7. Almirante e o Bando de Tangarás. Caricatura de Nássara, 1930.

146 Giuliana Souza de Lima

No lundu "Vamos Falá do Norte" (1929), nota-se que o compositor recorria a uma série de procedimentos rapsódicos, que elencavam aspectos exóticos, assim como encontramos na poesia de Catulo da Paixão Cearense anos antes. A simplicidade e o tom coloquial, entretanto, eram mais próximos à música dos Turunas da Mauricéia, certamente maior influência do jovem grupo:

> Meu tangará, meu curió meu terra-a-terra
> E o meu canário da terra que é danado pra cantar
> Eu também canto uma semana um mês inteiro
> E quando eu canto no terreiro inté a lua quer sambar, ai...

Nesta época, os integrantes do Bando abandonaram temporariamente o terno e gravata, como convinha às apresentações em festas em casa de família feitas pelo extinto grupo Flor do Tempo, e adotaram trajes "típicos" nordestinos em suas apresentações, como aparece num filme rodado em 1929.[69]

---

69 Almirante narra este episódio na biografia de Noel Rosa: "[...] o cinegrafista Paulo Benedetti, que produzira filmes mudos, tomou a iniciativa de aproveitar, em várias cenas curtas, os discos das gravadoras e a presença dos artistas de maior popularidade. À Rua Tavares Bastos, nº 153, foram filmados alguns dos cantores de prestígio, entre os quais, o Bando de Tangarás. Num dia de setembro, João de Barro, Alvinho, Henrique Brito, Noel Rosa e eu, com vestimentas de sertanejos e nossos instrumentos, filmamos quatro números de sucesso: ´Galo Garnisé', 'Anedotas', 'Vamos Falá do Norte' e o 'Bole-Bole'. Num pequeno quintal da casa, com um velho gramofone no chão a rodar os discos, com as cinco figuras, inteiramente mudas, apenas gesticulando as cantigas e mal soando os instrumentos, o Bando de Tangarás realizou quatro

Este tipo de poesia havia recebido a crítica anos antes pelos intelectuais que seriam lidos por Almirante, como Sílvio Romero. Ao traçar um paralelo entre os papeis do músico e do poeta, Romero afirmava que estes deveriam imprimir o cunho de arte à produção popular. Entretanto, ele não fez qualquer levantamento efetivo dos modos de cruzamento entre estes dois universos – o erudito e o popular – limitando-se a estabelecer que esta poesia deveria ser "ou inteiramente popular, anônima, colhida da boca dos menestréis dos sertões, ou então transfigurada, depurada, elevada pelos poetas de talento". Para ele, "quando não é uma coisa nem outra, quando é um gênero híbrido, que nem é popular, nem culto [...] essa poesia é mais enjoativa triaga que se pode imaginar".[70] Esta poesia "enjoativa" é identificada pelo autor como "gênero secundário em que se deliciam os Catulos Cearenses de todos os tempos".[71]

A visão de Romero seria compartilhada por Mário de Andrade em seu *Ensaio sobre a Música Brasileira*, publicado em 1928, no qual o musicólogo defendia a utilização das fontes populares como base para a criação artística de uma música verdadeiramente nacional. No início do livro, ele afirmava que "uma arte nacional já está feita na inconsciência do povo. O artista tem só que dar pros elementos já existentes uma transposição erudita que faça da música popular, música artística". E, mais adiante: "O compositor

---

'filmes falados'." Cf. ALMIRANTE, *op. cit.*, p. 157. O número "Vamos Falá do Norte", pode ser assistido no citado documentário *Programa Casé. O que a gente não inventa não existe* (2011).

70 ROMERO, *História da literatura brasileira*, tomo IV, p. 20-21 *apud* MATOS, *op. cit.*, p. 157.

71 *Idem*, tomo I, p. 174 *apud* MATOS, *op. cit.*, p. 158.

brasileiro tem de se basear quer como documentação quer como inspiração no folclore".[72] Desta forma, é possível depreender que, no momento em que escreve o *Ensaio*, os termos "popular" e "folclórico" eram entendidos por Mário como sinônimos.[73] Tanto que, para diferenciar a música oriunda do povo da música que servia de "carne para alimento de rádios e discos",[74] cada vez mais presente nos meios urbanos e mais criticada pelo autor, ele cunhou o termo "música popularesca".

Conforme apontou Juliana P. González, o pensamento musical de Mário de Andrade foi se transformando ao longo de sua produção intelectual, de modo que poderíamos identificar diferentes sentidos que toma o conceito de música popular em seus escritos. Igualmente formado sob a influência romântica que imperava em fins do século XIX, Mário primeiramente acreditava que a música popular subjazia no inconsciente coletivo, e que, portanto, era tão velha quanto a humanidade. Ele assumia a existência de uma dicotomia entre o *popular* e o *erudito*, embora sua visão de música popular fosse matizada em relação à ideia romântica. É sobretudo a partir do contato com Dina Dreyfus Lévi-Strauss, no final dos anos 1930, que o musicólogo se aproximará da Etnografia, radicalizando uma posição cada vez mais

---

72 ANDRADE, Mário de. *Ensaio sobre a música brasileira.* 4ª ed. Belo Horizonte: Itatiaia, 2006, p. 13, 23.

73 PÉREZ GONZÁLEZ, Juliana. *Da música folclórica à música mecânica: uma história do conceito "música popular" por intermédio de Mário de Andrade (1893-1945).* Dissertação (mestrado em História Social) – FFLCH-USP, São Paulo, 2011, p. 125.

74 ANDRADE, Mário de. "Música popular" [1939]. In: *Música, doce música: estudos da crítica e folclore.* São Paulo: Martins Fontes, 1963, p. 281.

Almirante, "a mais alta patente do rádio" **149**

crítica em relação ao Folclore enquanto disciplina, por considerar seu objeto antimuseológico por definição, contrariando sua mutabilidade intrínseca. Por outro lado, no artigo que acompanha a seção sobre folclore, no *Manual bibliográfico de estudos brasileiros* (1949), o autor acusava de certo "confusionismo absurdo" o ato de se chamar folclórico a "qualquer romance de cantador e qualquer peça urbana de autor".[75]

Curiosamente, foi na obra de Catulo da Paixão Cearense que Mário se inspirou anos antes para fazer sua única composição conhecida, a toada "Viola Quebrada", gravada em 1928 por Patrício Teixeira. Numa correspondência com o amigo e poeta Manuel Bandeira, em que ele respondia a sua crítica ao poema "Lenda do Céu", publicado no *Clã do Jaboti*, declarava tratar-se de pastiche proposital de Catulo, e que "Viola Quebrada" (então denominada "Maroca") era o pastiche "mais indecentemente plagiado que tem".[76] Ele então comentava sobre o processo da composição: pegou os versos de "Cabôca di Caxangá" (João Pernambuco / Catulo da Paixão Cearense, 1913), e mudou as notas por brincadeira. Depois criou os versos e Villa-Lobos se encarregou da harmonização da canção. Coincidentemente, "Viola Quebrada" e "Cabôca di Caxangá" foram publicadas por Villa-Lobos num mesmo caderno na França em 1926, intitulado *Chansons Brésiliennes*.

Segundo Maurício Teixeira, "Viola Quebrada" se aproxima de duas melodias –"Luar do Sertão" e "Cabôca di Caxangá" –,

---

75 PÉREZ GONZÁLEZ, *op. cit.*, p. 139; 151-152.

76 TEIXEIRA, Maurício de Carvalho. *Torneios melódicos: poesia cantada em Mário de Andrade*. Tese (doutorado em Literatura Brasileira) – FFLCH-USP, São Paulo, 2007, p. 142.

150 Giuliana Souza de Lima

mas sofre uma modulação para o modo menor, seguindo as tendências levantadas por Mário em suas notas explicativas para *Modinhas Imperiais*. O musicólogo rejeitava os "livros de modinhas e lundus acariocados", mas valorizava o poeta regionalista de *Meu Sertão*, sem nunca considerá-lo como "poesia propriamente popular".[77] Ele reconhecia na rítmica melódica de Catulo os torneios melódicos que evidenciavam sua hipótese sobre o caráter da música brasileira.[78]

Estas contradições e intersecções evidenciam a complexidade do termo "música popular", sobretudo em meio à consolidação da música urbana, difundida pelo rádio e pelo disco, que não podia ser considerada nem popular, no sentido folclórico, nem erudita. De certa maneira, a concepção de música popular de Almirante, construída ao longo dos anos, era ancorada em determinado romantismo, no qual a originalidade residia

---

77   *Ibidem*, p. 145.

78   O próprio Catulo dizia, em entrevista para Joel Silveira em 1940, ser um "sertanejo sem sertão". Assim, o poeta empregava as expressões sertanejas como a referência a lugares (Caxangá, Pajeú, Jaboatão), árvores (indaiá, imbiruçu, oiticica), pássaros (urutau, chorão, jaçanã) e expressões (quicé, quartau), sob um olhar exótico, de quem conhecia esses elementos superficialmente. É interessante notar que semelhante procedimento, como aponta Teixeira, é utilizado por Mário em seu capítulo "Macumba", em *Macunaíma*. O autor segue a mesma sugestão rítmica e temática que Catulo utiliza ao evocar os sertanejos de "Cabôca di Caxangá" para enumerar os modernistas-macumbeiros. Assim, se em "Cabôca de Caxangá" são evocados "Laurindo punga, Chico Dunga, Zé Vicente/ i esta gente tão valente/ du sertão di Jatobá,/i u danadu du afamado Zeca Lima,/ tudo chóra numa prima,/ i tudo qué ti traquejá" (trecho de *Caboca di Caxangá*), em *Macunaíma* tem-se "E os macumbeiros, Macunaíma, Jaime Ovalle, Dodô, Manu Bandeira, Blaise Cendrars, Ascenso Ferreira, Raul Bopp, Antônio Bento, todos esses macumbeiros saíram na madrugada" (*apud ibidem*, p. 143).

naquilo que é próprio do povo, do que é autóctone. Assim como Mário de Andrade, ele acreditava que seria aí que o artista deveria buscar as bases para conceber a música nacional, como ele deixava particularmente evidente no seguinte excerto:

Eu havia prometido para hoje, finalmente, o enunciado programa sobre congadas. Por mais que eu quisesse, porém, não me foi possível reunir todos os elementos de que vou precisar para fazer tal programa e por isso resolvi adia-lo por mais algumas semanas. Aproveito esse facto para attender a inumeros pedidos para repitir o programa sobre a MUSICA DESCRIPTIVA. O programa sobre CONGOS só será anunciado agora quando eu tiver á mão todos os exemplos que me foram promettidos por alguns bons ouvintes collaboradores. Na próxima semana aqui estaremos com um novo programma chamado THEMAS POPULARES COMO BASE DA MÚSICA SÉRIA e onde vamos mostrar que assim como a música séria pode servir para a feitura das músicas populares também a música popular pode ser transformada na música de mais alta classe. Vocês verão nesse programa como RADAMÉS GNATALLI sabe aproveitar trechos popularíssmos realisando com elles difficilimos trabalhos musicaes, transformando-os em sonatas, em concertos ou maravilhosos quartetos.[79]

79   Acervo do MIS-RJ, Coleção Almirante, doc. 2794, 1f., 25 mar. 1940.

152   Giuliana Souza de Lima

Este fragmento, encontrado entre seus documentos na sua Coleção do MIS-RJ, provavelmente trata-se de um adendo a algum de seus roteiros, não havendo pistas de onde ele provém exatamente. De qualquer forma, comparado ao conjunto de sua obra, este documento permite avaliar que estas eram ideias compatíveis com os propósitos do radialista e que, se não fosse de sua autoria, estava ali porque ele as endossava. Por outro lado, este excerto é curioso também porque raramente Almirante tratou do que seria a música não popular. Este registro, fragmentário, isolado, é uma das únicas referências que ele faz ao termo "música séria", embora ele não esclareça o que entende pelo mesmo.[80] Há apenas sugestões de que a distinção entre a "música séria" e a "música popular" estaria em seu processo de composição e instrumentação, e no circuito no qual e para o qual foi criado.

Realizando um levantamento de seus roteiros, percebemos que a primeira aparição da expressão "música popular brasileira" encontra-se na série *Aquarelas do Brasil*, em 1945. Outras ocorrências são nas séries *Carnaval Antigo* (1946), *Histórias do Nosso Carnaval* (1952), *Pessoal da Velha Guarda* e *No Tempo de Noel Rosa* (1951). No entanto, o termo popular, ao que tudo indica, trazia sentidos distintos para o radialista entre os programas do início da carreira e a partir dos anos 1940.

---

80   O radialista voltaria a utilizar a expressão oito anos mais tarde, numa audição de *O Pessoal da Velha Guarda*, em que afirmava: "Ora que já esse negócio de música séria é uma maneira muito exótica e despropositada de classificar qualquer gênero. Como se um samba ou uma marcha não pudesse ser tão sérios quanto uma sinfonia, ora essa". *O Pessoal da Velha Guarda*, 25 fev. 1948. Collector's, AER026, lado A.

Almirante, "a mais alta patente do rádio" **153**

Em seu primeiro programa registrado, de 1938, o radialista já se referia a "cantigas populares". É possível que aí ele estivesse se referindo ao popular como sinônimo de folclórico, como permite entrever sua abordagem. Ao apresentar uma cantiga de capoeira, ele fazia questão de alertar para a adulteração quanto sua forma original, posto que há infinitas variantes e que muitas destas músicas são improvisadas. Ao final do programa, ele demonstrava o canto "primitivo", depois em versão orquestrada, como se fosse um "majestoso hino", tal como uma "reminiscência de melodias bárbaras africanas guardadas no subconsciente do negro angola".[81] Ainda em *Aquarelas do Brasil*, percebe-se que Almirante não diferenciava popular de folclórico, mas sugere que ele também contribui para situar essa diferença de campo. O ponto de virada parece ser os programas em que ele se reporta ao Carnaval, precedido pela Festa da Penha, em *Carnaval Antigo* e *Instantâneos Sonoros do Brasil*.

Já na série *Recolhendo o Folclore*, as linhas entre o popular e o folclórico eram bastante tênues em sua concepção. Numa das seções de "A Música Tradicional", dentro do programa, era levado ao ar o pregão "Flor da Noite", enviado para Almirante anos antes por um ouvinte da Bahia, e apropriado por Radamés Gnattali em uma de suas composições. Segundo o radialista, entusiasmado pela beleza do pregão, o maestro e arranjador usou o tema como base para uma peça para violino e piano, espécie de sonatina. Este não foi um caso isolado, mas apenas um entre os inúmeros ocorridos durante as séries produzidas por Almirante,

---

81 *Curiosidades Musicais*, n° 1, 20 jun. 1938, AER197, lado A.

no qual ele ressaltava a beleza da "música tradicional", arranjada sob a batuta do maestro.

Os pregões já tinham sido tema dos programas *Instantâneos Sonoros* e *Aquarelas do Brasil*. Neste último, o narrador comentava que se tratava de manifestações rústico-folclóricas de comerciantes ambulantes, cantigas, gritos ou simplesmente "ruídos lindos e expressivos", como a campainha do vendedor de picolé, a matraca do vendedor de biscoitos japoneses e o som da batida no tabuleiro que traz na cabeça do vendedor de plantas. Muitas vezes se comunicam por palavras ininteligíveis, mas reconhecíveis pelas vozes, timbres, entonações familiares das mesmas que, "mal ecoam à distância, produzem rebuliço dentro das casas sempre que há interesse pelos produtos anunciados...".[82] As qualidades do produto vendido eram às vezes incorporados pela voz do vendedor, por exemplo a do pregoeiro do melado, que, em sua impostação, virava "meelaaaaadooo". Almirante demonstrava também as músicas populares que eram adaptações de pregões, como esta que voltava em *Recolhendo o Folclore*.

Esta é uma passagem interessante por condensar três aspectos, que foram o cerne dos debates acerca da música na primeira metade do século XX, aí implícitos: o "folclórico" (a música original do pregão), o "artístico" ou "erudito" (a música folclórica depois de apropriada e arranjada pelo maestro Radamés Gnattali), e o "popular" (a música agora veiculada pelo rádio). Aqui, encontramos novamente pontos de contato e de distanciamento entre

---

82 *Aquarelas do Brasil*, 20 abr. 1945, e *Instantâneos Sonoros do Brasil*, 1940. Collector's, fitas cassete AER195, lado A, e AER218, lado A.

as práticas de Almirante e as ideias defendidas em estudos de musicólogos e folcloristas contemporâneos a ele.

Neste meio tempo, é possível que Almirante tenha entrado em contato com as ideias de Mário de Andrade, como indica um breve levantamento em sua biblioteca, hoje parte do acervo do MIS-RJ, onde se encontram exemplares de muitas obras do musicólogo paulista. Cabe ressaltar que o radialista dialogava e era respeitado por intelectuais pertencentes ao círculo andradino, como Câmara Cascudo e Renato Almeida. Por outro lado, a própria dinâmica vivida no cotidiano da produção musical oferecia elementos para identificar, tacitamente, essas transformações no significado do termo "música popular".

Nos anos que se seguiram à morte de Mário de Andrade, houve uma tendência por aqueles que defendiam o conceito de "música folclórica" em repensar o que abarcaria essa categoria. Assim, chegamos ao ano de 1954, mais precisamente à Assembleia Mundial do Folclore. A citação é um pouco longa, mas é importante na medida em que ajuda a balizar este conceito dentro da mentalidade do período. Na assembleia do Conselho Internacional de Música Folclórica, na qual se abstiveram o Brasil, Estados Unidos e França, foi elaborado o seguinte texto:

> A música folclórica é o produto de uma tradição musical que evolui por meio da difusão oral. Os fatores que condicionam ou condicionaram essa tradição oral são os seguintes:
>
> 1º) A continuidade que liga o presente ao passado;

2º) A variabilidade que emana nos impulsos criadores tanto individuais quanto coletivos; e

3º) A seleção no seio de uma comunidade que determina a forma concreta em que a música folclórica sobrevive.

Esta concepção da música folclórica aplica-se, em conseqüência, a todo gênero musical rudimentar existente numa comunidade que permaneceu indiscutivelmente sem contato com a música popular ou culta. É válida também para a música que, embora criada por um compositor individual, foi aceita e incorporada na tradição viva de uma comunidade.

Entretanto, tal concepção não poderá englobar, em caso algum, a música popular que foi aceita por uma comunidade, sem ter sofrido a influência dos fatores acima mencionados, fatores que são precisamente os determinados do caráter nitidamente folclórico de um gênero musical.

Para o musicólogo Vasco Mariz, que reproduz o texto em *A canção brasileira*[83] esta definição é eivada dos preconceitos europeus. No entanto, o interessante desta concepção é que ela não vê o folclore como algo estanque, diferentemente da visão romântica da virada do século, que tendia a embalsamar as ma-

---

83   MARIZ, Vasco. *A canção brasileira: erudita, folclórica popular*. 4ª ed. Rio de Janeiro: Cátedra; Brasília: INL/MEC, 1980. A obra trata-se da segunda edição ampliada de *A Canção de Câmara no Brasil* (1948). Foi publicada originalmente em 1959.

nifestações da cultura popular em uma forma determinada. Prosseguindo, Mariz entende que "mais fiel e objetiva talvez é a definição de Oneida Alvarenga, que aliás serviu de base para todos os debates", a qual estabelece:

> *Música folclórica* é a música que, sendo usada anônima e coletivamente pelas classes incultas das nações civilizadas, porém de criação também anônima e coletiva delas mesmas ou da adoção e acomodação de obras populares ou cultas que perderam o uso vital nos meios onde se originaram.

> Essa música deriva de processos técnicos formadores muito simples, não subordinados a qualquer teorização. *Transmite-se por meios práticos e orais.* Nasce e vive intrinsecamente *ligada a atividades e interesses sociais.* Condiciona-se às tendências mais gerais e profundas da sensibilidade, inteligência e índole *coletiva*, o que lhe confere elevado grau de representatividade nacional. E ao mesmo tempo que possui a capacidade de variar, transformar e substituir as obras criadas ou aceitas, revela uma *tendência acentuada para ajustar essas mudanças a uma continuidade de processos formadores específicos*, que, além de lhes darem uma relativa estabilidade, lhe conferem estrutura e caráter próprio.

> *Música popular* é a música que, sendo composta por *autor conhecido*, se difunde e é usada, com maior ou menor amplitude, por

todas as camadas de uma coletividade. Essa música usa *recursos mais simples*, ou mesmo rudimentares, da teoria e técnica musicais cultas. Transmite-se por meios teóricos convencionais *ou por processos técnico-científicos de divulgação intensiva: grafia e imprensa musicais, fonografia, radiodifusão*. Tem o seu nascimento, difusão e uso geralmente condicionados às modas, tanto nacionais quanto internacionais. E ao mesmo tempo que revela, por isso, um grau de permeabilidade e mobilidade que a tornam campo permanentemente aberto às mais várias influências, possui um certo lastro de conformidade com as tendências musicais mais espontâneas, profundas e características da coletividade, que lhe confere a capacidade virtual de folclorizar-se.[84]

Em resumo, o que delimita as diferenças entre a música popular e a música folclórica para Oneyda Alvarenga seriam os critérios de criação, técnica e transmissão. À música folclórica corresponderia a música criada pela coletividade, ou por ela aceita, a transmissão oral – e, portanto, variável (apresenta aspectos novos quando reiterada) –, e cuja funcionalidade se encontra na vida em grupo. Ao passo que "música popular" designaria aquelas de autoria conhecida, feitas sob técnicas mais ou menos aperfeiçoadas e transmitida pelos meios de comunicação em massa.

---

84 MARIZ, *op. cit.*, p. 180-181. Grifos nossos.

Não é à toa que essa mudança conceitual ocorra justamente nos anos 1930, pela consolidação da música popular urbana, veiculada pelo rádio e pelo disco. Valendo-se da prerrogativa de falar a partir de outro território, isto é, o universo dos meios de comunicação, Almirante aproxima-se desta perspectiva, assumindo um significativo engajamento na valorização da cultura popular, não apenas como objeto de pesquisa, mas como lastro para a definição da identidade nacional.[85] É a partir deste lugar social que a "mais alta patente do rádio" contribui para fazer o trânsito entre estes conceitos, disseminando socialmente estas categorias e constituindo uma linha narrativa a respeito da música popular brasileira.

---

85 VILHENA, *op. cit.*, p. 21.

III. OPERAÇÕES HISTORIOGRÁFICAS

"O PROGRESSO A SERVIÇO DA TRADIÇÃO"

Em 13 de maio de 1956, Almirante recebia diploma de membro honorário pela Cruzada Tradicional Brasileira, do Instituto Histórico e Geográfico da cidade do Rio de Janeiro, em reconhecimento aos seus méritos como "cultor das tradições históricas e culturais da nacionalidade brasileira". Não era a primeira vez, nem seria a última, que o radialista era agraciado com um prêmio daquela natureza. Dez anos antes, já havia recebido diploma de honra da Prefeitura do Distrito Federal, pela realização da série *História do Rio pela Música*. E em 1966 foi condecorado novamente pelo Instituto Histórico Geográfico do Estado da Guanabara com a Medalha Conde da Cunha, em comemoração ao bicentenário da transferência da sede da capital do Estado do Brasil para São Sebastião do Rio de Janeiro.[1] Era bastante significativo que ele recebesse aquelas homenagens de

---

[1] Acervo do MIS-RJ, Coleção Almirante, docs. 1, 2 e 3.

instituições preocupadas com a produção do conhecimento e patrimônio histórico, muito embora às vezes elas distribuíssem as condecorações sem critério rígido. Mas no caso de Almirante, estes títulos reconheciam seus préstimos à história da cidade e à cultura popular de modo geral, fato que certamente ultrapassava a esfera do entretenimento radiofônico, lugar social onde desenvolvera seu *métier*.

Almirante não se considerava um historiador, assim como outras figuras de sua geração e círculo cultural. Seu esforço como *radioman*, conforme declarava em entrevista concedida a Francisco Acquarone, era o de "utilizar as maravilhas do rádio em favor do desenvolvimento do tradicional amor dos brasileiros por tudo o que diz respeito a sua terra. É o progresso a serviço da tradição".[2] Entretanto, em seu fazer cotidiano, acabou desenvolvendo práticas que organizam uma verdadeira "operação historiográfica".[3]

Apenas para recordar, é necessário levar em conta que até a década de 1930 não havia ainda o historiador de formação no Brasil, já que o primeiro curso regular de História foi criado em 1934 na Universidade de São Paulo e, no ano seguinte, na Universidade do

---

2   Entrevista concedida por Almirante a Francisco Acquarone. *Apud* ACQUARONE, F. "Folclore e música popular". In: *História da música brasileira*. São Paulo: Livraria Francisco Alves Ed., s/d; p. 285.

3   Segundo Certeau, encarar a história como uma operação significa "tentar, de maneira necessariamente limitada, compreendê-la como a relação entre um lugar (um recrutamento, um meio, uma profissão etc.), procedimentos de análise (uma disciplina) e a construção de um texto (uma literatura). É admitir que ela faz parte da 'realidade' da qual trata, e que essa realidade pode ser apropriada 'enquanto atividade humana', 'enquanto prática'" (Cf. CERTEAU, Michel de. *A escrita da História*. Rio de Janeiro: Forense Universitária, 1982, p. 65).

Distrito Federal, Rio de Janeiro. Eram considerados historiadores os intelectuais que produziam na área dos estudos históricos. De modo geral, o historiador era o erudito, o "homem de letras", que frequentemente era poeta, jornalista militante, romancista ou jurista. Às exceções bem conhecidas, que produziram obras de fôlego consagradas no tempo, boa parte dos trabalhos históricos desenvolvidos nas primeiras décadas do século XX, foi marcada pela continuação de uma tradição historiográfica iniciada no século XIX. Isolados das demais ciências sociais, estes trabalhos focalizavam, sobretudo, os eventos e personalidades políticas, geralmente limitando-se a temas do período colonial, ao passo que buscavam pela "verdade objetiva" dos fatos, fundada em documentação oficial. A maior representação institucional desta forma de fazer história era justamente o IHGB, curiosamente simpática às contribuições de Almirante em meados do século XX.

Esta forma de compreender o passado e produzir uma historiografia marcou boa parte da "cultura histórica" da época, certamente estendendo-se aos trabalhos extra institucionais e acadêmicos, como as primeiras preocupações com a memorização e resgate do passado da música popular ainda em formação. No entanto, essa cultura histórica penetrou neste universo de maneira oblíqua, já que distante dos sujeitos que viviam as experiências da música popular e dos meios de comunicação. Eram pessoas ligadas ao jornalismo cronista e ao meio artístico, que se apropriaram inicialmente de práticas investigativas presentes principalmente na imprensa. E neste tipo de "república das letras" começaram a desenvolver suas práticas, transportadas depois para a produção radiofônica e obras escritas.

Os membros desta "primeira geração de historiadores" da música popular brasileira, nascida entre o final do século XIX e início do XX, tinham em comum a origem modesta[4] e a vivência na capital da República, num momento em que se presenciavam importantes transformações políticas, científicas, tecnológicas e culturais. Almirante, como já se sabe, tinha esse perfil: era cantor, compositor e tornou-se radialista na prática cotidiana. O radialista recebeu boa educação básica: aprendeu a ler e escrever com professora particular, estudou no Colégio Alemão, quando morou em Friburgo e, depois, no Liceu Rio Branco (Tijuca) além do Colégio Salesiano de Santa Rita (Niterói). Apesar disso, não concluiu a escolarização, de acordo com Sérgio Cabral, tornando-se na prática um autodidata, além de escrever "bem acima da média para os seus estudos incompletos". Embora tivesse de trabalhar desde cedo e não houvesse chegado a uma carreira do Ensino Superior, como seu amigo Noel Rosa (que abandonou o curso de Medicina no segundo ano) ou o compositor

---

4 À exceção talvez de Mariza Lira, que vinha de uma "alta cultura". Entre eles, encontramos formações e profissões heterogêneas, embora todos fossem ligados ao meio musical – se não como compositores ou intérpretes, como curiosos e *habitués* de rodas de choro e samba: Vagalume era funcionário da Estrada de Ferro Pedro II e cronista; Orestes Barbosa, jornalista, poeta e compositor; Jota Efegê, jornalista e cronista, e depois, quando aposentado, tornou-se historiador da música popular em tempo integral; Edigar Alencar chegou ao Rio de Janeiro com 25 anos para trabalhar no comércio, e depois se tornou musicólogo, jornalista, poeta e teatrólogo; Mariza Lira era folclorista e musicóloga; Lúcio Rangel era crítico, jornalista e coordenou a *Revista da Música Popular* que, em seu curto tempo de existência (de 1954 a 1956), foi a primeira publicação a tratar intelectualmente do tema.

Almirante, "a mais alta patente do rádio"   **165**

e radialista Mário Lago (bacharel em Direito), sua formação geral e seus estudos radiofônicos alcançaram um nível bastante avançado.

A obra destes "historiadores" estava umbilicalmente ligada à memória, à tradição e autoridade da "testemunha ocular" e, por tal razão, muitas vezes vinham impregnadas por certo tom impressionista e apologético com relação aos personagens abordados. Gradativamente, suas narrativas, ao seu modo bem documentadas e organizadas, foram assimiladas pelo grande público, "tornando-se predominantes na compreensão da música popular no Brasil a partir da década de 1970, englobando, aliás, em alguns aspectos, certo tom e compreensão do discurso folclorista, sobretudo da autenticidade".[5] Pode-se afirmar que enquanto os cronistas da música urbana tratavam destes assuntos de forma fragmentária, os musicólogos e folcloristas tendiam a dar um tratamento científico e ordenado em suas abordagens.

A obra de Almirante se inscreve justamente na intersecção destas vertentes. Fazia parte de sua operação historiográfica a prática arquivística[6] e colecionista, o registro de memórias –

---

5   MORAES, José Geraldo Vinci de. "E 'Se Você Jurar', 'Pelo Telefone', que estou na Missão de Pesquisas Folclóricas?". *Revista USP*, São Paulo, n° 87, set./out./nov. 2010, p. 176.

6   O caricaturista e compositor Nássara afirmava que Almirante "foi sempre um péssimo arquivista. Inclusive partes de piano, documentos, com aquele carimbo enorme, maior que o nome da música. O nome dele. Quer dizer, é um negócio, assim, que já devia ser barrado, não é? Porque um camarada que usa determinadas coisas como quem usa uma Cafiaspirina, só em uso próprio, já é uma pessoa de quem você deve desviar". Há de se relevar, entretanto, o teor aguerrido desta crítica, posto que seus desafetos com o radialista vinham de longas datas, como relata seu biógrafo,

suas ou alheias, convocando os personagens envolvidos num acontecimento a prestarem seus depoimentos –, a delimitação de recortes e o encadeamento cronológico dos eventos selecionados, numa narrativa que, ao mesmo tempo em que buscava certa erudição, era compatível com a linguagem radiofônica.

A partir de múltiplas e fragmentárias referências, originárias de vários universos e dos interesses pessoais e culturais que o motivaram a pesquisar a música popular, Almirante também travou contato com os pesquisadores que se dedicavam a estes assuntos em esferas reconhecidamente intelectuais. Uma visita à parte de sua biblioteca pessoal, hoje pertencente ao acervo do MIS-RJ, indica o contato com uma significativa quantidade de autores que tratavam de folclore e música popular, como Rossini Tavares de Lima, Oneyda Alvarenga, Luís da Câmara Cascudo e Renato Almeida – os dois últimos interlocutores diretos de Almirante. Havia também livros dedicados à teoria musical, efemérides históricas do Rio de Janeiro, crônicas, memórias e biografias de compositores, algumas escritas por seus pares de travessia intelectual, como Mariza Lira e Edigar de Alencar. Ao confrontar o conteúdo dos programas com esta bibliografia, percebe-se que as leituras de fato dialogavam com parte de sua formação intelectual. Estes filtros culturais permeariam sua narrativa na abordagem sobre música popular, criando novas possibilidades de sínteses em sua man. eira de contar a história.

Nas séries *Histórias do Nosso Carnaval* e *História do Rio pela Música*, o radialista parecia ter por objetivo tomar as músicas

---

Carlos Didier. Cf. *Nássara passado a limpo*. Rio de Janeiro: José Olympio, 2010, p. 149-151.

Almirante, "a mais alta patente do rádio" **167**

como fonte e objeto narrável, segundo métodos mais ou menos reconhecíveis, que serão tratados adiante. Igualmente ocorria nas séries *História das Orquestras e Músicos* e *No tempo de Noel Rosa*.

Mesclando a evocação de memórias à documentação escrita e musical, estes programas, de cunho biográfico e historiográfico, procuravam dar um sentido histórico à narrativa e, assim, estabelecer a "verdade" em torno dos fatos evocados.

A música como objeto histórico: *Histórias do Nosso Carnaval*

Em 1952, o ouvinte que sintonizasse o *dial* na Rádio Record de São Paulo poderia acompanhar uma série especial sobre o Carnaval, produzida e apresentada pela "mais alta patente do rádio". O locutor assim introduzia o programa:

> Carnaval, festa máxima, que tem sido um dos mais fortes atrativos turísticos de nossa terra, tem no Rádio esse historiador leve e pitoresco que se chama "Almirante". Dedicado aos problemas do povo, especialmente os ligados à música, "Almirante", depois de ter realizado o mais completo estudo sobre o Carnaval carioca, voltou suas vistas, agora, para o Carnaval paulista. Dessa forma, reunindo vasta e impressionante documentação, vai poder revelar agora, pela primeira vez aos ouvintes de todo o Brasil, uma boa coleção de fatos e dados pitorescos, até então esquecidos e quase perdidos na poeira dos arquivos.

Tratando pois, nossa série de fatos do Rio e de São Paulo, o título que a define perfeitamente é este de HISTÓRIAS DO NOSSO CARNAVAL...[7]

Nesta introdução estavam expostos os principais elementos da série: seu tema e fio condutor, o tipo de documentos e a organização das informações veiculadas, bem como o recorte temporal e espacial. Logo em seguida, Almirante era convocado pelo locutor a assumir o microfone na condição de "historiador leve e pitoresco", "dedicado aos problemas do povo, especialmente os ligados à música".

Depois de realizar uma série em quatro episódios abordando o carnaval carioca, (*Carnaval Antigo*, Rádio Tupi-Tamoio do Rio de Janeiro) em 1946, Almirante estendia no início dos anos 50 o recorte da pesquisa à cidade de São Paulo. Ao contrário de *Carnaval Antigo*, que precedia um "monumental concurso carnavalesco", este se tratava de um programa importante, segundo o produtor, não para lançar os sucessos daquele ano, mas pelo seu *caráter histórico*.[8]

Distantes seis anos uma da outra,[9] as duas realizações estavam visivelmente implicadas e sintetizavam as principais

---

7   *Histórias do Nosso Carnaval*, 1952, nº 1, p. 1. Acervo do IMS-RJ, Coleção José Ramos Tinhorão, Caixa A3-1. Grifo do original.

8   CABRAL, Sérgio. *No tempo de Almirante: uma história do Rádio e da MPB*. Rio de Janeiro: Francisco Alves, 1990, p. 272.

9   Tanto em seu depoimento para o Museu Cearense da Comunicação, realizado no dia 27 de agosto de 1978, como no *Curriculum Vitae* reproduzido por Cabral, consta a informação de uma série de 1936 com o nome *Carnaval Antigo*. A série aqui analisada é de 1946. Trata-se de um registro em quatro episódios, reunidos em duas fitas cassetes masterizadas pela Collector's Studios, fazendo a retrospectiva dos carnavais entre 1900 e aquele ano. O

Almirante, "a mais alta patente do rádio" **169**

linhas da concepção de história da música popular para o radialista. Dela, podemos extrair uma dupla chave. De um lado, o resgate de sua historicidade partindo de suas diversas matrizes folclóricas ou populares urbanas, que dialoga com as séries *Curiosidades Musicais, Aquarelas do Brasil e Instantâneos Sonoros*,[10] e sua exposição linear até o tempo presente. De outro lado, revela-se a história-memória da música popular, enredada às suas próprias vivências fundida à militância pela restituição de um "passado glorioso", notável nos programas *O Pessoal da Velha Guarda, História das Orquestras e Músicos e No tempo de Noel Rosa*.

Em *Histórias do Nosso Carnaval* o radialista tratou o tema com maior vagar, expondo aos ouvintes suas fontes e procedimentos de pesquisa, prática recorrente nas séries anteriores. Apesar de a princípio visar apenas o entretenimento de qualidade, Almirante procurava obsessivamente conferir valor científico aos fatos mencionados, primando pela sua exatidão e veracidade.

Ao se propor resgatar a historicidade de determinadas manifestações da cultura popular, Almirante – assim como seus pares – buscava fazê-lo definindo seu "lugar de origem" contido nas primeiras aparições do evento em questão. Na primeira

---

modo pelo qual existe este documento é bastante curioso, conforme é relatado no *site* do estúdio: a série foi gravada por um ouvinte de Almirante em sua casa, com um gravador doméstico acoplado a um aparelho rádio-receptor, utilizando para a fixação do som uma chapa de raios-X usada. Disponível em: <http://www.collectors.com.br/CS05/cs05_02ab.shtml>. Acesso: em 28 out. 2012.

10   O Carnaval inclusive já havia sido tema dos programas "A evolução do Carnaval", em *Curiosidades Musicais*, 29 jan. 1940, AER199, lado A; "As origens do samba e das escolas de samba", em *Aquarelas do Brasil*, 4 maio 1945, AER194, lado B.

170   Giuliana Souza de Lima

série de *Carnaval Antigo* ele estabeleceu como marco inicial para
o Carnaval carioca a segunda metade do século XIX, quando
se desenvolveu a brincadeira de origem lusitana "Zé-Pereira"
pelas ruas do Rio de Janeiro. Já em *Histórias do Nosso Carnaval*,
Almirante expandiu esses marcos, já que procurava historicizar
a trajetória do Carnaval brasileiro: ele remontou à prática do en-
trudo nos tempos coloniais, por volta de 1727, na Bahia, citada
por Vieira Fazenda.[11]

Esta datação, no entanto, pouco influenciava os acontecimentos que se seguiam no relato de Almirante.[12] O que parece
ser mesmo relevante é o fato de que o radialista utilizava a própria música divulgada em diferentes circuitos urbanos para estabelecer seu recorte. Assim, se justifica a escolha do buliçoso

---

11   FAZENDA, José Vieira. "O Zé-Pereira". In: *Antiqualhas e memorias do Rio
de Janeiro*. (1904) Rio de Janeiro: Imprensa Nacional, 1921. Disponível em:
<http://www2.senado.gov.br/bdsf/item/id/179495>. Acesso em: 24 out.
2012.

12   Almirante não chegava a cometer o mesmo excesso retroativo do amigo
Edigar de Alencar, o Dig, que para buscar a origem do Carnaval carioca
(através da música) remetia-se à origem dessa festa no mundo ocidental. Ver: ALENCAR, Edigar de. *O carnaval carioca através da música*. Rio de
Janeiro: Livraria Freitas Bastos, 1965, p. 43-4. A questão da periodização do
Carnaval brasileiro volta a aparecer em estudos posteriores. O historiador
e jornalista José Ramos Tinhorão, por exemplo, num ensaio de 1966, afirmava que os cariocas podiam dizer que cultivam o Carnaval desde a primeira metade do século XVII, quando das festividades em homenagem
do Governador Correia de Sá e Benevides ao Senhor Rei D. João IV. A festa
teve início na noite do domingo de Páscoa de 1641 e se estendeu por uma
semana, e "começou logo firmando o princípio – jamais contrariado posteriormente pelos cariocas – de que nunca é tarde para um bom carnaval"
(Cf. TINHORÃO, José Ramos. "O Carnaval Carioca". In: *Música Popular: um
tema em debate*. 3ª ed. São Paulo: Ed. 34, 1997, p. 145).

"Zé-Pereira", uma vez que se tratava de um dos primeiros registros musicais carnavalescos da capital, num momento em que o tríduo ainda não dispunha de música própria. Para delimitar esta manifestação, Almirante recorreu às crônicas de Luís Edmundo, em *O Rio de Janeiro do meu tempo*, cuja primeira edição foi publicada em 1938. Nota-se que, quando se refere ao autor, Almirante o trata por "historiador", não cronista. Ao mesmo tempo, considera seus textos fontes primárias, não só em relação ao Carnaval, como em outras questões que emergem na narrativa. Sendo assim, Almirante adota a mesma datação do "Zé-Pereira" no Brasil que Edmundo, isto é, 1852:

> Em 1852, para aumentar tanta balbúrdia, como um fantasma, surge o neurastenizante zé-pereira! Sete ou oito maganos vigorosos, tendo por sobre os ventres empinados satânicos tambores, caixas de rufo ou bombos, por entre alucinantes brados, passam pelas ruas, batendo, surrando, martelando, com estrondo e fúria, a retesada pele daqueles roucos e atroadores instrumentos. É um desabafo estúpido e brutal de criatura que sente a necessidade de cantar, de bater, de bramir a alegria em cachões, que lhe vai n'alma. Que, se o homem de elite, quando venturoso, sorri, o da plebe, em geral, feliz, expande-se em ruídos, gargalha, espinoteia e dá patadas. A princípio, o zé-pereira é um préstito de fragoroso alarido. Batecum. Estrondear de pelicas. Berraria caótica e hiperacústica de sons loucos, de brados,

loucos, de barulheira louca. Não se canta. De resto, as palavras não seriam ouvidas, ante o ensurdecedor e reboante conflito de estrondos e retumbos que a fúria de braços vigorosos arranca, violentamente, ao oco das caixas, dos bombos e tambores.[13]

Referenciado nestes dois autores, Vieira Fazenda e Edmundo, Almirante relatava que a batucada foi trazida por José Nogueira de Azevedo Paredes, reproduzindo o brinquedo que ocorria em sua terra natal. Esta acabou por se tornar a história contada por todos os autores seguintes que se propuseram a tratar do tema. Nela, Almirante afirmava que a batucada acabou contagiando a população, permanecendo durante muitos anos em voga. Perderia a importância quando surgiu a marcha "Ó abre alas", escrita por Chiquinha Gonzaga para o cordão Rosa de Ouro, e só desapareceria quando "Caboca di Caxangá" estourou no Carnaval de 1914. Das ruas, o "Zé-Pereira" foi levado às revistas teatrais: na peça *Zé-Pereira Carnavalesco*, encenada pela Companhia Jacinto Heller, o ator Francisco Correia Vasques teria adaptado a cançoneta francesa que fazia sucesso na época, "*Les Pompiers de Nanterre*" para introduzir os bombos e tambores do "Zé-Pereira", em 1869.[14] Na narrativa de Luís Edmundo,

---

13   EDMUNDO, Luís. *O Rio de Janeiro do meu tempo*. Brasília: Edições do Senado Federal, 2003, p. 475-476.

14   "Les Pompiers de Nanterre", segundo Edigar de Alencar, havia estreado no dia 9 de março de 1869, com grande sucesso, no Teatro Lyrique Français (ex-Alcazar Lyrique), famoso centro de diversões do Rio de Janeiro, sob a rubrica de "*excentricité et burlesque*" (ALENCAR, *op. cit.*, p. 61).

a presença desta canção era *"um pouco de armistício para o ouvido do próximo"*. Durante este *"habeas corpus feliz"*, não havia rancho carnavalesco que não cantasse:

E viva o zé-pereira
Que a ninguém faz mal,
E viva a bebedeira
Dois dias de Carnaval!

[...]

Logo, porém, recomeça o tã-tã cavernoso das pelicas em sova, enquanto a massa estouvada e bulhenta ondula, rola em fúria acesa pelas ruas estreitas da cidade, como uma roda de fogo movida por Satã.

É o negro. É o branco. É o mulato. É o Brasil. É toda a nacionalidade borbulhando, estorcendo-se, saltando, bocas em *os*. Faces hílares pingando suor ou zarcão. Trejeitos. Saracoteios. Chufas. Guinchos. Loucura geral. A rua coalha-se de doidos. Os que têm juízo, fogem... Os irracionais, habituados ao homem melancólico, rosnam e, desconfiados, olham-no de soslaio. E continua a multidão aos boléus, pelas ruas, sanhuda e desenfreada, na sua infatigável barulheira, sem sede ter, sem diminuir, sem afrouxar aquela nervosidade que a todos desnorteia.[15]

---

15 EDMUNDO, *op. cit.*

Apropriando-se do relato do cronista, Almirante reiterava o Carnaval daqueles tempos como uma época de encenação e exageros, de "desordem institucionalizada".[16] Assim como na Europa moderna, se presenciava nas ruas do Rio de Janeiro nestes dias a subversão de papeis: os homens se vestiam de mulher e as mulheres de homem. As máscaras, fantasias e paramentos apareciam em profusão nas ruas. Era o diabo, o índio, o morcego, a rainha-mãe, o príncipe, o Dr. Burro, o Velho – que desfilava acompanhado da quadrinha "Ô raio, ô sol/ Suspende a lua/ Bravos ao velho/ que está na rua".

Paralelo à crônica de Luís Edmundo, Almirante reunia extensa documentação de recortes de periódicos que mencionava os excessos e o desregramento dos foliões na festa que antecedia a Quaresma. Entre os fatos elencados, havia a apreensão pela polícia de São Paulo de bisnagas-relógio, anéis-surpresa de borracha, pequenos revólveres e incontáveis figurinhas contendo pó de formol e formalina. Sobre isso Almirante ponderava que, talvez pela brutalidade das bisnagas, os cronistas paulistas dessem menor importância aos confetes que entravam na moda. No Rio, o Carnaval "oferecia um espetáculo deplorável", relatado também por Edmundo, no qual um rapaz vestido de urso foi queimado e uma briga entre dois grupos rivais resultou em mortes, dando ensejo a um cortejo fúnebre que acabou em desfile carnavalesco, pois os foliões "coalharam o cemitério de máscaras". Com o passar dos anos, a brutalidade nas brincadeiras foi decrescendo, mas a festa continuava sendo um momento de excessos, como demonstrava certa cantiga que

---

16   BURKE, Peter. *Cultura popular na Idade Moderna: Europa, 1500-1800*. São Paulo: Companhia das Letras, 1989, p. 214.

perdurou por muitos anos: "Eu vou beber/ Eu vou me embriagar/ Eu vou fazer barulho/ Pra polícia me pegar".[17]

Em meio às transgressões do Carnaval, o comportamento licencioso era uma preocupação e muitas vezes se tornava caso de polícia. Almirante retomava os registros dos jornais de 1914, que alertavam as autoridades quanto aos "moços bonitos", que se aproveitavam das aglomerações para "beliscar" as mulheres. Em 1921, a preocupação era não deixar repetir o escândalo do ano anterior, em que moços e moças cantavam nas ruas "Na minha casa não se racha lenha!/Na minha casa não há falta d'água!".[18] Provavelmente, observando o decoro adequado a um programa familiar, de cunho educativo e difundido em rede nacional, Almirante evitou o constrangimento de explicar aquela passagem. Quem dava maiores detalhes era o humorista Antônio Torres, numa crônica de 1921, no qual discorria sobre o casamento de jovens embaixadores brasileiros:

> [...] Diz o dictado que quem imagina não casa; ora, quem imagina alguns momentos a respeito das meninas do Rio, fica sem saber si casa ou não casa. Ha de haver com certeza por ahi muita menina que, sendo intelligente e interessante, seja tambem honesta; mas nenhuma dellas traz estrella na fronte para distinguir-se das que não o são. E que pensar da moralidade

---

17 Almirante, *Histórias do Nosso Carnaval*, 1952, nº 3, p. 7. Acervo José Ramos Tinhorão, IMS-RJ, Caixa A3-1.

18 Almirante, *Histórias do Nosso Carnaval*, 1952, nº 8, p. 8. Acervo José Ramos Tinhorão, IMS-RJ, Caixa A3-1.

domestica dominante numa cidade em que, aos primeiros rebates do Carnaval, saltam para a rua as môças todas, com suas mães e seus paes, com seus irmãos e seus noivos, com as suas irmãs menores, a berrar despejadamente dentro de caminhões, e a cantar coisas tao torpes que o jornaes se vêem obrigados a chamar a attenção da policia? Ninguem quer que as môças e as meninas se vistam de burel e passem os dias em jejuns e cilicios; mas tambem não se póde permittir que levem a sua liberdade ao ponto de entoar cantigas tão licenciosas, que não se usam nem em assembléas de meretrizes, a não ser que se trate de rebombeiras da mais baixa extracção. De maneira que, ao ver uma menina e ao pensar em casar-se com ella, deve o rapaz interrogar: "Terá esta pequena feito o Carnaval? Terá cantado o *Na minha casa não se racha lenha?*"

Seu comentário, provavelmente irônico quanto à moral vigente, era acompanhado da seguinte nota, que esclarecia os motivos para a restrição à canção na época:

Entre as canções mais em voga durante o ultimo Carnaval (1920), uma havia cuja letra era a seguinte:

CAVALHEIROS
Na minha casa não se racha lenha!
DAMAS
Na minha racha! Na minha racha!

CAVALHEIROS
Na minha casa não ha falta d'agua!
DAMAS
Na minha abunda! Na minha abunda!
DAMAS
Na minha casa não se pica fumo!
CAVALHEIROS
Na minha pica! Na minha pica!
E assim por deante...

Essas torpezas, em que a ausencia de espirito se consubstancia com a mais repugnante falta de gramatica, eram cantadas á porfia por moços e moças que se presume de bôas famílias. A policia interveio a tempo de impedir que se generalizassem esses miasmas moraes.[19]

Associados às crônicas e notícias, os anúncios feitos nos jornais serviam de fonte à pesquisa de Almirante. É o caso de um convite para o baile de máscara promovido pela cantora lírica de teatro Clara Delmastro, extraído de um jornal de 18 de fevereiro de 1846. Almirante também se reportava a anúncios inusitados, como o aluguel das sacadas para assistir ao corso, prática que os paulistas se antecederam em relação aos cariocas. Este era mais um termo de comparação entre as duas capitais pelo radialista, cuja principal diferença residia no "espírito festivo", que ele recuperava através dos relatos de jornalistas e cronistas entre o final do século XIX e início do XX. Segundo eles, o Carnaval de

---

19   TORRES, Antonio. "Brasileiros e Estrangeiros". In: *Verdades indiscretas*. 2ª ed. Rio de Janeiro: Livraria Castilho, 1921, p. 259-260.

1900 era promissor, pois marcaria a passagem do século e o IV Centenário de Descobrimento do Brasil, e a animação começava quinze dias antes do Carnaval, mas a "chuva esfriou os ânimos". Em São Paulo, entretanto, este fato teria um peso maior:

> Aliás, o fenômeno meteorológico teria sido, indubitavelmente, um dos motivos que formavam o caráter do paulistano, tornando-o desinteressado pelo Carnaval. Certo cronista do tempo chegava a dizer pelo *Correio Paulistano*: "O povo da nossa elegante capital, por índole, por temperamento, e talvez por outras causas ocultas, é fundamental e sistematicamente triste".[20]

Almirante reunia uma série de elementos sobre essa diferença de comportamentos, que parecia proclamar a cidade como provinciana e de vida cultural tímida. É o caso de observações como as que se seguem:

> [...] e notem que o baile se estendeu até 3h da manhã porque estávamos no Rio. Em São Paulo, ainda em 1862, baile de Carnaval que terminasse depois da meia noite, dava multa de 30 mil réis ou prisão por 3 dias.

> [...] Em São Paulo, fazia-se notar a falta de graça dos foliões. Nada daquela decantada alegria esfusiante do carioca. E os jornais

---

20 Almirante, *Histórias do Nosso Carnaval*, 1952, n° 1, p. 1. Acervo José Ramos Tinhorão, IMS-RJ, Caixa A3-1.

Almirante, "a mais alta patente do rádio" **179**

frisavam o contraste publicando piadas que atribuíam a mascarados das ruas da capital, mascarados esses que pareciam mais encabulados sob seus disfarces do que todos os que se mostravam de cara à mostra.

[...] Enquanto no Rio os foliões se entregam ao desregramento da folia, em São Paulo o Carnaval se faz com recato e delicadeza. E as notas que colhemos nos registros dos jornais dizem bem dessa maneira de agir do povo paulista. Em 1914, tinha lugar, no sábado de Carnaval, no 'foyer' do Teatro Municipal, um grande baile à fantasia promovido por em benefício das vítimas das inundações da Bahia.

[...] Enquanto o Rio se deliciava ao som da valsa, São Paulo sofria com a inclemência do tempo e protestava contra o aumento desmedido de todos os preços [...].[21]

Ainda com relação ao ano de 1915, Almirante comparava ao Carnaval do Rio, marcado pelo desregramento, o de São Paulo, tão pudico que substituía o "abominável tango argentino" pela "Furlana", "dança recatada recomendada pelo Papa".[22]

---

21 Almirante, *Histórias do Nosso Carnaval*, 1952. Respectivamente, nº 1; nº 3, p. 3-4; nº 5, p. 16; nº 6, p. 5. Acervo José Ramos Tinhorão, IMS-RJ, Caixa A3-1.

22 Almirante, *Histórias do Nosso Carnaval*, 1952, nº 5, p. 16. Sobre a presença dos tangos, Almirante afirmava: "Naquele ano, começaram a ter logar [sic] no Rio as matinés infantis, coisa que, aliás, em São Paulo já era moda há tempos atrás. Nestas festas – inteiramente diversas das que hoje se realizam sob o mesmo título – as músicas eram valsas, chótis, pas-de-quatre e tangos brasileiros. Nada de tango argentino, pois isto era coisa que

180   Giuliana Souza de Lima

É provável que o radialista desta forma pretendesse fazer um elogio aos ouvintes da terra da garoa, que tinham as virtudes de ser um povo "trabalhador" e "recatado" – ainda que com o tempo tivesse se "contaminado dos maus modos".[23] Mas, claro, sem deixar de enfatizar que estes careciam do espírito efusivo dos cariocas. Não obstante, a cidade dos quatrocentões não estava tão longe daquela representação feita do Carnaval carioca, e, apesar das medidas proibitivas, neste período se "abusou da água, das laranjinhas e dos limões de cheiro".[24]

De qualquer forma, percebe-se que as referências a São Paulo tendem a rarear na série, na medida em que o radialista trata da produção musical do Carnaval a partir dos anos 1920. Uma das poucas referências é ao corso na Avenida Paulista e ao samba "Tatu subiu no pau", do compositor paulista Eduardo Souto, gravada em 1923. A canção era então executada na audição do dia 25 de outubro de 1952, com a ressalva de que "nenhuma modificação será feita nessa introdução de vinte e nove anos de idade para que vocês, ouvindo-a, possam se transportar com mais facilidade a esse passado que todos gostaríamos fosse

---

ninguém conhecia por aqui, valendo, aqui, aliás, incluir-se a informação de que o tango implantou-se primeiro no Brasil, tendo a denominação e o ritmo sido levados para a Argentina no tempo da Guerra do Paraguai, pelos soldados brasileiros. Ali o gênero se fixou e tomou forma própria típica argentina" (*Ibidem*, n° 3, p. 14).

23   Almirante, *Histórias do Nosso Carnaval*, 1952, n° 8, p. 9. Acervo José Ramos Tinhorão, IMS-RJ, Caixa A3-1.

24   MORAES, José Geraldo Vinci de. *As sonoridades paulistanas: a música popular na cidade de São Paulo – final do século XIX ao início do século XX*. Rio de Janeiro: Funarte, 1997, p. 79.

Almirante, "a mais alta patente do rádio" **181**

hoje o presente".[25] Esta discrepância no volume de informações é compreensível, posto que Almirante pesquisava o tema em sua cidade natal há mais tempo. Além disso, as principais gravadoras que exploravam o gênero se encontravam na capital da República, de onde eram difundidas para o restante do país.[26] Apesar da "pátria" do compositor Eduardo Souto ser enfatizada pelo radialista, tratava-se de um samba que fizera sucesso no Rio de Janeiro, lançado pela gravadora "carioca" Odeon.

Almirante se dedicaria na série, portanto, mais às questões que surgiam na órbita do Carnaval no Rio de Janeiro: a fundação de sociedades, clubes, blocos e ranchos – entre as quais Kananga do Japão, Arrepiados, Caprichosos da Estopa, Ameno Resedá, Fenianos, Democráticos, Gatos, Baetas e Carapicus –, as manias das "melindrosas" e "almofadinhas", as fantasias, o Carnaval na Avenida Central (a partir de 1912, chamada Rio Branco), a publicação das letras de marchas dos blocos e cordões em jornais e os desfiles dos carros de crítica, que se reportavamaos problemas

---

25 Almirante, *Histórias do Nosso Carnaval*, 1952, n° 9, p. 13.

26 Em um levantamento sobre as gravadoras existentes no Brasil no período entre 1902 e 1943, Camila Koshiba indica que em São Paulo havia os selos Discos Imperador, Ouvidor e Arte-Fone. A última trazia um repertório sobretudo de valsas, choros instrumentais e gravações de orquestras, além de algumas músicas caipiras. Já as principais gravadoras, que registraram os nomes consagrados durante a era de ouro do rádio e divulgaram o repertório carnavalesco, eram estrangeiras e sediadas no Rio de Janeiro, onde também se encontravam as principais emissoras de rádio. Eram elas: International Zon-o-phone/Odeon/Parlophon (depois Odeon, Discos Phoenix, Odeon, EMI-Odeon), Columbia Phonograph (Columbia-CBS), Victor (RCA-Victor) e Brunswick. Ver: GONÇALVES, Camila Koshiba. *Música em 78 rotações: "Discos a todos os preços" na São Paulo dos anos 30*. Dissertação (mestrado em História Social) – FFLCH-USP, São Paulo, 2006, p. 47.

do ano na cidade.[27] O radialista contribuía assim para organizar os principais fatos que tinham sido registrados na imprensa escrita em torno do Carnaval até meados dos anos 20.

"O Preto e o Branco"

Seguindo à descrição dos primórdios do Carnaval nas duas capitais, Almirante passava a tratar, a partir da sexta audição, de seus aspectos musicais vinculados à narrativa da história da música popular brasileira. Na série anterior, *Carnaval Antigo*, ele afirmava que o sucesso feito pelas músicas do carnaval de 1916 despertou a atenção de certos compositores que passaram a pensar nas glórias – "digo glórias, porque naquele tempo não havia esperanças de lucros financeiros" – de lançar as músicas que o povo haveria de cantar nos três dias de momo. Neste contexto, pouco antes do Carnaval de 1917, surgiu "uma inovação sensacional

---

27 Um dos exemplos é o Carnaval de 1904, "época dos protestos violentos contra as medidas profiláticas", no qual os carros de crítica se voltavam para a questão da matrícula dos cachorros. Para Almirante, "o pobre do Oswaldo Cruz sofria um combate impiedoso que lhe fazia grande parte da população, iludida por uma torpe politicalha que chegava a envolver médicos de renome que verberavam contra a varíola, a febre amarela e a peste bubônica, encontrou a mais repugnante resistência. Até da música se serviram então para ridicularizar sua ação benfazeja" (ALMIRANTE. *Histórias do Nosso Carnaval*, 1952, nº 3, p. 4-6. Acervo José Ramos Tinhorão, IMS-RJ, Caixa A3-1). Dentro da visão de mundo do radialista, a reação popular contra as medidas profiláticas das autoridades era descabida, opinião esta enviesada por suas fontes de pesquisa, entre as quais o já mencionado livro de Edmundo, cujas críticas traziam o mesmo tom. Sobre a questão da apropriação do discurso higienista como ensejo para exclusão das "classes pobres" (e "perigosas") do centro da cidade, cf. CHALHOUB, Sidney. *Cidade febril: cortiços e epidemias na corte imperial*. São Paulo: Companhia das Letras, 2004.

Almirante, "a mais alta patente do rádio" **183**

para a música popular brasileira"– a designação do samba, pela primeira vez, enquanto gênero musical, com "Pelo Telefone" de Donga (Ernesto dos Santos) e versos de Mauro de Almeida, o Peru dos Pés Frios. Ele dizia, baseado em um recorte do *Jornal do Brasil* de 4 de fevereiro de 1917, que esta mesma música fora chamada de tango, recebeu outros versos e era cantada de outras formas. Havia dúvidas quanto sua autoria – até mesmo pelo contexto coletivo de sua criação –, mas "restava a Donga a glória de ter imprimido pela primeira vez uma música cujo gênero fosse o samba".[28]

Dentre os relatos acerca da criação do samba urbano, esse foi o que se tornou hegemônico, estabelecendo "Pelo Telefone" como espécie de "mito fundador". A própria maneira como o assunto era introduzido na série remetia a uma narrativa mítica:

> Para a história do Carnaval de 1917 – que marcou uma etapa na música popular brasileira, vamos fazer uma visita à casa de uma música daquelas baianas do Rio, a mais famosa de todas, e que teve um papel preponderante na música popular carioca. Acompanhem-nos, ouvintes, que vamos penetrar no *reduto misterioso do samba*, naquele ano laboratório do ritmo, onde se misturavam pais de santo, mães de santo, macumbeiros famosos, malandros perigosos, e gente da alta que ali ia levada pela simples curiosidade daquelas cerimônias ou pela crença nos poderes daquela gente rude sobre o destino, através [de] seus

---

28 Almirante, *Carnaval Antigo*, n° 4, 1946. AER165, lado B.

despachos, seus fetiches, suas cantorias impregnadas de dolências soturnas...[29]

O ambiente em que nascia o primeiro samba gravado emergia na narrativa do radialista sob uma aura de mistério e feitiço – que, como se pode supor, não era bem aquele descrito por Noel Rosa, "sem cachaça e sem farofa". Almirante então se referia à casa de Hilária de Almeida, mais conhecida por Tia Ciata, uma das mães de santo mais respeitadas no Rio de Janeiro no começo do século. Nos anos 1890, o Rio de Janeiro possuía o maior contingente de negros e mulatos do Sudeste. Instalada na Cidade Nova, esta população passou a se organizar socialmente através dos centros religiosos e organizações festeiras. A partir das lideranças religiosas vindas da Bahia, estas manifestações – dentre as quais o candomblé, o jongo, o rancho e as receitas culinárias, que tinham relação com o universo sagrado – se mantiveram vivas e em constante transformação, adaptando-se à nova realidade vigente.[30]

O candomblé, por exemplo, cumpria uma importante função social, uma vez que, promovendo a continuação do culto aos Orixás, os pais de santo garantiam a coesão grupal e lhe davam sentido. Ao chegar ao Rio, a prática continuou em incessante transformação, ocorrendo a desintegração das antigas organizações das nações nagô e banto e a criação de novas sínteses religiosas. Por apresentar esta plasticidade e abarcar questões

---

29 *Histórias do Nosso Carnaval*, n° 6, p. 5. Acervo José Ramos Tinhorão, IMS-RJ, Caixa A3-1, (grifo nosso).

30 MOURA, Roberto. *Tia Ciata e a pequena África no Rio de Janeiro*. Rio de Janeiro: Funarte, 1983.

imediatas e vitais, as religiões afro agregaram outros adeptos, como os imigrantes pobres – cuja condição material não era muito diferente da dos negros –, e mesmo os indivíduos de outros estratos sociais. Desta necessidade de práticas comuns em meio à heterogeneidade, a umbanda mais tarde se formaria, partindo da iniciativa de indivíduos das classes médias.

A casa da Tia Ciata simbolizava esta simbiose de crenças, costumes e classes. Na sala de visitas da habitação realizavam-se bailes, com músicas e danças conhecidas e mais respeitadas socialmente. Na parte dos fundos, era tocado samba de partido alto ou samba-raiado, onde atuava a elite negra. No terreiro, o som ouvido e tocado pelos negros mais velhos era a batucada, a qual mantinha um elo com o universo religioso. A casa era, portanto, uma representação de como funcionavam os filtros culturais na sociedade carioca na virada do XIX para o XX, uma metáfora viva do território onde se davam os avanços e recuos da penetração urbana dos negros.

Segundo Almirante, dali sairiam compositores que se tornaram populares, "que foram receber sinão [sic] a inspiração, pelo menos o gérmen de um gênero que depois iria caracterizar musicalmente seu país de origem – o samba". O radialista então tratava do caráter coletivo e espontâneo daquela composição:

> Foi ali, na casa da Tia Asseata, ouvintes, que em fins de 1916, foi forjada certa composição que se tornou um marco na história da nossa música popular. Ela teria nascido graças à contribuição de muitos. E podemos mesmo citar, os nomes de todos aqueles que colaboraram, dando à música afeição [sic] definitiva que tomou: João

da Mata, Mestre Germano, Hilário Mauro de Almeida, Sinhô, a própria Tia Asseata, e Donga. Não havia, naquela época, preocupações de direitos autorais. Qualquer um que levasse a uma casa editora, um motivo popular, poderia vê-lo impresso com seu nome como autor. E foi o que se deu com aquela obra de tantos donos. Levada ao editor, por um de seus colaboradores, foi editada com o nome de "Pelo telefone", constando como autor somente Ernesto dos Santos (Donga). E assim, ouvintes, surgiu o primeiro samba – ou, melhor dito, a primeira música a se apresentar com o gênero de samba, nome que antes era dado somente à dança, ao baile, ao agrupamento de tocadores e cantadores. E essa primeira música foi o famoso "Pelo Telefone".[31]

Almirante também explicitava o contexto prosaico que motivou a primeira estrofe do samba (que, a rigor, estava mais para um maxixe):

[...] Ali estava naqueles versos gaiatos a crítica que o carioca fazia então ao chefe da polícia do Rio – o Doutor Aurelino Leal, que encetara uma das clássicas campanhas contra o jogo. E, coisa curiosa! A ordem de apreensão dos apetrechos de jogo era dada pelo chefe de polícia aos delegados dos distritos, por simples telefonemas. Tal perseguição – como de hábito – só se fazia com o rigor necessário junto aos

---

31 Almirante, *Histórias do Nosso Carnaval*, 1952, n° 6, p. 7.

pequenos centros de jogo – especialmente contra os bicheiros. Os grandes potentados do vício, aqueles que se instalavam regiamente nos invulneráveis clubes da Avenida Rio Branco, esses estavam a salvo, porque a própria portaria policial, num descaramento visível, lhes facilitava um prazo de trinta dias para se mudarem. E foi para desmascarar a polícia, para dar ao povo a prova flagrante de que a perseguição ao jogo era simples balela – que os repórteres de "A Noite", instalaram em pleno largo da Carioca, defronte da redação daquele jornal, uma roleta. E ali, o dia inteiro, a roleta funcionou a sério, sem que alguém fosse molestado ou impedido nas suas fezinhas. Daí, ouvintes, a origem dos versos satíricos do "Pelo Telefone".[32]

Esta narrativa, na íntegra, traz diferentes aspectos a ser ponderados. Isto porque este samba trazia tanto elementos das tradições folclóricas afro-brasileiras, como os rudimentos da moderna música popular urbana, que se consolidaram na década de 1930 – o gênero identificado como samba, composto e documentado (depositado em partitura na Biblioteca Nacional), por autor conhecido, gravado em fonograma com objetivo comercial e amplamente divulgado.[33]

Sobre o relato feito por Almirante, que particularmente nos interessa, nota-se uma pitada de exotismo, que de certa forma demonstrava sua falta de familiaridade com as religiões

---

32 *Ibidem*, p. 8-9.
33 MORAES, José Geraldo Vinci de. E "Se Você Jurar"..., *op. cit.*, 2010, p. 177.

188 Giuliana Souza de Lima

afro-brasileiras. Embora convivesse com músicos que vivencia-vam aquelas práticas – entre os quais os integrantes do conjunto da Velha Guarda, João da Bahia,[34] Donga e Pixinguinha –, per-cebe-se em seu discurso que Almirante se aproximava daquele universo, mas apenas de maneira tangencial ou receosa. Isto fica claro em duas de suas composições, em parceria com Homero Dornelas (Candoca da Anunciação): o samba "Na Pavuna" (1929) e a toada "Na Gruta do Feiticeiro" (1932).

O primeiro foi considerado pelo radialista um marco não só em sua carreira, mas na de Noel Rosa, e na música popular como um todo, pois além de ser a primeira música que mencionava a expressão "escola de samba", ela introduzia a gravação em estúdio de instrumentos percussivos. Para isso, foi necessário buscar to-cadores de tamborim, cuícas e surdos "entre aqueles que os adep-tos das várias escolas apontavam como mestres". E encontraram: Canuto "preto alto, magro, delicado, lustrador de móveis, cujo nome verdadeiro era pomposo – Deocleciano da Silva Paranhos – e cuja arte no tamborim o colocava nas culminâncias", e "o pre-to Andaraí, tão compenetrado em seu instrumento que tocava de olhos fechados, como em êxtase". Um surdo e dois pandeiros completavam os acompanhamentos ao Bando de Tangarás.

---

34 No capítulo de *História das Orquestras e Músicos* em que tratava sobre João da Bahia, Almirante enfatizava: "Criado entre "babalaôs", "alufás", "ori-xás" e outros atributos originários de crendices de seus antepassados, João da Bahia mantém a fé em que se iniciou. Algumas de suas cantigas são pontos de macumba que ele estilisou [sic] e que apresenta manten-do por elas o respeito que lhe merecem aquelas melodias quasi [sic] sa-gradas". *História das Orquestras e Músicos do Rio*, Rádio Tupi, 26 ago. 1947. Coleção Almirante, MIS-RJ, doc. 353, p. 10.

Almirante, "a mais alta patente do rádio" **189**

A história de "Na Pavuna", contada por Almirante em diferentes momentos – em *Carnaval Antigo, Histórias do Nosso Carnaval,* e com maiores detalhes na série e no livro *No Tempo de Noel Rosa* –, traz alguns pormenores que merecem ser tratados com atenção. Primeiro, se os integrantes do Bando de Tangarás tiveram de "buscar" fora do grupo os percussionistas para a execução daquele samba, é porque nenhum de seus membros estava habilitado a fazê-lo. Isto, aliás, é sublinhado pelo próprio Almirante, ao afirmar que o Bando de Tangarás destacava-se até então como um conjunto regional, cuja "aura de nacionalismo que se formara graças ao seu repertório incondicionalmente brasileiro e no qual não se fazia a mais ligeira concessão ao estrangeirismo avassalador" era responsável pelo sucesso de suas "toadas, emboladas e outras canções de aspecto folclórico".[35]

Recapitulemos seus integrantes: Carlos Alberto Ferreira Braga – filho de Jerônimo José Ferreira Braga Neto, diretor da Fábrica Confiança em Vila Isabel –, pertencia a uma família tradicional e, "não querendo arrastar seu nome para o campo ainda malvisto da música popular brasileira, foi o único a usar o pseudônimo de João de Barro, um tipo de pássaro";[36] Álvaro Ribeiro Miranda, o Alvinho, era "excelente violonista e cantor de voz aveludada"; Henrique Brito recebera dos amigos a alcunha do inseparável instrumento: Violão; Noel Rosa, compositor e violonista, consagrou-se sob as antonomásias "poeta da Vila" e "filósofo do

---

35   *No tempo de Noel Rosa,* cap. 3. Rádio Tupi, 20 abr. 1951. Collector's, AER078, lado A.

36   ALMIRANTE. *No tempo de Noel Rosa.* 2ª ed. Rio de Janeiro: Livraria Francisco Alves, 1977, p. 44.

samba"; Homero Dornelas, que não fazia parte do Bando, mas era coautor do samba, era pianista e violoncelista, trabalhou como editor de partituras e foi professor de canto orfeônico e teoria musical do Colégio Pedro II até 1972; Almirante era o único integrante que tocava algum instrumento percussivo (pandeiro) mas no grupo ele era uma espécie de líder vocal.

Segundo, o fato de ser negro parecia conferir maior autenticidade aos ritmistas convidados. Se por um lado isto valorizava suas identidades, por outro, assinalava a diferenciação e, no limite, o distanciamento. Os próprios elementos justapostos de maneira aleatória no samba pareciam muito distantes das vivências dos compositores: "Na Pavuna, tem / Canjerê também / Tem macumba, tem mandinga e candomblé". Vale fazer a ressalva de que nenhum dos integrantes do Bando era morador da Pavuna, bairro da Zona Norte do Rio de Janeiro, mas bastante afastado de Vila Isabel.

A segunda canção, "Na Gruta do Feiticeiro", recebia no selo a designação de "toada", no entanto pouco tinha de característico deste gênero. Assemelhava-se mais a um batuque, cuja parte rítmica era dada em arranjos sinfônicos, e fundia de maneira curiosa elementos presentes no candomblé – cachaça, galo preto, três vinténs – ao folclore português e ao catolicismo, que comumente associa Exu à figura do diabo:[37]

---

37 Segundo Prandi, ao se ajustar a religião dos orixás ao modelo da religião cristã, que era baseado em forças contrárias (bem-mal, deus-diabo etc.), o domínio do inferno católico foi relegado ao Exu, entidade cujo caráter "não acomodado, autônomo e embusteiro já faziam dele um ser contraventor, desviante e marginal, como o diabo". Ver: PRANDI, Reginaldo. *Segredos guardados: orixás na alma brasileira*. São Paulo: Companhia das Letras, 2005, p. 77.

É meia-noite, minha gente, tá na hora,
Zabumba o congo
Que o tinhoso assobiou
A manicaca já sortô
E foi-se embora
E lá distante
O galo preto já cantou
Lá longe o fogo do cachimbo do saci
Tá parecendo com o olhar do ca[a]poré
E o cão preto
Tá rondando por aqui
Pois tá na hora de fazer o Candomblé

Zumbi, lê-lê, zabumba
Zabumba, zumbi, lê-lê
Vamos assoprando as brasas
Pros [incensos] se acender

E o saci que virou besta de carreta
Já tá danado, tá um cão, tá um perigo
Não vá ninguém ficar
Zombando do capeta
Que cria chifre, nasce rabo por castigo
O nego-mina
Pra fazer sua mandinga
Só quer enxofre, quer farofa
Quer cachaça
Quer três vintém, quer galo morto
Com catinga
Vela de sebo que acendendo
Traz desgraça[38]

---

38 "Na Gruta do Feiticeiro". Composição de Almirante, Candoca da
Anunciação (Homero Dornelas) e E. Vidal, interpretada por Almirante

Este amálgama de aspectos tão díspares reforça nossa impressão acerca do alheamento de Almirante com relação às religiões africanas. Por outro lado, a composição pode ser lida como um documento da fixação do sincretismo religioso no Rio de Janeiro no começo do século.[39]

Os exemplos desta relação ambígua de Almirante com a cultura negra carioca, no entanto, não paravam por aí. Em sua atuação como cantor, o encontraremos em 1939 ao lado da cantora Carmen Miranda, ambos pintados de preto, à maneira dos *minstrel shows* norte-americanos,[40] interpre-

---

com Orquestra Victor Brasileira. Victor, Disco nº 33.572, 1932. Transcrição feita por Reginaldo Prandi. In: *Orixás na Música Popular Brasileira*. Diretório de 761 letras da MPB com referências a orixás e outros elementos das religiões afro-brasileiras. Período de 1902 a 2000, p. 258. Disponível em: <http://pt.scribd.com/doc/62292489/365/Na-gruta-do-feiticeiro>. Acesso em: 29 out. 2012. Áudio disponível em: <http://acervo.ims.uol.com.br/index.asp?codigo_sophia=7563>. Acesso em: 29 out. 2012.

39 Sobre esta composição, Mário de Andrade comentava em seu livro *Música de Feitiçaria no Brasil*: "o solo fixa a escala completa, mas visivelmente não se trata de tema realmente popular, embora seja muito bem popularescamente construído. O disco é fabuloso como pedantismo de efeitos orquestrais que pretendem ser assustadores mas são só cômicos, e aliás deliciosos sinfonicamente falando. E novos, dignos de músico atual" (*apud* TONI, Flávia Camargo (org.). *A música popular brasileira na vitrola de Mário de Andrade*. São Paulo: Editora Senac, 2004, p. 188). Analisando o conjunto das composições de Almirante, é possível que o intuito fosse mesmo tão-somente cômico, praticamente uma caricatura do universo retratado.

40 O *minstrel show* era um tipo de teatro de variedades que surgiu nos Estados Unidos na primeira metade do século XIX, nos quais se apresentavam *sketches* cômicos, de dança e de música, por atores brancos, com a cara pintada de preto (*blackface*). Depois da guerra civil, os atores frequentemente eram negros. Era um tipo de humor dúbio, pois os negros eram retratados de maneira

Almirante, "a mais alta patente do rádio" **193**

tando "Boneca de Piche" (de Ary Barroso, cujo selo trazia como gênero "cena carioca") e a marcha "Pirolito", de João de Barro e Alberto Ribeiro. "Pirolito", aliás, entrava no lugar de "Boneca de Piche" no filme *Banana da Terra*, após a recusa de Ary Barroso em ceder os direitos autorais ao produtor Wallace Downey. O roteiro insólito permitia que a música fosse cantada sem o menor obstáculo no cenário pensado a princípio para "Boneca de Piche": uma senzala.[41]

Naquele mesmo ano, também em dueto com a "pequena notável", Almirante gravava o batuque "Preto e Branco",[42] cuja letra dizia o seguinte:

---

caricatural, ao passo que "a piada é sobre você, mas atinge primeiro o outro – porque ela vai e volta". Langston Hughes *apud* WAKINS, Mel. "Prefácio". In: BEAN, A.; HATCH., J.; McNAMARA, B. (ed.). *Inside the minstrel mask: readings in nineteenth-century blackface minstrelsy*. Hannover: Wesleyan Universety Press, 1996. Tradução livre. O *minstrel* foi registrado em obras como *O Cantor de Jazz* (*The Jazz Singer*, 1927), considerado o primeiro longa-metragem com falas e canto sincronizado na própria película, através do sistema *Vitaphone*.

41   Segundo o biógrafo de Carmen Miranda, "Braguinha e Mário Lago, autores do roteiro, certificaram-se de que *Banana da Terra* contaria a história mais bisonha possível, para não perturbar a sequência de números musicais. E ponha bisonho nisso: uma monarquia fictícia, a ilha da Bananolândia, produz mais bananas do que consegue comer; o primeiro-ministro (Oscarito) sugere que a rainha (Linda Batista) venha ao Brasil para vender o excesso; ela chega ao Rio em pleno Carnaval e... Downey não queria nem saber. O que importava era o repertório musical". Ver: CASTRO, Ruy. *Carmen: uma biografia*. São Paulo: Companhia das Letras, 2005, p. 168.

42   "Preto e Branco". Batuque de Augusto Vasseur, Luiz Peixoto e Marques Porto, interpretado por Almirante, Carmen Miranda e a orquestra de Simon Bountman. Odeon, disco n° 11777, lado A, 1939. Disponível em: <http://acervo.ims.uol.com.br/index.asp?codigo_sophia=4355>. Acesso em: 30 set. 2012 (grifos nossos).

Diz que esses branco de agora tem raiva dos preto inté
Pois ôio que é bom é preto, *preto é o diamante e o café*
Preto é o oiá de *Maria, esposa de São José*
Preto é a tinta que escreve e dá valô ao papé
Preto é o *carvão* que faz fogo e sai pela chaminé
P'rá dá trabaio p'ros hôme assustentá as muié
E preto foi São Benedito que os branco faz tanta fé
E a boca da noite é preta, como preto da Guiné
A neve às veis é mais preta que uma preta quarqué
Preto é os cabelo da *Virge*
E as barba de São Migué
As pena do ganso é preta
Pena de amô também é
E só branco não qué sê preto
Mulato também não qué...
Mas o consolo dos preto, deixa falá quem quisé
é que Deus fêz eles branco
Onde foi?
Mas foi na sola do pé!
Muito bem!

Gravado pela primeira vez em 1930, pela estrela do teatro de revistas Aracy Cortes, o samba enfatizava o "valor" do negro na sociedade brasileira, associando-o à força de trabalho (o carvão), às riquezas naturais (o diamante e o café), ao passo que tentava assimilá-lo ao universo católico – os cabelos da Virgem, a barba de São Miguel, e o negro São Benedito. O recado que

Almirante, "a mais alta patente do rádio"   **195**

arrematava o batuque não deixava margem para dúvida: "só branco não qué sê preto/ Mulato também não qué...".

A condição racial era uma referência constante na produção cômica do período, canalizando os ressentimentos que havia na sociedade.[43] Esta tensão expressa no plano da produção da cultura popular está presente em grande parte dos debates acerca da construção da identidade brasileira na primeira metade do século XX. Como observou Quintero-Rivera, mesmo quando a mestiçagem deixa de ser combatida e passa a ser valorizada, "mestiço certamente é aquilo que a elite intelectual não gostaria de ser".[44]

Para evitar as explicações de cunho genético-racial – que redundariam na inviabilidade do Brasil como nação –, muitos intelectuais entre os anos 1920 e 1940 recorreram às explicações culturais, o que permitia ver a fusão de raças de uma forma menos pessimista.[45] Deste ponto de vista, a mestiçagem pode ser lida como um mito moderno de fundação nacional. A música popular conferia, neste sentido, coerência simbólica entre passado, presente e futuro, na qual estavam ancorados tanto os projetos das vanguardas como os discursos populistas.[46]

---

43   SALIBA, Elias Thomé. *Raízes do riso: a representação humorística na História brasileira – da Belle Époque aos primeiros tempos do rádio*. São Paulo: Companhia das Letras, 2002, p. 113.

44   QUINTERO-RIVERA, Mareia. *A cor e o som da nação*. A ideia de mestiçagem na crítica musical do Caribe hispânico e do Brasil (1928-1948). São Paulo: Fapesp/Annablume, 2000, p. 70.

45   PÉCAUT, Daniel. "A geração dos anos 1920-40". In: *Os intelectuais e a política no Brasil: entre o povo e a nação*. São Paulo: Ática, 1998, p. 39.

46   QUINTERO-RIVERA, *op. cit.*, p. 201.

196   Giuliana Souza de Lima

Um exemplo da complexidade desta questão encontra-se na série *Histórias do Nosso Carnaval,* na qual Almirante falava sobre as músicas que exploravam o "filão poético do pigmento":

> Vamos sintetizar os fatos, relembrando algumas das composições que porfiavam em tornar a loura a rainha daquele Carnaval [de 1934]. [...] Nássara e Alberto Ribeiro, *em quadrinhas magistrais, reconheciam a superioridade da loura, mas conservavam a crença no valor da cor nacional – a morena; e apresentavam restrições contra a mulata:* 'O tipo louro / Vale um tesouro / Mas perto do moreno / É café pequeno / O tipo escuro / Não dá futuro, / É capital parado / Que não rende juro'. [O maior sucesso, porém] porque fosse mais bonita, ou porque seus versos fossem o mais declarado poema que a loura havia merecido nesta terra [foi "Linda lourinha", marcha de João de Barro]: 'Linda lourinha, / Tens olhar tão claro, / Deste azul tão raro / Como o céu de anil, / Mas tuas faces, / Vão ficar morenas / Como as das pequenas / Deste meu Brasil.[47]

A "mulher nacional" seria, para os compositores destas canções, a morena, fruto da miscigenação, sugerindo a crença numa "democracia racial". Nela, porém, se impunha uma visível

---

47   *Histórias do Nosso Carnaval,* nº 15, p. 7-9. Acervo José Ramos Tinhorão, IMS-RJ, Caixa A3-1, (grifos nossos). O "regime das cores" também era tratado no programa sobre a "Evolução do Carnaval", na série *Curiosidades Musicais,* em 29 jan. 1940. Collector's, AER199, lado A.

Almirante, "a mais alta patente do rádio" **197**

hierarquia entre os elementos constitutivos – visão que, tudo indica, era compartilhada pelo radialista. Isto fica particularmente explícito cotejando-se este fragmento à escuta de outras séries, quando são feitas menções às religiões afro-brasileiras, invariavelmente acompanhadas dos adjetivos "rude" e "bárbara".[48] O mesmo vocabulário, por sinal, era recorrente entre os intelectuais do período, de Nina Rodrigues a Caio Prado Jr., para quem o catolicismo na colônia foi reduzido a práticas maquinais e deturpado "da mais grosseira superstição, fruto da contaminação de crenças e cultos estranhos ao cristianismo".[49]

Não deixa de chamar a atenção, no entanto, que, para construir sua argumentação, Almirante recorresse a autores com posturas distintas com relação à mestiçagem. Se por um lado fazia menções a Arthur Ramos – psiquiatra e etnólogo, cuja obra se pautava em teses eugenistas –, por outro também se reportava a Manuel Querino, o primeiro intelectual a dar um tratamento do ponto de vista da antropologia cultural para as manifestações da cultura negra na Bahia.[50] Pode-se concluir, em linhas gerais, que o radialista endossava via crítica musical certa tendência em valorizar a mestiçagem como "a opção pela unidade da pátria e homogeneização".[51]

---

48 Cf. *Curiosidades Musicais*: "Cantigas dos Capoeiras da Bahia" (20 jun. 1938, AER197, lado A); *Instantâneos Sonoros*: "Os negros", "Quilombos" (1940, AER210, lados A e B).

49 Ver: PRADO JR., Caio. *Formação do Brasil contemporâneo*. 23ª ed. São Paulo: Brasiliense, 2004, p. 355.

50 Cf. Almirante, 1938, AER197, lado A.

51 VIANNA, Hermano. *O mistério do samba*. 6ª ed. Rio de Janeiro: Zahar/ Editora UFRJ, 2008, p. 71.

198 Giuliana Souza de Lima

Almirante procurava, ao seu modo, compreender e dar sentido à questão da mestiçagem, segundo as possibilidades que lhe eram oferecidas intelectualmente. Com relação ao plano da música popular, cuja prática extrapola os limites estabelecidos pelas teorias, percebe-se que o samba incorporava "outras dicções e tonalidades, imerso num processo simultâneo de relativo 'embranquecimento' e 'empretecimento' dos grupos e classes sociais que lidavam com ele".[52]

A série *Histórias do Nosso Carnaval* assume papel significativo no conjunto da obra de Almirante. Nela se percebem os principais procedimentos norteadores na sua construção de uma narrativa historiográfica em torno da música popular.

Um dos aspectos que se evidencia é que, quando tratava de temporalidades mais distantes de suas experiências vivenciais, o radialista tendia a preencher as primeiras audições da série de informações retiradas de fontes sobretudo escritas, de modo a autenticar sua narrativa. O tom de crônica era incorporado ao seu discurso, conferindo-lhe forte visualidade, ao trazer diferentes aspectos da festa, como as fantasias, batalhas de confete, gírias e hábitos dos foliões, vistos, na verdade, pelos cronistas e jornalistas da época. Os fatos mencionados, deste modo, não tinham necessariamente vínculo com as músicas, como ele buscaria criar posteriormente – mesmo porque a música, até o final

---

52 PARANHOS, Adalberto. O Brasil dá samba? (Os sambistas e a invenção do samba como "coisa nossa"). *Samba & Choro*. Disponível em: <http://www.samba-choro.com.br/debates/1055709497>. Acesso em: 17 out. 2012.

do XIX, não contava com apoio tecnológico de registro e memorização, como ocorreria logo nos anos seguintes.[53]

A partir das audições que abordavam o Carnaval de meados da década de 1910 em diante – período em que aumentou o volume de registros fonográficos[54] –, a música passou a ocupar um lugar mais significativo na estrutura do programa. Nas audições dedicadas aos anos seguintes à publicação e gravação de "Pelo Telefone", observa-se que Almirante utiliza cada vez menos os textos dos periódicos. E quando o faz é no sentido de oferecer um suporte à memória, diferentemente de quando se referia aos primeiros anos do Carnaval no Rio e em São Paulo, tratados neste caso como "fontes primárias". Nos programas que abarcavam o período posterior aos anos 1920, Almirante utiliza as próprias músicas como elemento de análise e fio condutor de sua narrativa.

À medida, portanto, que se aproximam os tempos em que a indústria fonográfica ganha maior peso, aumentando o número de canções gravadas de ano para ano especialmente

---

53 Como observou Tatit, a configuração da música popular – dentro da qual se insere a música de Carnaval – se deu de maneira simultânea à possibilidade de registro sonoro. Uma vez que estes músicos não possuíam o conhecimento formal para transcrever suas composições (criadas de maneira espontânea) em pautas musicais, a possibilidade de registrar o som fazia com que estas sobrevivessem na memória fugaz dos foliões. Simultaneamente, elas representavam um campo de experimentação tecnológica e assinalavam uma relação de interdependência com o mercado de discos que se constituía (TATIT, Luiz. *O século da canção*. São Paulo: Ateliê Editorial, 2004, p. 33-4; 72).

54 TINHORÃO, José Ramos. *Música popular: do gramofone ao rádio e TV*. São Paulo: Ática, 1981, p. 28-9.

para o Carnaval, nota-se uma ligeira transição na dinâmica das séries. Este movimento, ditando o ritmo interno dos programas, é também apreendido por Almirante que, construindo uma sucessão de eventos, buscava apontar as mudanças das formas de produção, reprodução e consumo da música popular. Sua seleção reiterava as músicas popularizadas através de alguns circuitos: os teatros de revista; os concursos promovidos pelas casas do ramo (como a Casa Edson), prefeituras (de São Paulo e do Rio) e patrocinadores; os discos e, obviamente, o rádio. Almirante igualmente tentava medir o sucesso identificando o que as pessoas cantavam nas ruas nos dias de carnaval, pois nem sempre isso coincidia com as canções vencedoras dos concursos.[55]

Na série *Carnaval Antigo*, que antecedia um concurso patrocinado por *Flit* – "o inseticida que mata de fato" –, o radialista comentava:

> [...] por mais que não pareça, eu também sou grande carnavalesco, hein?! Tão grande que, de ano para ano, cada vez mais, venho lastimando o desprestígio em que vai caindo o nosso Carnaval. Com esses programas, o que venho fazer vai ser recordar em todo o esplendor do passado e o quanto eram interessantes e atrativos os tríduos de momo, e espero e confio em todos os ouvintes um desejo intenso de

---

55 *Curiosidades Musicais*, "A evolução do Carnaval", 29 jan.1940. Collector's, AER199, lado A.

Almirante, "a mais alta patente do rádio"   **201**

tornar os carnavais futuros tão bons ou melhores que os carnavais passados.[56]

Este desejo por ele manifestado aponta aquilo que marca seu trabalho de maneira incisiva nesta segunda fase: o profundo tom nostálgico, cujo maior expoente é a série *O Pessoal da Velha Guarda*. A nostalgia, simultaneamente, se alia à militância em favor da salvaguarda do passado, para que seja revisitado e celebrado no futuro. Percebe-se, neste sentido, um deslocamento de enfoques na fala de Almirante, que matiza o papel da memória na compreensão do passado. Entretanto, ela jamais está ausente nesta trajetória, pois mesmo quando evoca eventos dos quais não participa Almirante valoriza autores que registraram as suas experiências – ou mesmo conta com a colaboração dos ouvintes para fazê-lo. Sendo assim, seu acesso ao passado se constitui através da apropriação das memórias do outro.[57]

Dentro destas escolhas, podemos perceber algumas tendências que orientavam sua análise e crítica musical. Pode-se dizer que um elemento importante é a recorrência à canção, isto é, à música cantada, para a explicação dos fatos de cada Carnaval. Almirante reconhecia na música popular a capacidade de glosar os acontecimentos do ano, bem como de expressar a "alma" do povo. A análise das letras latente nos comentários permitia entrever alguns dos juízos de valor do radialista. Além dos aspectos mencionados acima,

---

56   *Carnaval Antigo*, n° 1, 1946. Collector's, AER164, lado A.

57   Segundo Lowenthal, as recordações alheias se entrelaçam às nossas, passando a participar do nosso passado, dando-lhes sentido (LOWENTHAL, David. "Como conhecemos o passado". *Projeto História*, São Paulo, n ° 17, nov. 1998, p. 81).

o combate à malandragem e a exaltação do trabalho dignificante perpassam sua "militância" pela "boa música" no rádio. Ilustra esta situação a maneira como foi apresentado em uma das audições de *Histórias do Nosso Carnaval* o samba "O Bonde de São Januário", de Ataulfo Alves e Wilson Batista – o mesmo Wilson que havia composto "Lenço no Pescoço" treze anos antes:

> Das duzentas e cincoenta [*sic*] músicas escritas especialmente para aquele Carnaval [de 1941], somente seis alcançaram positivo sucesso. Três sambas se destacaram. Um se chamava 'O bonde [de] São Januário' era um hino ao trabalho.[58]

Deve-se considerar, entretanto, que sua ação neste sentido não foi isolada, mas que houve um esforço deliberado, desde a década de 1930, por parte dos grupos marginais, para que o carnaval – e, logo, sua música – fosse oficialmente reconhecido.[59] A necessidade destes grupos pode ser explicada pelo fato de a música popular já se apresentar como uma possibilidade de mobilidade e ascensão social.[60] Almirante não só dialogava com esta tradição como ajuda a inventá-la, tanto através de sua carreira artística como de sua *rádio-historiografia*.

---

58 *Histórias do Nosso Carnaval*, n° 18, 1952, p. 11. Acervo José Ramos Tinhorão, IMS-RJ, Caixa A3-1.

59 WISNIK, José Miguel. "Getúlio da Paixão Cearense (Villa-Lobos e o Estado Novo)". In: SQUEFF, Enio; WISNIK, J. M. *O nacional e o popular na cultura brasileira*. 2ª ed. São Paulo: Brasiliense, 1983, p. 162.

60 PEDRO, Antonio. *Samba da legitimidade*. Dissertação (mestrado em História Social) – FFLCH-USP, São Paulo, 1980, p. 77.

Uma crítica reiterada pelo radialista, na medida em que correm os anos, é com relação à falta de criatividade dos compositores mais contemporâneos. Ele reprovava a inadvertida repetição de fórmulas prontas, como se destaca no seguinte excerto:

> Queremos falar no recrudescimento de músicas decalcadas em outras já populares, o que serve para provar a pobreza de inspiração dos compositores, forçados a produzir para cada carnaval um número excessivo de músicas, num esforço que os exauria; e sua insopitável ganância, tentando, por todos os processos, a implantação de composições num público pouco exigente e que aceitava docilmente as peças menos originais. O grande mal em tudo isto, afinal de contas, residia nesse mesmo público que jamais se mostrou avesso a aceitar plágios e decalques; pelo contrário, com sua passividade, transformava em sucessos os decalques, animando outros autores a prosseguirem no lamentável sistema.[61]

Esta apreciação era compartilhada por dois intelectuais contemporâneos a Almirante, igualmente preocupados com a música popular. Renato Almeida observava que

> começaram a multiplicar-se (o aparecimento de composições ligadas ao samba) de

---

61   *Histórias do Nosso Carnaval*, n° 18, 1952, p. 7. Acervo José Ramos Tinhorão, IMS-RJ, Caixa A3-1.

maneira assustadora e as estações de *broadcasting* e o disco alargaram o êxito, em tal sorte que, cada ano, sobe centenas o número de sambas aparecidos.[62]

Já Mário de Andrade, com seu costumeiro humor mordaz, concluía, em relação às músicas do Carnaval de 1931:

> o que me interessa no Carnaval neste momento é a nossa música que sempre teve nele uma das fontes fecundas da sua evolução. [...] O Carnaval é uma espécie de cio ornitológico do Brasil, o país bota a boca no mundo numa cantoria sem parada. Vão aparecendo as danças novas, as marchinhas safadas, os batuques maracatuzados. Dantes as cantigas novas vinham mais penosamente através da música impressa e a propaganda das orquestrinhas de bares, agora não: o lançamento se faz quase exclusivamente através dos discos e do gramofone. São as grandes casas de fonografia que se incumbem atualmente da fixação e evolução da nossa dança cantada. Ora, estes últimos anos os discos de Carnaval nada têm produzido de muitíssimo notável, a Pavuna do ano passado era de uma mediocridade desolante. Se não me engano, depois do Pinião que

---

62 ALMEIDA, Renato. *História da música*, p. 193. *Apud* PEREIRA, João Baptista Borges. *Cor, profissão e mobilidade: o negro e o rádio de São Paulo*. 2ª ed. São Paulo: Edusp, 2001, p. 215.

do Nordeste veio, não tivemos mais nada de verdadeiramente bom.[63]

Estes autores perceberam e apontaram naquela época os efeitos negativos de uma dinâmica mercantil que se apresentava desde a origem da música popular: o início de um "círculo vicioso", uma vez que "o rádio criou no plano estético--recreativo novas e específicas necessidades que ele mesmo foi obrigado a satisfazer".[64]

Apesar desta constatação, Almirante via no rádio o potencial para criação e divulgação da "boa" música popular. O radialista atribuía a este meio de comunicação e, consequentemente, à música popular, um papel importante na construção de uma "identidade nacional", ainda que ele contribuísse – paradoxalmente! – com a perda das tradições face à modernização e às influências estrangeiras. O Carnaval, defendido por ele como uma festa brasileira por excelência, assumia, logo, um papel central, figurando em seu discurso como a musa inspiradora para composições inesquecíveis, além de uma tentativa de afirmação identitária, em meio às tensões da modernidade.

A música como fonte de pesquisa histórica: *História do Rio pela Música*

No início de 1942, tendo em vista uma oportunidade melhor oferecida por uma emissora em crescimento, a Rádio

---

63 ANDRADE, Mário de. "Carnaval tá aí" [1931]. In: TONI, *op. cit.*, p. 284. Note-se que nem o "Na Pavuna" se safava da crítica do musicólogo paulista.

64 PEREIRA, *op. cit.*, p. 214.

Tupi, Almirante mudou seu endereço de trabalho, dispondo de recursos e autonomia para realizar uma série de grande fôlego: *História do Rio pela Música*. Seu primeiro episódio foi ar em 21 de dezembro de 1942, com o tema "A aviação". Os programas tratavam dos principais fatos ocorridos na Cidade Maravilhosa e registrados pelas cantigas populares de cada época. Contava com a participação do Coro Tupi, regido por Aldo Taranto, e da orquestra da casa, com arranjos de Guerra Peixe, sob a regência dos maestros Fon-Fon e Milton Calazans.

Em 1955, já de volta à Rádio Nacional,[65] Almirante retomou série, cujo título passava a ser *"Nova" História do Rio pela Música*. O acréscimo do adjetivo à frente do nome provavelmente devia-se à mudança de emissora e a distância de mais de dez anos entre as duas produções, pois não houve alterações significativas na estrutura do programa. Uma das poucas mudanças na segunda série foi o estilo da apresentação dos locutores, que utilizavam como gancho para anunciar o patrocinador – o Laboratório Moura Brasil – algumas curiosidades sobre a toponímia de ruas e bairros da cidade. Alguns dos lugares referenciados foram os bairros da Pavuna (*Ipabuna*), Irajá (*Ira Yá*) e o Rio Meriti (*Mbiritib*). Um curioso caso eracontado sobre a Rua do Ouvidor, no Centro, que, além deste, teve outros oito nomes: Desvio do Mar, Aleixo Manoel, Homem da Costa, Cabido, Sé Nova, Rua do Gadelha, Quintã de Pedro da Costa e Moreira César:

---

65 Em 14 de abril de 1955, Almirante assinou contrato como produtor, narrador e animador com a Rádio Nacional, o qual rescindiu em 1956, tendo seu nome retirado da folha a partir de 1 de janeiro de 1957. Arquivo administrativo da Rádio Nacional, prontuário de Almirante, n° de ordem 160.

LOCUTOR 1: Mas o nome Ouvidor foi o que ficou, tanto que deu margem a este curioso episódio que DONA HISTÓRIA registrou, e que se refere aos tempos em que a rua tinha as placas de Moreira César.

DONA HISTÓRIA: Um australiano, conversando com Artur Neiva, dizia-lhe que a língua brasileira era uma das mais difíceis do mundo, dadas as diferenças entre a maneira de escrever e a maneira de dizer. E justificava-se mostrando-lhe as placas da rua: "Olhe: ali está escrito "Moreira Cezar", mas toda a gente pronuncia: "Ouvidor".[66]

Nas duas séries, Almirante contava com a ajuda de três personagens, interpretados por rádio-atores, que prestavam "seus indispensáveis depoimentos" – Dona História (*que registrou os fatos*), Seu Jornal (*que divulgou os fatos*), e Zé Povo (*que viveu os fatos*) –, através dos quais ele convidava os ouvintes a "penetrar no passado pitoresco desta Muy Leal e Heróica cidade de São Sebastião do Rio de Janeiro". Esta personificação, procedimento já bastante usual no teatro de revista nas décadas anteriores, juntamente com os anúncios e notícias da imprensa escrita concorriam diretamente para compor a narrativa. Almirante afirmava na abertura que este "é o programa *de pesquisa que mais trabalho tem me dado*" – o que se pode supor, posto que ele envolvia duas frentes de investigação:

---

66 *Nova História do Rio pela Música* – XI-III, "Curandeiros, Mistificadores e Adivinhos", cap. 3. Rádio Nacional, 31 out. 1955. Coleção Almirante, MIS-RJ.

uma musical, reunindo os temas recorrentes, e outra historiográfica, situando as principais questões que se faziam presentes nas letras das canções. Desta forma, tratava-se de um programa bastante arrojado para a historiografia – não só da música popular –, por utilizar a música de maneira sistemática e quase inédita como fonte de acesso ao passado. Embora esta possibilidade já estivesse em certa medida contemplada nas séries anteriores, nesta ela passava a ser central, delimitando os recortes do tema em função da vasta documentação musical.

Novamente, o radialista agradecia a participação dos ouvintes, que o ajudavam a reunir muitas das músicas que serviam para ilustrar os exemplos, através do envio de "centenas de folhetos de modinhas, libretos velhos de teatro, que me facilitaram a reconstituição de uma série de fatos de sucesso no passado". Na audição que inaugurou a série, de 1942, Almirante esclarecia que

> Cada programa tratará de um assunto. E assim que vocês ouvirão os acontecimentos de grande repercussão no passado. *Os grandes crimes, as modas, as grandes festas, as reformas da cidade, os desastres, as pestes, as epidemias, os* sports – enfim, tudo que teve tanta repercussão a ponto de merecer as honras de uma música ou de uma paródia. Vocês já teriam reparado como, qualquer fato no Rio de Janeiro, quando é mesmo sensacional, tem sempre a marcá-lo uma cantiga popular? Se ainda não se deram a este trabalho acompanhem-me neste primeiro programa de "A História do Rio Pela Música",

em que vou contar os fatos mais sensacionais da aviação no Rio de Janeiro.[67]

O tema escolhido para a estreia da série parecia bastante pertinente, já que a aviação havia, sem dúvida, impactado o imaginário urbano naquelas primeiras décadas do século passado. Ícone da modernidade, o avião representava um novo domínio humano sobre o tempo e o espaço, incorporando os ideais de progresso e civilização. O meio de transporte assumia um significado apoteótico, como ficou representado em produções como *Voando para o Rio*, de 1933, que inaugurava a entrada da RKO (Radio-Keith-Orpheum) na era do filme musical – gênero que se tornaria central na cinematografia norte-americana a partir dos anos 1920. O filme trazia três elementos que marcavam a modernidade: o avião, o hotel e a dança. Fundindo o dinamismo, a dança, o *glamour*, "as imagens visuais e sonoras geradas pelos estúdios hollywoodianos projetaram, nesse gênero do cinema, aspectos significativos da idealização do moderno que estruturaram o imaginário da época".[68]

Nota-se na seção de abertura de *História do Rio pela Música* que o recorte temático necessariamente estava ancorado a um espaço e temporalidade: a cidade do Rio de Janeiro, entre a *Belle Époque* e a era do rádio. Nele estavam expressos não apenas os sucessos realizados pelas músicas, mas a própria dinâmica da

---

67 *História do Rio Pela Música*, 21 dez. 1942. Coleção Almirante, MIS-RJ, doc. 1725, p. 12. Grifo nosso.

68 ROCHA, Francisco. "Na trilha das grandes orquestras". In: MORAES, José Geraldo Vinci de; SALIBA, Elias Thomé (orgs.). *História e Música no Brasil*. São Paulo: Alameda, 2010, p. 371.

capital da República, palco de um processo vertiginoso de urbanização e modernização naquele período. Num intervalo relativamente curto, a cidade abandonaria suas feições coloniais – com seu pequeno cais, as ruas estreitas, propícias para se montar barricadas –, em favor da remodelação do traçado urbano, com a construção de grandes avenidas, parques e passeios públicos, que levava o cronista Olavo Bilac a pontificar que "a velha cidade, feia e suja, tem os seus dias contados".[69]

Junto com os casarões do centro, foram também "condenados" seus antigos moradores, que tiveram de buscar novo endereço. Além disso, práticas tradicionais, como a serenata e a boêmia – personificados no instrumento que as simbolizavam, o violão – foram alvos de perseguição das autoridades policiais na transição do século XIX para o XX,[70] bem como festas populares e as religiões de matriz africana. A busca pela dissociação do passado rural era "compensada" pelas novas formas de diversão, ao sabor do ritmo ágil da metrópole. Emergia, assim, o culto à ação, aos esportes e o surto das danças.[71] A cidade denotava não apenas num

---

69 *Apud* SEVCENKO, Nicolau. *Literatura como missão: tensões sociais e criação literária na Primeira República*. 2ª ed. São Paulo: Companhia das Letras, 2009, p. 42.

70 Um mediador importante para superar a estigmatização do instrumento foi o poeta e letrista Catulo da Paixão Cearense que, em 1908, realizou um recital no Instituto Nacional de Música, por intermédio do maestro Alberto Nepomuceno, no qual "músicos, literatos, médicos, jornalistas, advogados, engenheiros, professores, diplomatas, misturaram-se a populares". Cf. CEARENSE, Catulo da Paixão. In: *Dicionário Cravo Albin da Música Popular Brasileira*. Disponível em: <http://www.dicionariompb.com.br/catulo-da-paixao-cearense/dados-artisticos>. Acesso em: 4 nov. 2012.

71 Almirante inclusive fez uma série intitulada *História das Danças*, em 1944.

espaço geográfico, mas um fenômeno psíquico, ditando "acima de tudo os sistemas de valores, o modo de vida, a sensibilidade, o estado de espírito e as disposições pulsionais que articulam a modernidade como uma experiência existencial e íntima".[72]

Muitos dos elementos que perfaziam aquele imaginário urbano e cosmopolita mereceriam destaque na série *História do Rio pela Música*. Nela se registravam as novas manias e costumes da cidade, como o cartão postal, os hábitos de se tomar o *five o'clock tea*, fazer *footing*, comer *hot-dog*, embalar as reuniões sociais ao som do piano, fazer manobras mirabolantes com o diabolô, bilboquê e o ioiô. Almirante então mencionava uma "mania" que ele conhecia muito bem:

> Em 1924 uma nova mania absorve a população do Rio de Janeiro. A Rádio-mania. Pela primeira vez o carioca vira e ouvira o Radio, em 1922, na Exposição do Centenário. Na inauguração, Epitácio Pessoa, presidente da Republica falara com o presidente dos Estados Unidos. A estação transmissora e a antena eram instaladas no Corcovado. Naquele tempo não havia ainda o Cristo lá em cima. No recinto da Exposição um alto-falante fanhoso espalhava música e voz deixando embasbacados os que presenciavam a scena. Alguns entendidos explicavam o milagre descrevendo minúcias do aparelho. Eu mesmo cheguei a pegar uns

---

72 SEVCENKO, Nicolau. "A capital irradiante: técnica, ritmos e ritos do Rio". In: *História da Vida Privada no Brasil. V. 3: República: da Belle Époque à Era do Rádio*. São Paulo: Companhia das Letras, 2004, p. 522.

pedaços de uma explicação que dizia que o aparelho receptor tinha umas rodinhas feito relógio; a voz ia passando por aquelas rodas que transmitiam então a vibração sonora ao alto-falante... A mania do Radio deu origem a muitas músicas. Mas a que registrou com maior propriedade aquele tempo em que o Rádio incipiente era a grande preocupação do Rio de Janeiro, foi uma que surgiu na revista "Comidas de meu santo" e que em pouco tempo toda a cidade cantava. É da autoria de Sá Pereira – Marques Porto e Ary Pavão. Vocês vão lembrar dela imediatamente. Ouçam.[73]

A série também registrava os primeiros concursos, que levavam os participantes a dançar freneticamente por ininterruptas horas. No episódio intitulado "Concursos Famosos", Almirante recordava "acompanhados de algumas das muitas músicas que fizeram nascer", os concursos de "Beleza, de Dansa, de Carnaval, de Rainhas disto ou daquilo, de modas, de música etc.". Entre os personagens evocados, estavam: "José Rosa Farias [que] realiza uma prova de 200 horas de dança, no Salão do Grêmio Republicano Português; Marcelo Rosner e Frederico Barth,

---

73 Almirante, "Manias e Vícios da Cidade". *História do Rio Pela Música*, Rádio Tupi, 26 abr. 1953. Coleção Almirante, MIS-RJ, doc. 155. Além dos atores do Rádio-Teatro – Lígia Sarmento (como Dona História), Castro Gonzaga (Seu Jornal), e Apolo Corrêa (Zé Povo) –, a audição contava com a participação de Jacob Bittencourt (mais conhecido depois por Jacob do Bandolim), o pianista Romeu Fossati, orquestra sinfônica regida por Léo Peracchi, os cantores Leo Belico, Risadinha, Luiz Bandeira, Mariza, Aloisio Pimentel e o coro de Carlinhos.

Almirante, "a mais alta patente do rádio" **213**

[que] iniciam sua prova de resistência na Caverna do Beira Mar Cassino, tocando violino e piano, durante 25 horas consecutivas". Mas a notícia de maior interesse naqueles tempos, segundo o radialista, era a eleição de Miss Universo:

> Depois de meses de atividade, escolhe-se Olga Bergamini de Sá como representante brasileira, dando origem a várias musicas, tais como: "Beijo-te os pés, Miss Brasil!", "A mais bela!" etc. etc. De tantas, evocam[os] "Rainha da Beleza", o miss-fox de J. F. Freitas, De Chocolate, fazendo um trocadilho arrojado.[74]

Aquelas novidades, certamente, impressionavam os protagonistas do período, que deixavam suas impressões registradas nas canções. O tema do cinematógrafo, por exemplo, no qual Almirante contava com a colaboração do cineasta Adhemar Gonzaga, foi tratado em três episódios, posto que o material musical era bastante farto. Segundo o radialista,

> O relato completo dos principais acontecimentos ligados ao cinema, nesta cidade, pôde ser feito exclusivamente por meio de músicas. [...] E assim, ouvintes, por meio de músicas, vamos revisando as preferências do nosso povo, em matéria de cinema, nestes anos em que se foram. E tais músicas, servem

---

74 *Nova História do Rio pela Música*, cap. XIV, "Concursos Famosos". Rádio Nacional, 05 dez. 1955. Acervo MIS-RJ, Coleção Almirante.

214   Giuliana Souza de Lima

como uma reconstituição de sucessos periódicos de artistas e filmes.[75]

Almirante contava naquele capítulo a origem do cinematógrafo no Rio de Janeiro, desde o primeiro Cosmorama, na Lapa, na Carioca e na Praça Onze, nos anos 1890, às primeiras exibições de "lanterna mágica", por volta de 1897. Logo se estabeleceram vários cinemas ao longo da Avenida Central e do Centro da cidade, que, além de sua programação regular, atraía o público através dos seus músicos:

> Os cinemas porfiavam em apresentar, não só no acompanhamento das fitas, como, especialmente para distração dos espectadores na sala de espera, orquestras e músicos de fama e qualidade. E foi nesse propósito de atrair a freguesia que o antigo Cinema Odeon, na esquina da Avenida Sete de Setembro, apresentou, em longa temporada o célebre pianista e compositor Ernesto Nazareth. E foi para homenagear aquele cinema que Nazareth compôs, então, o seu notabilíssimo tango "Odeon", música que por isso está ligada à história do CINEMATÓGRAFO, nesta cidade.[76]

As músicas desta audição registravam também a proliferação do *star-system* na capital. Almirante relembrava o clima

---

75 *Nova História do Rio pela Música*, cap. XI, parte 1, "O cinematógrafo". Rádio Nacional, 17 out. 1955. Acervo MIS-RJ, Coleção Almirante.

76 *Ibidem.*

de comoção instaurado pela morte de Rodolfo Valentino, que motivou a criação da gíria "Valentina", para designar as "viúvas" do ator, presente numa marcha de Joubert de Carvalho. Sua narrativa também evidenciava os contrastes do período, em que os anseios pela modernidade conviviam ainda com aspectos das culturas tradicionais. Assim ele mencionava, por exemplo, o advento dos filmes "falados": "o italiano chegava, armava sua carangueijola e, enquanto as cenas apareciam na tela, ele e a mulher iam gritando coisas, acompanhando as cenas. Portanto, era cinema falado...".

Os efeitos da modernidade eram confrontados com os trejeitos populares, incorporados pelo personagem Zé Povo, que emprestava à série muitas vezes uma voz cômica:

> ALMIRANTE: Retornemos, hoje, o fio de nossa história, partindo de 1921, ano em que, em Maio, vamos encontrar o ZÉ POVO pisando em ovos. E sabem por que?
>
> ZÉ POVO: Isso é um desaforo! Logo agora que a coisa estava melhor, é que foram aumentar os preços das entradas dos cinemas?...

Através deste personagem, o universo popular era revelado, com suas dúvidas e receios com relação aos adventos modernos. No programa sobre o automobilismo, o Zé Povo olhava com desconfiança para aquele invento, questionando-se como os carros se moviam, se não utilizavam burros ou energia elétrica como força motriz. O automóvel tornara-se então uma sensação do carioca, atingindo ano após ano recordes de produção. Almirante relatava que, nas feiras de automóveis, fabricavam-se à vista do consumidor, um Ford em cinco minutos. Além de dar a possibilidade de conhecer bairros mais distantes, o veículo tornava-se um objeto que conferia *status*, e era um símbolo daqueles novos tempos, pelo ritmo veloz e as mudanças de comportamento. O estranhamento causado pela presença de mulheres na condução foi registrado em músicas como o tango "Minha mãe guia automóvel", de J. Machado.

No entanto, nem todos eram beneficiados pelos modernos meios de transporte. Na mesma audição, Almirante anunciava:

> ALMIRANTE: Mas o bonde vai parar aqui, ouvintes, em 1926. Num aviso que o SEU JORNAL publicava, em julho daquele ano, a Light toma certa medida que causa protestos:
>
> SEU JORNAL: Os bondes de tostão *de hoje em diante* fazem ponto na Praça Tiradentes, não indo mais à Praça Quinze, à estação de Cantareira...
>
> ALMIRANTE: A inovação, entre muitos protestos do ZÉ POVO, mereceu também um protesto musical, a marchinha rag-time de Freire Junior, chamada "Toca o Bonde", cujos versos fazem um registro minucioso das ocorrências.

A canção começava com uma macarrônica discussão, entre os passageiros e o motorneiro, e seguia com a ácida constatação de que o povo é sempre quem arca com o prejuízo das medidas tomadas pelas empresas concessionárias:

— Toca o bonde, [?],
— Isso é um desaforo!
— É o novo regulamento da Light
— É o novo regulamento o que? Eu paguei
um tostão, quero ir pra barca!

[...]

Já ninguém ignora / As mudanças de agora /
Com os bondes da cidade / A medida recente
/ Desgostou muita gente / Mas que grande
crueldade! / Quem só tem um tostão / Fica
mesmo na mão / Essa é sua desventura / Esta
Light é matreira / Não vai à Cantareira / No
seu bonde caradura / Mas é quem pode, não
quem tem razão / Não vai às barcas o bonde
de tostão / Chora, chora, minha gente / Na
cama que é lugar quente [...][77]

A narrativa da série apontava, de certa forma, as "astúcias
da ordem e as ilusões do progresso".[78] No final das contas, entretanto, era a Dona História quem dava razão ao Zé Povo, no
episódio sobre as "gírias e expressões em nota", que ocupou
várias audições:[79]

---

77 Freire Junior, Artur Castro (Intérprete), "Toca o Bonde". Odeon, disco nº
    123.114, 1925-1927. Disponível em: <http://acervo.ims.uol.com.br/index.
    asp?codigo_sophia=12308>. Acesso em: 4 nov. 2012.

78 SEVCENKO, Nicolau. "Introdução. O prelúdio republicano, astúcias da
    ordem e ilusões do progresso". In: *História da Vida Privada no Brasil*. V. 3:
    República: da Belle Époque à Era do Rádio. São Paulo: Companhia das Letras,
    2004, p. 7-48.

79 Só na Rádio Nacional, em 1955, foram seis episódios com este tema. Em
    uma audição de *O Pessoal da Velha Guarda*, Almirante já atentava para o
    fato de que "há um estudo ainda por fazer dos títulos de nossas músicas

218   Giuliana Souza de Lima

> ZÉ POVO: Eu quero é rosetar!
>
> SEU JORNAL: Rosetar? Rosetar é asneira. O certo é "rosetear".
>
> ZÉ POVO: É. Mas eu digo é "rosetar", mesmo!
>
> D. HISTÓRIA: ZÉ POVO, afinal de contas, é quem tem razão. É ele que faz a língua, é ele que faz a história e eu mesma não existiria sem o ZÉ POVO.

Ao registrar sua maneira de falar, seus chistes e mesmo seus receios, Almirante fixava não só a relação das músicas com a cidade, mas com os próprios personagens que tinham participado daqueles acontecimentos. O radialista-narrador realizava, assim, um esforço pouco usual no seu tempo, em reconstituir uma história da cultura popular por meio da música.

História-memória da música popular:
História das Orquestras e Músicos

No dia 5 de junho de 1947, o colunista F. Silveira despertava os leitores do *Correio da Manhã* com o seguinte comentário:

> Na Rádio Tupi, terça-feira á noite, Almirante continuou efetuando suas saborosas, pitorescas e documentadas evocações de músicos populares brasileiros. Ainda não surpreendi o veterano produtor e intérprete radiofônico,

---

populares", os quais para ele fixavam as maneiras de falar de cada época. De certa maneira, é o que ele faz nesta série. Cf.: *O Pessoal da Velha Guarda*, 25 fev. 1948. Collector's, AER026, lado A.

que já várias veses tive ensejo de elogiar nesta coluna, em deslises do nível de interesse que se propõe a manter. É que suas irradiações são precedidas de um labor de reconstituição histórica, ressuscitando os valores espontâneos e simples de nossa música, que o tempo tende a relegar ao esquecimento.[80]

O autor da coluna "Rádio" daquele periódico referia-se então ao programa *História das Orquestras e Músicos,* cuja primeira edição foi ao ar pela Rádio Nacional em novembro de 1944. Assim como ocorreu com a *História do Rio Pela Música,* ao mudar de emissora, Almirante levou consigo o programa, fazendo uma ligeira adaptação do título e no recorte. Desta forma, a série, que em 1944 se chamava *História das Orquestras e Músicos do Rio de Janeiro,* passava a se chamar na Rádio Tupi, em 1946, *História das Orquestras e Músicos do Brasil.* A série parece haver alcançado grande repercussão, pois chegou a ser retransmitida em outras capitais – pela PRA-8, Rádio Club de Pernambuco, e Rádio Tupi de São Paulo –, e manteve-se no ar por três anos, apesar da alternância dos patrocinadores.[81]

---

80 SILVEIRA, F. A evocação de um músico popular. Rádio. *Correio da Manhã.* Rio de Janeiro, 5 jun. 1947. Arquivo Brício De Abreu – Dimas, Fundação Biblioteca Nacional, pasta "Almirante".

81 Muitos dos roteiros consultados não trazem a informação de quem era o patrocinador. Por vezes aparece apenas a indicação ao *speaker* "TEXTO 1", "TEXTO 2" etc., no espaço que seria destinado ao reclame publicitário. A hipótese é de que o programa dispunha de autonomia suficiente, mudando de patrocinador, mas permanecendo no ar. Entre eles, identificamos os laboratórios Raul Leite e Tricomicina.

Como o comentário de F. Silveira permite entrever, ao radialista era atribuída a autoridade máxima nos assuntos pertinentes à história da música popular brasileira, tendo em vista sua habilidade em evocá-los de maneira "pitoresca" e "documentada". Estes dois adjetivos, aliás, aparecem com frequência nas narrativas do próprio radialista, e caracterizam seu trabalho de construção da memória da música. No episódio do dia 23 de setembro de 1946, por exemplo, em que tratava da biografia de Carlos Gomes, Almirante afirmava que muito já se escreveu sobre o compositor, e que ele não trataria nada de novo, mas selecionaria em sua vida episódios que parecessem "mais pitorescos", e os contaria aos ouvintes "despretenciosamente, com o único intuito de fazer com os que não sabem – conheçam, e os que sabem – relembrem esses casos simples, mas profundamente humanos da existência de uma grande individualidade".[82]

Como era de praxe em relação aos temas e sujeitos mais distantes no tempo de sua vivência, Almirante citava naquela audição suas fontes de pesquisa, a fim de fundamentar seu discurso: *A vida de Carlos Gomes*, de Ítala Gomes Vaz de Carvalho, filha do compositor; *Carlos Gomes – O Tonico de Campinas*, de Jolumá Brito; e a *Revista Brasileira de Música*.

A série se concentrava mais nos aspectos biográficos das orquestras e músicos que em suas obras propriamente. Esta constatação é confirmada pelo comentário de Almirante a propósito do programa em que tratava do maestro Radamés Gnattali:

---

82 *História das Orquestras e Músicos do Brasil*, nº 11-77. Rio de Janeiro, Rádio Tupi, 23 set. 1946. 1 script de rádio. Acervo do MIS-RJ, Coleção Almirante, doc. 1767.

Almirante, "a mais alta patente do rádio" **221**

Radamés Gnattali – esse que é hoje compositor e arranjador perfeito nos gêneros musicais variados, desde o erudito até o popular, pode resumir o segredo do seu ecletismo no fato de se ter conservado sempre simples, sem preocupações formalísticas que o fizessem desprezar as manifestações populares, afim de se dedicar sómente áquilo que o povo denomina genericamente de clássico. Em 1931 era ele o pianista da RCA Victor. Gravou com a famosa Guarda Velha e, na extinta Radio Transmissora, iniciou suas atividades como arranjador. Vindo para a rádio Nacional organisou a já célebre Orquestra Carioca de Radamés, exclusivamente para tocar música brasileira em arranjos seus. *Este programa não é para falar da obra e sim do homem*, por isso não me demoro em apreciações sobre seus importantíssimos trabalhos, quer no gênero popular, quer no sério [...]. Vocês, agora, conhecendo esses detalhes que contei do seu passado, poderão finalmente *compreender a obra conhecendo melhor o homem, em toda sua simplicidade de sua existência, em toda a bondade de seu coração*. Uma coisa eu afirmo, ouvintes: – si há alguém aqui nesta Rádio Nacional que possa ser chamado de sujeito extraordinário – esse alguém é Radamés GNATTALI.[83]

---

83 *História das Orquestras e Músicos do Rio de Janeiro*, programa n° 4-49. Rádio Nacional, 26 fev. 1946. 1 script de rádio. MIS-RJ, Coleção Almirante, doc. 1747, (grifo nosso).

222 Giuliana Souza de Lima

A música, geralmente não executada na íntegra, ocupava em seus episódios um papel "ilustrativo", servindo também para encadear a história contada – o que parece ter sido bem acolhido pela crítica:

> Essa transmissão de ontem versou sobre o compositor e pianista Aurélio Cavalcanti. Como sempre ocorre ás figuras focalizadas pelo Almirante, no programa da Tupi, a figura humana de Aurélio ressaltou em meio a vivos exemplos musicais.[84]

O intuito da série era, portanto, reconstituir a trajetória dos personagens evocados, do nascimento até o auge da fama ou a morte. Conforme é próprio ao gênero biográfico, estava presente na série certo aspecto romanesco, no qual a vida do biografado era escrita numa ordem cronológica, conferindo-lhe uma expectativa de futuro, através do uso de recursos ficcionais mesclados à pesquisa documental.[85] A série trazia, assim, a participação

---

84 SILVEIRA, *ibidem*. O colunista só tinha uma restrição ao programa: "áqueles compassos citados da 'Marcha Fúnebre' de Chopin, para sublinhar a morte do músico, lembrança que de certo não prima pelo bom gosto". Este "recurso" narrativo está presente em outros episódios da série, como verificamos nas indicações ao contrarregra nos *scripts*.

85 Segundo François Dosse, a biografia trata-se de um gênero híbrido, que se situa em tensão constante entre a vontade de reproduzir um passado real vivido através da *mimesis* e o polo imaginativo do biógrafo, que tenta refazer um universo perdido. A biografia comporta, portanto, duas dimensões, uma histórica e outra ficcional, na medida em que ela se constrói tanto a partir do real – e da documentação deixada no rastro do tempo – como do fictício, já que o autor não pode recuperar a complexidade

de rádio-atores, na tarefa de revelar os traços mais distintos do biografado, além da pesquisa empreendida por Almirante. O próprio radialista devia ter apreendido este aspecto híbrido da narrativa, como deixava implícito em uma das audições, na qual confessava o desafio de contar a vida de determinados músicos, como o flautista Patápio Silva:

> É que, contar a vida de pessoas já falecidas e das quais só restam dados da memória dos seus contemporâneos não é coisa lá muito fácil. No caso de Patápio, a dificuldade cresce espantosamente, porque, por mais estranho que pareça, sua vida anda aureolada por uma verdadeira lenda que transforma completamente os episódios mais simples. [...] Na falta absoluta de documentos, que seriam as provas insofismáveis para recompôr esta história, utiliso-me das informações gentis de AB e C, informações que trago intactas para que vocês, meus ouvintes, possam sentir a aura de mistério que se foi formando em torno da vida de Patápio depois de sua morte.[86]

do real vivido. O autor defende que "A biografia não depende apenas da arte: quer-se também estribada no verídico, nas fontes escritas, nos testemunhos orais. Preocupa-se com dizer a verdade sobre a personagem biografada. [...] O biógrafo pode então tirar o melhor dessa documentação íntima, pois se encontra o mais perto possível do autêntico, a ponto de alimentar às vezes a ilusão de poder restituir inteiramente uma vida. À maneira do cientista, o biógrafo tem de cruzar suas fontes de informação, confrontá-las para se aproximar da verdade" (Cf. DOSSE, François. *O desafio biográfico: escrever uma vida*. São Paulo: Edusp, 2009, p. 59).

86 *História das Orquestras e Músicos do Rio de Janeiro*. Rádio Nacional, 19 mar.

224   Giuliana Souza de Lima

A documentação disponível explica em parte a escolha dos personagens abordados em *História das Orquestras e Músicos*. Percebe-se que esta seleção levava em conta a memória musical compartilhada pelos ouvintes, atrelada à ampliação das possibilidades de registro sonoro, o que delimita seu recorte temporal entre o final do século XIX e início do XX.[87]

História das Orquestras e Músicos é uma das poucas séries de Almirante em que a música instrumental tinha primazia sobre a canção – o que se nota desde o tema da abertura, que se tratava do uníssono dos instrumentos de uma orquestra sendo afinada. É importante salientar que Almirante fazia parte de uma geração de músicos espontâneos, cujas referências musicais foram apreendidas "de ouvido". Deste modo, pouco conhecia a linguagem musical escrita e dava maior ênfase, em geral, à canção. Num momento em que não havia sistema de gravação em fita cassete, o radialista contava com o auxílio dos maestros das

---

1946. 1 *script* de rádio. Acervo do MIS-RJ, Coleção Almirante, doc. 1748.

87 Conforme observou Franceschi, a partir de 1902, com o ingresso da Casa Edison no ramo da prensagem de discos, começou a haver possibilidades mais efetivas de registro, substituindo a produção de cilindros, embora esta já houvesse atingido em 1901 escala comercial. Fred Figner, diretor-proprietário da Casa, que em 1904 conseguiu registrar o selo Zon-O-Phone no Brasil, foi visionário, ao estimular a gravação dos músicos urbanos, gravando centenas de choros durante as três primeiras décadas do século XX. "O disco era o meio real e garantido de que o sucesso das composições se perpetuaria e, de certa forma, se tornaria definitivo. Ao mesmo tempo, o disco não só estabelecia a transição do processo comercial de vendagem das partituras de piano, até então o único meio de apontar o que deveria ser sucesso, como passou a ser o objetivo final de todos os compositores" (Cf. FRANCESCHI, Humberto M. *A Casa Edison e seu tempo*. Rio de Janeiro: Sarapuí, 2002, p. 138).

Almirante, "a mais alta patente do rádio" **225**

emissoras em que trabalhou para ter acesso às músicas que lhe eram remetidas por ouvintes em pauta – o que chegou a suscitar apreciações negativas por parte de seus críticos. Um deles foi o jornalista Celestino Silveira, que o acusava de esconder os verdadeiros autores de *Curiosidades Musicais*, pois ele não sabendo de música não poderia ser o autor daquele programa. Em sua carta-resposta de 7 de março de 1940, Almirante afirmava:

> A alegação de que eu, pelo fato de não saber música, não possa fazer programas assim é a mais infantil e maldosa. As "Curiosidades Musicais" não apresentam nenhum aspecto técnico. Elas representam a minha própria observação, constituem a maneira como eu (que não sei de música) compreendo essa mesma música. São demonstrações populares que qualquer um, que não seja inteiramente tapado, pode fazer, desde que possua à mão os mesmos elementos que possuo e a que recorro.[88]

Interessava-lhe, desta forma, mais a expressão musical a partir de suas impressões pessoais e seu vínculo com a memória coletiva que a análise técnica das composições. Considerando este aspecto, Almirante assim iniciava a audição sobre Luiz Nunes Sampaio, o Careca:

> Para hoje teremos a história de um pianista e compositor popularíssimo, cujas músicas

---

88 Cf. CABRAL, *op. cit.*, p. 194.

andarão fatalmente na memória de todos vocês. Muitos de vocês teriam dansado ao som de
seu piano ou das orquestras que organizou.[89]

O radialista tratava nesta série de compositores, ins-
trumentistas e orquestras que marcaram a música brasileira do final da *Belle Époque* à era de ouro do rádio, entre os
quais Joaquim Callado, Henrique Vogeler, Ernesto Nazareth,
Orquestra Ungerer, Freire Júnior, Nelson Ferreira, Banda
do Corpo de Bombeiros, Os Oito Batutas, Pedro Raimundo,
Anacleto de Medeiros, Quincas Laranjeiras, Eduardo Patané,
Ernesto de Souza, Simon Bountman, Rogério Guimarães,
Gadé, Zumba, Marcelo Tupinambá, Aldo Taranto, Radamés
Gnattali, Lyrio Panicallie Milton Calazans. Estes últimos
eram, inclusive, companheiros de trabalho de Almirante e re-
giam as orquestras destas audições – Lyrio Panicalli, na Rádio
Nacional, homenageado no programa nº 18-63, de 11 de junho
de 1946, e Milton Calazans, no programa que foi ao ar dia 27 de
agosto de 1946, na Rádio Tupi.

Nota-se que muitos dos compositores biografados na série
se situavam no limiar entre a música erudita e popular, como o
já citado Radamés Gnattali e o flautista Patápio Silva. Embora
sua obra fosse tomada por muitos como pertencente à esfera
da música "séria" – era intérprete de compositores como Adolf
Terschak, Schubert e Chopin –, sua obra autoral e mesmo de intérprete era popular. Da mesma forma, Carlos Gomes, cujo nome

---

89 *História das Orquestras e Músicos do Brasil*, "Luiz Nunes Sampaio (Careca)".
Rádio Tupi, 17 jun. 1947. Acervo do MIS-RJ, Coleção Almirante, doc. 173, p. 1.

estava ligado à tradição erudita e mereceu um programa, também poderia ser considerado popular, já que compôs algumas modinhas e, principalmente, pela repercussão social de seu trabalho na Itália e no Brasil. Por aqui, não havia ouvinte que ao escutar as primeiras notas da abertura de *O Guarani*, anunciando o início da *Hora do Brasil*,[90] não silenciasse o aparelho receptor – daí o apelido "carinhoso" que a população deu ao programa: "fala sozinho".[91]

Grande parte dos músicos abordados na série estava presente nos meios responsáveis pela popularização musical, seja em editoras de partituras ou integrando e regendo orquestras de rádios e gravadoras. Era o caso de José Nicolini, que integrou a Orquestra Columbia, regida pelo maestro Gaó, e da Orquestra Ungerer, ligada aos princípios da radiofonia no Brasil, fato que para Almirante "parece bastante para que [os ouvintes] tenham curiosidade em ouvir a sua história".[92] No programa do dia 12 de fevereiro de 1946, na Rádio Nacional, o biografado era o regente e flautista Spartaco Rossi, "músico mais antigo do rádio de São

---

90 A ópera *O Guarani* (originalmente no italiano, *Il Guarany*, com libreto de Antônio Scalvini baseado no romance de José de Alencar), estreou no Teatro Scala de Milão, na Itália, em 19 de março de 1870. No Brasil, a estreia foi no dia 2 de dezembro de 1870, no Teatro Lírico Fluminense, em homenagem ao aniversário do imperador Dom Pedro II. No entanto, ela atinge o circuito popular por ser tema do programa radiofônico *Hora do Brasil*, que começou a ser transmitido no dia 22 de julho de 1935 (ainda sob o nome *Programa Nacional*), tornando-se obrigatório a partir de 1939. Mais tarde, o programa oficial diário passou a se chamar *A Voz do Brasil*.

91 LENHARO, Alcir. *Sacralização da política*. 2ª ed. Campinas: Papirus/Editora da Unicamp, 1989, p. 40.

92 *História das Orquestras e Músicos do Rio de Janeiro*, nº 3-48; 17-62. Rádio Nacional, 19 fev. 1946; s/d. 2 scripts de rádio. Acervo do MIS-RJ, Coleção Almirante, docs. 1746; 1752.

Paulo",[93] que fora aluno de Estética e História da Arte de Mário de Andrade no Conservatório Dramático e Musical de São Paulo. O coautor da *Canção do Expedicionário* (1944) foi também diretor musical da Editora Umberto Dela Lata, onde seu trabalho era fazer arranjos, corrigendas e transcrições nas músicas que a casa editava. A editora, segundo Almirante, fez muito sucesso nos anos 1920, porque as pessoas compravam as partes não apenas pela música, mas também pelas capas, que traziam "audaciosos desenhos", do próprio Dela Lata. Ao trazer estas informações, Almirante não só abordava a obra do músico em si, como contribuía para documentar os circuitos de divulgação da música popular de seu tempo.

Além disso, com *História das Orquestras e Músicos* o radialista lançou as bases do *Dicionário de Músicos e Compositores*, que ele organizava junto com o colega de profissão César de Barros Barreto. Nas audições da série, Almirante esclarecia que o dicionário deveria trazer dados biográficos de músicos brasileiros de todos os tempos, não só os falecidos, como contemporâneos. Assim, ele pedia novamente a colaboração dos ouvintes, para que lhe enviassem o endereço caso tivessem algum parente ou conhecido músico, ao qual seria encaminhado um questionário padrão que contribuiria para levantar os dados destes artistas.[94] Conforme declarou em seu depoimento ao Museu Cearense da Comunicação, de 1978, ele ainda assinava seis jornais e três revistas, buscando reunir toda informação possível a respeito dos compositores. Não

---

93 *História das Orquestras e Músicos do Rio de Janeiro*. Rádio Nacional, 12 fev. 1946. 1 script de rádio. Acervo do MIS-RJ, Coleção Almirante, doc. 1745.

94 *História das Orquestras e Músicos do Rio de Janeiro*. Rádio Nacional, 11 jun. 1946. 1 script de rádio. Acervo do MIS-RJ, Coleção Almirante, doc. 1756.

se sabe ao certo por que a compilação não foi publicada na época. No entanto, a documentação levantada permanece no seu acervo, transferido para o Museu da Imagem e do Som do Rio de Janeiro em 1964, e que serviu de base para sua cocuradoria da série de discos lançada pela Abril/RCA na década de 1970.

Somado ao esforço de reconstituição histórica, estava claramente implicado o intuito de construção de uma memória musical, na qual o radialista se incluía. No episódio que encerrava a série, em 19 de setembro de 1947,[95] na Rádio Tupi, Almirante se dedicou a contar a história do Bando de Tangarás, de que fizera parte na juventude:

> Agora que o tempo já fez descer sobre o passado o manto bastante espesso de uma boa distância, podemos descansadamente falar dessas histórias em que estive presente, sem eu vocês, ouvintes, nos suponham pretensiosos ou cabotinos. Vamos hoje contar a história do BANDO DE TANGARÁS, relembrando com detalhes alguma coisa da vida daqueles que foram os seus 5 legítimos componentes, isto é, Carlos Braga, que hoje é mais conhecido como João de Barro, o popular compositor, Henrique Brito, Noel Rosa, Álvaro Miranda Ribeiro e deste que fala para vocês. Bando de Tangarás! 5 figuras que andou em grande evidência neste Rio de Janeiro há quase vinte

---

95 Almirante anunciava o fim desta série, que teve a duração de três anos, e o início de outra dentro de algumas semanas "com assunto inteiramente novo no Rádio brasileiro", provavelmente *Incrível! Fantástico! Extraordinário!*.

anos atrás e que foi o responsável por uma séria modificação que se deu na música popular carioca, pois foi o introdutor da percussão de pandeiros, tamborins, cuícas, surdos, reco-reco etc. na execução das orquestras e conjuntos musicais que por aqui havia. Antes do BANDO DE TANGARÁS nenhuma orquestra e nenhum grupo utilizava aquele vasto material de percussão que dá tanto caráter e tanto sabor à música popular brasileira.

A inclusão da biografia do grupo de que ele próprio participou em *História das Orquestras e Músicos* explicitava a tensão latente no processo de criação de uma narrativa em torno da música popular, que oscilava entre elementos "científicos" e desejo de objetividade, mas que se enredava nas memórias de seus participantes.

Neste caso, a "distância no tempo" era vista como um salvo-conduto que autorizava Almirante a se incluir naquela história, de maneira a erigir as bases de sua militância em prol da música popular, que se seguiria nas séries *Pessoal da Velha Guarda* (1947-1951) e *No Tempo de Noel Rosa* (1951-1952).

A História como Biografia (ou a Biografia como História): *No Tempo de Noel Rosa*

Em 1956, a gravadora Odeon/EMI lançava o LP *Polêmica*, que trazia composições de Wilson Batista e Noel Rosa, gravadas por Roberto Paiva e Francisco Egydio. Os sambas registrados no disco correspondem ao antológico "desafio" entre os dois compositores

Almirante, "a mais alta patente do rádio" **231**

na década de 1930, à exceção de "João Ninguém", que originalmente não fazia parte da "disputa" entre Wilson e Noel.[96]

A sequência dos sambas que remontavam àquela "polêmica" era trazida na íntegra pela série *No Tempo e Noel Rosa*, produzida e narrada por Almirante, que foi ao ar pela Rádio Tupi, em 1951. Em 1952, o programa foi produzido e apresentado quase sem alterações em São Paulo, também por Almirante, na Rádio Record, sob o título *A Vida de Noel Rosa* – o mesmo de uma série de artigos publicados pelo pesquisador na *Revista da Semana*, quatorze anos após a morte do "filósofo do samba".

Ao longo de seus 22 episódios, o radialista se propunha a oferecer dados para que "alguém que tenha a paciência da investigação", "que mostre interesse pela música popular brasileira e seus artistas e que possua acuidade psicológica para destrinchar a extraordinária e complicada personalidade de Noel Rosa" pudesse escrever uma "biografia honesta" do "mais expressivo compositor popular brasileiro".[97]

Colocando-se no papel de "testemunha ocular" – que, "cheio de ufania" afirmava: "Noel Rosa começou sua vida artística comigo" –, Almirante tinha por objetivo desvendar os mitos e desfazer

---

96 Fato, aliás, que foi apontado como uma das falhas imperdoáveis daquele disco. Segundo o colunista R. R., de *O Jornal*, a inclusão de "João Ninguém", em detrimento de "Deixa de ser convencida", parceria dos dois compositores, era uma "aberração", os arranjos, "de gosto duvidoso", e a interpretação de Egydio, "pouco recomendável". Ele apontava ainda o número de erros de revisão, que pareciam "implicar em certo descuido por parte da gravadora" (ALZUGUIR, Rodrigo. Polêmica! *Blog do IMS*. Disponível em: <http://www.blogdoims.com.br/ims/polemica-por-rodrigo-alzuguir/>. Acesso em: 6 nov. 2012).

97 *No Tempo de Noel Rosa*, n° 1, 6 abr. 1951. Collector's, AER077, lado A.

as fantasias em torno da vida do compositor, "apresentando as melhores músicas do filósofo do samba, recordando episódios interessantes e autênticos de sua vida".[98] Para isso, contava com a participação de Aracy de Almeida, uma das intérpretes favoritas de Noel, cantando os seus sambas ao vivo no programa. Tomava parte também Hélio Rosa, tocando "este instrumento-relíquia da mesma maneira como seu dono acompanhava seus próprios sambas" – o violão que pertencera ao irmão Noel. Por fim, pretendia apresentar documentos exclusivos, como o atestado de óbito e a última letra escrita pelo compositor, a embolada "Chuva de vento" – que não chegou a ser musicada –, e depoimentos esclarecedores de pessoas diretamente envolvidas com os acontecimentos relatados.

No décimo primeiro episódio da série, que foi ao ar no dia 15 de junho de 1951, Almirante anunciava:

> [...] desejamos adiantar aos ouvintes que iremos, de agora em diante, entrar na fase de depoimentos que consideramos os mais importantes dessa série. Não temos descansado na procura de pessoas que nos prestem informações sobre a figura de Noel e suas músicas. E ouvintes, temos tido a felicidade de encontrar criaturas de enorme importância para a história de Noel. Entre elas, o chofer Papagaio, que acompanhou o filósofo do samba em seus últimos anos de vida. Entre

---

98 Abertura de *No Tempo de Noel Rosa*. Rádio Tupi, 1951-1952. Collector's, AER077 a AER087, lados A e B.

elas também o chofer Pará, que foi também amigo de Noel e assistiu o nascer e conheceu a origem exata do samba "Cem mil réis". Entre elas, a criatura que foi um dos grandes amores de Noel, e que inspirou além de outras músicas célebres, "Último Desejo", o "Pra que mentir", "Só pode ser você", e "A dama do cabaré". Já vemos, portanto, que teremos revelações sensacionais por aí afora. Estamos ainda à espera de dois motoristas, o Valuche, Francisco Valuche, que já se comunicou conosco, e o Alegria, de Vila Isabel. Aguardamos ainda o depoimento de Lindaura de Medeiros Rosa, viúva de Noel, e o da cantora Marília Batista. Tudo porém virá ao seu tempo. Por hoje, trataremos das questões musicais em que Noel Rosa se viu envolvido.[99]

Uma das questões a que se referia era o samba "Fita amarela", apresentado por Noel pela primeira vez no *Programa Casé*, na Rádio Philips, e gravado em 1932 por Francisco Alves e Mário Reis, cuja autoria foi reclamada por Donga. Almirante então revelava "um detalhe que jamais foi divulgado, e que pode trazer novas luzes à questão":

> É que antes de Donga, já o samba com aquela melodia e aquele tema poético, havia surgido em jornais de modinhas, como sendo do lendário sambista do Estácio de Sá, o Rubens.

---

99 *No Tempo de Noel Rosa*, n° 11, 15 jun. 1951. Collector's, AER082, lado A.

> [...] E eu, ouvintes, que já então tomava especial
> interesse pelas músicas populares, já algum
> tempo antes, em visitas noturnas que fazia
> pelos subúrbios cariocas, ouvira então em
> São João do Meriti, alta madrugada, num café
> iluminado fracamente por único candeeiro
> preso no portal dois negros cantando ao violão
> vários sambas que ali, naquele ambiente de
> mistério, cresciam em acesso soturno, já que
> soturnos por si mesmos eram. E um daqueles
> sambas tinha exatamente aquele estribilho que
> Noel aproveitou no seu "Fita Amarela". Sim,
> ouvintes, que Noel aproveitou, exatamente.
> Porque quem o ensinou a Noel fui eu mesmo.
> [...] Já veem, portanto, amigos ouvintes, que
> a rigor, quem poderia ter reclamado de Noel
> o direito sobre o "Fita Amarela" não seria o
> nosso amigo Donga, pois antes dele já havia
> o Rubens do Estácio, e como já dito, antes
> do Rubens do Estácio, havia um anônimo
> qualquer que divulgara o samba pelo menos
> em São João do Meriti, anônimo que jamais
> se apresentou para contestar quer o Rubens,
> quer o Donga e quer o Noel.[100]

Almirante, assim, se colocava mais uma vez no papel de "testemunha ocular", o que já no começo da série havia suscitado críticas. Entretanto, ele respondeu a isto de maneira aparentemente convincente: era justamente para auxiliar no relato daquela história que ele evocava os eventos dos quais ele tinha participado. O

---

100 *Ibidem.*

Almirante, "a mais alta patente do rádio" **235**

radialista também convidava os ouvintes, sobretudo aqueles que conviveram com Noel a participarem, enviando mais detalhes sobre sua vida e obra. Almirante convertia, deste modo, o valor do testemunho em principal fonte para a construção da série.[101]

Este mesmo episódio e o seguinte contavam com a presença do compositor Wilson Batista para esclarecer os eventos em torno dos quais nasceram os sambas daquela querela musical com Noel. O tímido Wilson Batista era então convocado a prestar seu depoimento diante do microfone da rádio, dando uma canja de seus maiores sucessos como compositor. Obviamente, o interesse de Almirante não era em Wilson,[102] mas sim no que se referia aos eventos que motivaram os sambas de Noel: "Rapaz Folgado", em resposta a "Lenço no Pescoço", "Feitiço da Vila" e "Palpite infeliz".

Segundo o radialista, Noel compôs "Rapaz Folgado" movido "por um louvável interesse pela regeneração dos temas poéticos", em resposta à "inconveniência do rumo que tomava a música popular", como apontavam os críticos da época. "Lenço no Pescoço", gravado por Sílvio Caldas em 1933, era um elogio à figura do malandro, aquele sujeito que andava com a "navalha no bolso", provocando, desafiando, e que tinha "orgulho de ser vadio". Ocioso dizer que o samba foi mal visto por certos setores

---

101 MORAES, J. G. V. "Entre a memória e a história da música popular". In: MORAES; SALIBA, *op. cit.*, p. 218.

102 A maneira como o radialista introduzia a obra de Wilson Batista na série, tocando apenas alguns excertos de suas músicas apressadamente, de certa forma diminuía seu mérito artístico. Apesar de ter trazido Wilson novamente aos meios de comunicação, a participação do compositor no programa resultou que sua imagem ficasse reduzida a esta polêmica.

236   Giuliana Souza de Lima

da sociedade, sendo proibida sua veiculação pela Confederação Brasileira de Radiodifusão naquele mesmo ano.

Independentemente de haver ou não certa morena do Cabaré Apollo em jogo na "rivalidade" entre Wilson e Noel – e que teria sido o estopim da primeira réplica noeliana, como mencionam biógrafos de ambos compositores[103] –, o fato é que a questão da "higienização" do samba estava na ordem do dia, e de maneira premente, para os compositores da época. Eles também passariam a encontrar outras formas, mais veladas, de comunicar suas ideias, e a substituir a figura do malandro "anti-herói" dos anos 1930 pela imagem do malandro "regenerado", na década seguinte.[104] Esta iniciativa, vinda dos próprios setores da comunicação, evidencia que "certos supostos políticos e ideológicos não devem ser vistos como força exclusiva do Estado ou mera construção intelectual de certos ideólogos, mas algo que se encontra alimentado muitas vezes na própria sociedade".[105]

A polêmica, entretanto, tinha lá seus traços de "ringue de luta-livre", no qual se encenam os personagens do "mocinho (da Vila)" e do "vilão". Não que Noel fosse o típico moço de família exemplar. Mas ele se enquadraria melhor naquela definição do ritmista Canuto: "aquele que não trabalha é vagabundo.

---

103   Cf. ALZUGUIR, *op. cit.*; MÁXIMO, João; DIDIER, Carlos. *Noel Rosa: uma biografia*. Brasília: Linha Gráfica Editora/Editora UnB, 1990.

104   MATOS, Claudia Neiva de. *Acertei no milhar: samba e malandragem no tempo de Getúlio*. Rio de Janeiro: Paz e Terra, 1982, p. 14.

105   REIS, José Roberto Franco. "Rádio, nacionalismo e cultura popular durante o Estado Novo: a pedagogia radiofônica do Almirante". In: *Temas de Ensino Médio: formação*. Rio de Janeiro: Escola Politécnica de Saúde Joaquim Venâncio, 2006, p. 72.

Malandro somos nós que trabalhamos, mas, nas horas vagas, fazemos nossas atrapalhações".[106] Noel era, por assim dizer, esse outro tipo de malandro: tinha amizades com malandros "perigosos", mas ele próprio era um "Malandro Medroso", como cantou em um de seus sambas.[107] Segundo Almirante, Noel só andou armado uma vez, para intimidar um compositor que o agredira, mas nunca usou o revólver, a não ser como mote para outra canção, "Século do Progresso" (1937).[108]

Almirante buscava esclarecer na série, contando para isso com o depoimento de Wilson Batista, que os dois compositores vieram a se conhecer pessoalmente, tornando-se logo "amistosos companheiros", e achando muita graça daqueles "incidentes poéticos em que apareciam perante a opinião pública como dois acirrados inimigos". A maneira como Almirante se apropria das memórias de seu convidado, entretanto, não deixa de trazer algum desconforto. Além da timidez de Wilson em se colocar diante do microfone, causava certo estranhamento o momento em que ele tinha de interpretar a si mesmo, relatando um acontecimento banal do

---

106 *Apud* CABRAL, *op. cit.*, p. 65.

107 Segundo L. C. R. Vianna, estavam implicadas diferentes concepções de malandragem nos sambas de Wilson Batista e Noel Rosa: "ambas afirmam a fronteira entre o trabalho e o lazer, mas uma aproxima o malandro sambista do mundo da contravenção e do crime, valorizando sua valentia, e outra afasta-o deste mundo, mantendo-o na boêmia e valorizando sua inteligência" (*apud* FENERICK, José Adriano. *Nem do morro nem da cidade*: as transformações do samba e a indústria cultural (1920-1945). São Paulo: Fapesp/Annablume, 2005, p. 240).

108 Almirante deu três versões diferentes para este episódio, conforme apontou Máximo e Didier. Esta é a contada na série radiofônica. Cf. MÁXIMO e DIDIER, *op. cit.*, p. 296.

qual ele fora testemunha. Apesar disso, o desejo manifestado pelo narrador era o de "contar exclusivamente a verdade, sem artifícios". Para isso, confrontava diferentes depoimentos. Com relação à origem de "Palpite Infeliz", recorria "à palavra autorizada" do compositor Zequinha Reis, coautor do samba "Mangueira", "em valiosa e inteligente carta" que ele guardara.[109] Segundo esta versão, "Palpite Infeliz" seria uma resposta a Zequinha Reis, não a Wilson Batista, como se chegou a pensar na época.

Ao se propor contar a vida do "filósofo do samba", Almirante certamente se deparava com as dificuldades do próprio gênero biográfico, que exige "os escrúpulos da ciência e os encantos da arte".[110] Além disso, era uma iniciativa arriscada, por querer primar pela verdade histórica e, ao mesmo tempo, recriar traços humanos complexos, de um personagem com o qual ele conviveu proximamente no passado.

Apesar disso, a série seguiu seu curso, procurando manter uma cronologia precisa, com pequenas "transposições necessárias", mas sem que se perdesse "o seguimento de datas, tão importantes para que sejam bem compreendidas as transformações que aquele curioso espírito de poeta sambista sofreu por determinações e fatores sucessivos, todos eles presos ao tempo". Almirante assim estabelecia linhas divisórias dentro da obra de Noel, tentando justificá-las em função dos acontecimentos de sua vida, como era comum às biografias de músicos eruditos.

Em sua periodização, as composições feitas nos primeiros anos de carreira seriam marcadas pela alegria, pelas paródias e

---

109 Almirante, *ibidem*.

110 DOSSE, *op. cit.*, p. 60.

músicas que tinham efeito de humor. São desta fase a marcha "Seu Jacinto", os sambas "Vou te ripá", "Positivismo", "Disse-me disse" e a paródia da ópera "O Barbeiro de Sevilha", que na versão de Noel virou "O Barbeiro de Niterói". A segunda fase, que se iniciaria por volta de 1933, ao contrário, era assinalada pela tristeza, originada pelos dissabores amorosos e pela doença, que levaria o compositor à morte precoce, aos 27 anos de idade.[111] Quando não eram as duas coisas, pois, segundo Almirante, Noel era "doente de amor", tamanha intensidade com que vivia seus casos. Certamente devia ser embaraçoso para o radialista admitir que o maior compositor da música popular levava suas paixões às últimas consequências, chegando a agredir uma de suas amantes. Ao relatar este ocorrido, Almirante transformava-se numa espécie de advogado de defesa póstumo do amigo.

Ao tratar sobre as mulheres da vida de Noel, Almirante dizia chegar à parte mais difícil da série. O narrador admitia não ser possível pela ordem cronológica das músicas fazer-se um levantamento correspondente à realidade em relação aos amores de Noel. Assim, novamente ele apelava aos ouvintes que conhecessem Noel para que ajudassem nesta tarefa de reconstituir os passos de sua vida-obra, afirmando que "é provável que muitos dos esclarecimentos a respeitos destas músicas só surjam a partir deste programa". Recuperar as narrativas sobre o personagem era, portanto, uma maneira que Almirante encontrava de interpretar os vestígios do passado, isto é, a obra legada por Noel. É claro que, neste processo, ele acabou por reforçar uma

---

111 *No Tempo de Noel Rosa*, n° 13, 29 jun. 1951. Collector's, AER083, lado A.

240   Giuliana Souza de Lima

determinada história, não só do compositor, mas de toda uma geração da música popular.

Depois de 22 semanas do início da série, Almirante declarava-se satisfeito por ter levado a cabo o intuito do programa, fazendo a mais completa biografia de Noel no rádio brasileiro, trazendo sempre a verdade, desfazendo os mitos que se construíram em torno da personalidade do "filósofo do samba" nos quatorze anos que sucederam à sua morte. Isto dava à série o caráter de um "valioso documentário".[112]

Passados doze anos daquela produção – e após um grande esforço para recobrar a memória, reaprender a andar e falar (em virtude do derrame cerebral sofrido cinco anos antes) –, Almirante dava um novo lugar àquela narrativa, reorganizando todo o material utilizado na série para escrever o livro *No tempo de Noel Rosa*. O livro iniciava com os "antecedentes folclóricos" da música popular, que pareciam estar ali para justificar a epígrafe do texto:

> Entusiasmado com as criações do violonista João Pernambuco, Noel Rosa compôs sua primeira obra musical em versos, a embolada

---

112 O final de *No Tempo de Noel Rosa*, no entanto, era um pouco desconcertante. Ele não terminava com um "Silêncio de um minuto", como pedia o clima das duas últimas audições, mas com o anúncio do patrocinador: "O programa *No tempo de Noel Rosa* hoje se acaba. Mas a grande venda de tecidos de qualidade a preços reduzidíssimos continuará por mais alguns dias nas duas casas Barkí. [...] A qualidade destes tecidos é a melhor possível, porque todos eles são feitos com o superior fio estrangeiro". Isto evidenciava as especificidades do meio onde aquela história era contada. *No Tempo de Noel Rosa*, nº 22, 31 ago. 1951. Collector's, AER087, lado B.

"Minha Viola". Quatro dias antes de morrer, Noel Rosa deixou seu derradeiro manuscrito, "Chuva de Vento".[113]

Para contar a vida de Noel Rosa, Almirante evocava toda uma geração da música popular, conferindo-lhe um sentido de tradição. No preâmbulo, o pesquisador explicitava que seu trabalho se fazia utilizando de

> depoimentos, obtidos à custa de *pacientes pesquisas e aliados às minhas próprias memórias e firmados nos elementos de meu arquivo*, que transcrevo para estas páginas que não são somente uma homenagem a uma das maiores figuras do cancioneiro popular, mas um *tributo à verdade* que merece respeito.[114]

Além do depoimento oral, para atestar a veracidade, o livro, reunia um dossiê com depoimentos de outras personalidades ligadas à música, firmados e reconhecidos em cartório, registros de depósito de músicas com o carimbo da Biblioteca Nacional, capas de partituras, fotografias, entre outros documentos. Conforme declarou no depoimento a Nirez, os documentos referentes a Noel Rosa não foram cedidos ao MIS à época das negociações com Carlos Lacerda: "aquilo é meu, é particular. [...]

---

113 Almirante, *op. cit.*, p. 15.
114 Almirante, *op. cit.*, p. 13. Grifos nossos.

está na minha casa até hoje. Eu tenho todos os documentos, todos os papéis, toda a sua letra, fotografias".[115]

Aquela postura com relação à documentação, para ele, era inevitável, pois passados 25 anos da morte do compositor, muitas reportagens "repisaram vários erros, criando imagens falsas" sobre o filósofo do samba. Assim, Almirante entendia que se tornava necessário, "de maneira *indiscutível*, afirmar, provar e atestar os depoimentos de quantos *viram* e *ouviram* fatos de sua vida, a fim de que sua existência seja bem compreendida e melhor admirada".[116]

A publicação de *No tempo de Noel Rosa* vinha a selar a "militância" realizada por Almirante durante duas décadas de atuação no rádio. Mais que isso, era a consagração intelectual de sua obra historiográfica.

---

115 A este respeito, Adua Nesi explicou em seu depoimento à autora que, quando o Museu foi aberto, Almirante vendeu seu acervo sobre outros artistas, não os que diziam respeito a ele propriamente. Os *scripts* e gravações de seus programas, por exemplo, ele deixou em casa, porque ainda usava para pesquisar. Após sua morte, Ilka Braga Foreis, a viúva, doou o restante do material, entre fotos, roteiros, diários e recortes de jornais, que foram para a sede da Praça XV.

116 Almirante, *op. cit.*, p. 14, (grifos do original).

CONSIDERAÇÕES FINAIS

Chamado ao microfone pelos seus entrevistadores – o historiador e produtor musical Jairo Severiano e o musicólogo Aloísio de Alencar Pinto – para fazer as considerações finais em seu depoimento ao Museu Cearense da Comunicação, em 27 de agosto de 1978, Almirante, de maneira humilde, se limitava a reconhecer o trabalho do fundador daquela instituição: "Nirez está exaltando, guardando, mantendo o valor da música popular brasileira. [...] Nirez, muito obrigado por tudo". Neste depoimento, possivelmente um dos últimos registros públicos de sua voz, o radialista relatava sua trajetória, desde o início da carreira como cantor, seu interesse por aspectos da cultura e da música popular, a carreira radiofônica, a formação de seu acervo e as condições dele naquele tempo, já sob a custódia do MIS-RJ. Diferentemente do depoimento prestado onze anos antes ao Conselho de Música Popular do MIS, o radialista parecia ter superado as sequelas do AVC, respondendo às perguntas de maneira desenvolta. Indagado pelos entrevistadores, recontava os fatos em torno do cenário musical do Rio de Janeiro na primeira metade do século, como as polêmicas iniciadas por questões de autoria, em "Luar do Sertão" e "Pelo Telefone".

O relato na íntegra chama a atenção por sua coesão: Almirante, que tinha então 70 anos, pouco modificara suas versões a respeito de sua história de vida e da música popular, como é comum em registros de recordação. O elogio a Miguel Ângelo de Azevedo, o Nirez, mostrava que sua preocupação continuava sendo a manutenção do "valor da música popular brasileira", promovendo a preservação das tradições e a construção de sua memória. Permaneceria nesta "militância" até o fim de sua vida, dois anos mais tarde.

Os fios da memória da música popular se entrelaçavam na narrativa do radialista-pesquisador à trama de sua própria vida, como ele deixava claro ao tratar de um assunto doloroso – a transferência de seu arquivo pessoal para compor o acervo do MIS-RJ:

> [...] eu disse a [Carlos Lacerda], não, não quero. Porque é minha vida, minha vida está aqui. Eu fiz isso aqui sozinho. Ele imaginou: "bom, mas se você levasse pro museu, podia melhorar muito mais". Mas eu não queria, não aceitei de maneira alguma.[1]

Ainda que relutante, pela insistência de Carlos Lacerda, o pesquisador acabou cedendo, sob a condição de que o

---

1   Almirante, depoimento para o Museu Cearense da Comunicação. Rio de Janeiro, 27 ago. 1978. Entrevistadores: Jairo Severiano, Aloísio de Alencar Pinto.

governador do estado da Guanabara e antigo colega de profissão criasse o colégio Mário Faccini, na Tijuca, em homenagem ao seu cunhado, médico e professor recém-falecido. Anos depois das negociações, Almirante se arrependeria da decisão, como relatou Sérgio Cabral.[2] Além de comprarem aquele valioso acervo por uma quantia irrisória, o Museu não deu as mínimas condições para sua manutenção na época, o que lhe causou um grande abalo emocional nos seus últimos anos de vida. O acervo era de fato sua vida. O homem fora do rádio, aparentemente, mantinha a mesma postura que apresentava em seus programas, que se estenderam até o final dos anos 50.

Esta tensão entre história e memória se fez presente em sua obra em diferentes momentos. Em uma das audições de *Histórias do Nosso Carnaval*, Almirante afirmava:

> Não há aquele que não considere as músicas do passado superiores às do presente...
> É que as músicas antigas foram temperadas pela saudade e assumem, por isso, um aspecto de mais formosas e mais atraentes. Quando as músicas que vão desfilar hoje surgiram – em 1948 e 1949 – muitos de vocês as teria achado inexpressivas, sem graça, feias. Mas agora, passados 5 e 4 anos sobre elas, [...] já nos parecem aureoladas por uma beleza e por um mérito que nos haviam passado inteiramente despercebidos...[3]

---

2   CABRAL, *op. cit.*, p. 335-359.
3   *Histórias do Nosso Carnaval*, nº 22, 24 jan. 1953, p. 3. Acervo do IMS-RJ, Coleção José Ramos Tinhorão, Caixa A3-1.

O comentário esboça os meandros que muitas vezes assinalaram o trabalho do radialista. Se por um lado ele afirma que a distância temporal autorizava uma relação objetiva com o passado, por outro, o caráter "épico" da memória[4] dava margem à nostalgia. Em linhas gerais, enquanto se remetia às primeiras manifestações folclóricas e da música popular na capital, Almirante buscava conferir objetividade científica ao seu discurso, baseado na documentação além de oferecer condições para a criação do "concerto nacional". Esta era uma preocupação compartilhada com outros estudiosos, marcando fortemente a produção intelectual do período como um todo.

Um aspecto que parece relevante, neste sentido, é a relação que ele estabelece entre o específico (nacional) e o universal (internacional), não raro contraditória. Embora muitas vezes Almirante se apoderasse de um discurso nacional-ufanista, percebe-se que na prática não excluía a tendência à assimilação de sonoridades estrangeiras, que se impunham ao rádio. Isto fica particularmente enunciado na primeira audição de Aquarelas do Brasil,[5] em que afirmava ter escolhido o tema dos autos do boi para a abertura do programa por este ser uma unanimidade na América, querendo assim estabelecer relações de boa vizinhança com as demais nações e, mais adiante, ressaltava o caráter tipicamente brasileiro desta manifestação.

---

4   BENJAMIN, Walter. "O narrador. Considerações sobre a obra de Nikolai Leskov" (1936). In: *Magia e técnica, arte e política: ensaios sobre literatura e história da cultura*. V. 1. São Paulo: Brasiliense, 1996, p. 210.

5   *Aquarelas do Brasil*, "O Bumba-meu-boi", 6 abr. 1945. Collector's, AER194, lado A.

Mais tarde, no programa especial patrocinado pelo vesper-
tino *Última Hora*, realizado para apresentar Pixinguinha em seu
novo local de trabalho, Almirante dizia:

> Nestes últimos anos, a contribuição de
> Pixinguinha à música popular é o mais vi-
> goroso atestado de brasilidade que um ar-
> tista pode apresentar. Jamais tendo se dei-
> xado contaminar pelo máo [vício] de imitar
> o estrangeiro em suas instrumentações,
> em suas composições, Pixinguinha tem
> sido o autor de centenas de orquestrações
> onde persiste a ocupação de ser conservado
> – digamos assim – o "sotaque" brasileiro,
> saboroso e inconfundível.[6]

O radialista aí se apegava a um aspecto da obra do músico,
traduzido pela fixação do choro, deixando de avaliar sua obra no
que dizia respeito às suas influências jazzísticas.

Através destes registros, nota-se a complexidade que envolve a expressão "nacionalismo" neste momento da história do
país, uma vez que ainda se faziam presentes as tensões em torno
da construção da identidade nacional que marcaram os debates
no final da Primeira República. Da mesma maneira, esta questão não consistia numa via de mão única. O discurso nacionalista – e, não raro, ufanista – de Almirante não reproduzia a rigor
a perspectiva oficial: era uma perspectiva multifacetada, a qual

---

6   PRA3 – Rádio Clube do Brasil, quarta-feira, 13 nov. 1952. Coleção Almirante,
    MIS-RJ, doc. 2105.

permitia mesclar múltiplas sonoridades, sobreviver de publicidade estrangeira, apoio governamental e de camadas sociais diferenciadas, amalgamadas pela "música popular brasileira".

Uma possível resposta à questão era colocada por Almirante em uma das audições de *O Pessoal da Velha Guarda*, ao comentar uma declaração de Villa-Lobos, que estava em Londres, sobre o desejo de um dia ver o mundo pacificado por meio da música. O radialista concordava com o maestro ao reconhecer na música uma linguagem universal. Mas argumentava que, assim como a língua falada, a música não foge ao imperativo do sotaque que, no caso, seria definido pelo ritmo. Seguindo este raciocínio, Almirante afirmava que se o sonho de Villa-Lobos se realizasse, "oxalá não haja o predomínio de forma musical peculiar de determinado país", mas que a grande pacificação fosse pelo reconhecimento das diferenças. E completava: "Mas tais músicas deveriam ter penetração nas massas, e para isso, ouvintes, só mesmo a música popular".[7]

Ao realizar a escuta de seus programas, portanto, é necessário compreender o homem dentro de seu tempo, sua experiência de vida e suas expectativas com relação ao futuro, cujas tensões delimitaram o curso de suas ações e a maneira como ele se apropriou de diferentes registros para compor sua narrativa.

A influência de Almirante se constata não somente na programação radiofônica, definindo a experiência musical diversificada do seu público, mas principalmente na orientação dos estudos que tiveram a música popular como tema. Além disso, a rede de colaboração criada entre os o radialista e seus

---

7   *O Pessoal da Velha Guarda*, 3 mar. 1948. Collector's, AER026, lado B.

ouvintes, bem como seu diálogo com outros intelectuais de diferentes áreas, dá a dimensão de uma prática que era compartilhada, em vez de se encerrar a um grupo de expertos, como observava Acquarone:

> Nisso reside o maior mérito de "Almirante". Os assuntos de seus programas, escritos pelos medalhões das nossas letras, não despertariam por certo o intêresse que êle sabe conservar latente e vivo, graças à magia de sua própria simplicidade.[8]

O radialista, neste sentido, fundia as características de cronista e historiador, pois era simultaneamente "narrador da história", e se obrigava "a explicar de uma ou outra maneira os episódios com que lida[va]". Pode-se dizer que ele era dotado daquele *senso prático característico de narradores natos*, que também "é o homem que sabe dar conselhos".[9]

Almirante não se julgava historiador, musicólogo, tampouco folclorista. No entanto, ao seu modo, foi um pouco disso tudo, sempre recorrendo ao lema "educar divertindo, divertir educando". Sua prática é um claro exemplo daquilo que Certeau afirma acerca da escrita da história: ela "*instrui* divertindo".[10]

---

8   ACQUARONE, *op. cit.*, p. 283.

9   BENJAMIN, *op. cit.*, p. 209-211.

10   CERTEAU, Michel de. *A escrita da História*. Rio de Janeiro: Forense Universitária, 1982, p. 95.

REFERÊNCIAS

FONTES

1. Programas de Rádio

Gravações

Aquarelas do Brasil: Collector's Studios, Coleção Assim Era o Rádio, AER194 v. 1, 1945; AER195 v. 2, 1945; AER223 v. 3, 1946; AER196 v. 4, 1945.

Canções de Natal: AER169 v. 1, 1950; AER170 v. 2, 1950.

Caricaturas: Collector's Studios, Coleção Assim Era o Rádio, AER275.

Carnaval Antigo: Collector's Studios, Coleção Assim Era o Rádio, AER164 v. 1, 1946; AER165 v. 2, 1946.

Curiosidades Musicais: Collector's Studios, Coleção Assim Era o Rádio, AER197 v. 1, 1938 e 1939; AER198 v. 2, 1941; AER199 v. 3, 1940; AER200 v. 4, 1941.

252　Giuliana Souza de Lima

História das Orquestras e Músicos do Brasil: Acervo Rádio Nacional, CDs nº 0181, nº 0494, 1944. Acervo Rádio Nacional.

Incrível! Fantástico! Extraordinário!: Collector's Studios, Coleção Assim Era o Rádio, AER317 v. 1, 1947; AER318 v. 2, 1947; AER319 v. 3, 1947; AER320 v. 4, 1947 e 1948; AER321 v. 5, 1948; AER322 v. 6, 1948; AER323 v. 7, 1948; AER324 v. 8, 1948; AER325 v. 9, 1948; AER326, v. 10, 1950; AER327, v. 11, 1952; AER328, v. 12, 1952; AER329, v. 13, 1952.

Instantâneos Sonoros do Brasil: Collector's Studios, Coleção Assim Era o Rádio, AER201 v. 1, 1940; AER210 v. 2, 1940; AER214 v. 3, 1940; AER218 v. 4, 1940.

No tempo de Noel Rosa: Collector's Studios, Coleção Assim Era o Rádio, AER077 v. 1, 1951; AER078 v. 2, 1951; AER079 v.3, 1951; AER080 v. 4, 1951; AER081 v. 5, 1951; AER082 v. 6, 1951; AER083 v. 7, 1951; AER084 v. 8, 1951; AER085 v. 9, 1951; AER086 v. 10, 1951; AER087 v. 11, 1951.

Onde está o poeta: Collector's Studios, Coleção Assim Era o Rádio, AER364; 1949.

O Pessoal da Velha Guarda: Collector's Studios, Coleção Assim Era o Rádio, AER022 v. 1, 1947; AER023 v. 2, 1947; AER024 v.3, 1947; AER025 v. 4, 1947 e 1948; AER026 v. 5, 1948; AER027 v. 6, 1948; AER028 v. 7, 1948 e 1950; AER029 v. 8, 1950 e 1951; AER030 v. 9, 1952; AER031 v. 10, 1952.

Recolhendo o Folclore: Acervo Rádio Nacional, CDs nº 0312, nº 0339, nº 0340, nº 0472, nº 0475, nº 0537, 1955.

Scripts

A Nova História do Rio pela Música: MIS-RJ/Coleção Almirante, docs. 156, 157, 158, 159, 160, 161, 162, 163.

A Vida de Noel Rosa: IMS-RJ/Coleção José Ramos Tinhorão, Caixa A3-1, 18v.

História das Orquestras e Músicos do Brasil: MIS-RJ/Coleção Almirante, docs. 171, 172, 173, 174, 280, 353, 359, 532.

História das Orquestras e Músicos do Rio: MIS-RJ/Coleção Almirante, docs. 1744, 1747, 1748, 1749, 1750, 1751, 1752, 1753, 1754, 1755, 1756, 1757, 1758, 1759, 1760, 1761, 1762, 1763, 1764, 1765, 1766, 1767, 1768, 1769.

História do Rio pela Música: MIS-RJ/Coleção Almirante, docs. 1725, 1726, 1727, 1728, 1729, 1730, 1731, 1732, 1733, 1734, 1735, 1736, 1737, 1738.

Histórias do Nosso Carnaval: IMS-RJ/Coleção José Ramos Tinhorão, Caixa A3-1, 24v.

Programa Royal Briar: MIS-RJ/Coleção Almirante, doc. 174.

2. Depoimentos

ADEMAR CASÉ. Depoimento concedido ao Conselho de MPB do Museu da Imagem e do Som. Rio de Janeiro, 27 set. 1972. Coleção Depoimentos para Posteridade.

ADUA NESI. Depoimento da museóloga concedido à autora, na Sala de Atendimento ao Pesquisador do MIS-RJ. Rio de Janeiro, 20 jul. 2010.

ALMIRANTE. Depoimento ao Conselho de MPB do Museu da Imagem e do Som. Rio de Janeiro, 11 abr. 1967. Coleção Depoimentos para Posteridade.

_____. Depoimento concedido a Jairo Severiano, Aloísio de Alencar Pinto para o Museu Cearense da Comunicação. Rio de Janeiro, 27 ago. 1978.

BRAGUINHA (Carlos Aberto Ferreira Braga). Depoimento ao Conselho de MPB do Museu da Imagem e do Som. Rio de Janeiro, 8 dez. 1966. Coleção Depoimentos para Posteridade.

MÁRIO BRASINI. Depoimento ao Conselho de MPB do Museu da Imagem e do Som. Rio de Janeiro, 5 abr. 1967. Coleção Depoimentos para Posteridade.

PAULO TAPAJÓS. Depoimento ao Conselho de MPB do Museu da Imagem e do Som. Rio de Janeiro, 5 abr. 1967; 30 nov. 1982. Coleção Depoimentos para Posteridade.

RENATO ALMEIDA. Depoimento ao Conselho de MPB do Museu da Imagem e do Som. Rio de Janeiro, 26 ago. 1969. Coleção Depoimentos para Posteridade.

RENATO MURCE. Depoimento ao Conselho de MPB do Museu da Imagem e do Som. Rio de Janeiro, 14 ago. 1970. Coleção Depoimentos para Posteridade.

SAINT CLAIRE LOPES. Depoimento ao Conselho de MPB do Museu da Imagem e do Som. Rio de Janeiro, 5 set. 1978. Coleção Depoimentos para Posteridade.

Almirante, "a mais alta patente do rádio" **255**

3. Entrevistas, reportagens e colunas em periódicos

ADEMAR CASÉ. Entrevista concedida à repórter Mara Caballero. Ademar Casé, o pioneiro e seu grande engano: "eu pensei que o rádio fosse acabar". *Jornal do Brasil*, Rio de Janeiro, Caderno B, 3 abr. 1978, p. 4.

ALMIRANTE. Coluna "Cantinho das Melodias". *O Dia*, Rio de Janeiro, s/d. Hemeroteca, MIS-RJ, pasta "Almirante".

_____. Coluna "Pingos do Folclore". *O Dia*, Rio de Janeiro, s/d. Hemeroteca, MIS-RJ, pasta "Almirante".

_____. Entrevista concedida a Francisco Acquarone. In: ACQUARONE, F. *História da música brasileira*. São Paulo: Livraria Francisco Alves Ed., s/d; p. 285.

_____. Entrevista concedida aos jornalistas Sérgio Cabral e Redento Natali Junior. *Jornal do Brasil*, 2º caderno, domingo, 20 set. 1960.

_____. Entrevista concedida ao repórter Jackson de Souza. Em defesa do folclore: "Possuo 50.000 músicas em meu arquivo". *Imprensa Popular*, 19 jul. 1955.

COLEÇÃO *Revista da Música Popular*. Edição completa em fac-símile, set. 1954 – set. 1956. Rio de Janeiro: Funarte/Bem-Te-Vi Produções Literárias, 2006.

4. Legislação radiofônica

CÂMARA dos Deputados. Decreto nº 21.111, de 1º de Março de 1932. *Diário Oficial da União*– Seção 1 – 4.3.1932, página 3.914 (Publicação Original). Disponível em <http://www2.

256 Giuliana Souza de Lima

camara.leg.br/legin/fed/decret/1930-1939/decreto-21111-
-1-marco-1932-498282-publicacaooriginal-81840-pe.html>.
Acesso em: 8 set. 2013.

_____. Decreto nº 21.240, de 4 de Abril de 1932. *Diário Oficial da
União* – Seção 1 – 15.4.1932, página 7.146 (Publicação Original).
Disponível em: <http://www2.camara.leg.br/legin/fed/de-
cret/1930-1939/decreto-21240-4-abril-1932-515832-publica-
caooriginal-81522-pe.html>. Acesso em: 8 set. 2013.

5. Arquivos, bibliotecas e instituições consultadas

Arquivo Histórico da Rádio Nacional

Arquivo Público do Estado de São Paulo/Acervo Digital de Periódicos

Biblioteca da Escola de Comunicação e Artes (ECA-USP)

Biblioteca Florestan Fernandes (FFLCH-USP)

Cinemateca Brasileira

Discoteca Oneyda Alvarenga

Fundação Biblioteca Nacional/Divisão de Música e Acervo
Sonoro (Dimas); Hemeroteca Digital Brasileira

Fundação Nacional de Arte/Centro de Documentação (Funarte/
Cedoc)

Instituto de Estudos Brasileiros (IEB-USP)

Instituto Moreira Salles (IMS-RJ/SP)/Coleção José Ramos Tinhorão

Mameluco Edições e Produções Culturais

Midiateca do Instituto Itaú Cultural

Museu da Imagem e do Som do Rio de Janeiro (MIS-RJ)/Coleção Almirante; Coleção Rádio Nacional

Universidade Anhembi-Morumbi/Biblioteca Campus Centro

BIBLIOGRAFIA

1. Memórias, biografias e crônicas

ALENCAR, Edigar de. *O carnaval carioca através da música*. Rio de Janeiro: Livraria Freitas Bastos, 1965.

ALMIRANTE (Henrique Foreis Domingues). *Incrível! Fantástico! Extraordinário! Casos verídicos de terror e assombração*. Rio de Janeiro: Edições O Cruzeiro, 1951.

_____. *No Tempo de Noel Rosa*. 2ª ed. Rio de Janeiro: Livraria Francisco Alves Editora, 1977.

ASSIS, Machado de. "O folhetinista". 30 de outubro de 1859. In: FARIA, J. R. (org.) *O Espelho*. Campinas: Editora da Unicamp, 2009, p. 55-58.

CABRAL, Sérgio. *No tempo de Almirante: uma história do Rádio e da MPB*. Rio de Janeiro: Francisco Alves, 1990.

CASTRO, Ruy. *Carmen: uma biografia*. São Paulo: Companhia das Letras, 2005.

DIDIER, Carlos. *Nássara passado a limpo*. Rio de Janeiro: José Olympio, 2010.

EDMUNDO, Luís. *O Rio de Janeiro do meu tempo*. Brasília: Edições do Senado, 2003.

FAZENDA, José Vieira. "O Zé-Pereira". In: *Antiqualhas e memorias do Rio de Janeiro* (1904). Rio de Janeiro: Imprensa Nacional, 1921. Disponível em: <http://www2.senado.gov.br/bdsf/item/id/179495>. Acesso em: 24 out. 2012.

HOLANDA, Nestor de. *Memórias do Café Nice: subterrâneos da música popular e da vida boêmia do Rio de Janeiro*. 2ª ed. Guanabara: Conquista, 1970.

MÁXIMO, João; DIDIER, Carlos. *Noel Rosa: uma biografia*. Brasília: Linha Gráfica Editora/Editora UnB, 1990.

MURCE, Renato. *Bastidores do rádio: fragmentos do Rádio de ontem e de hoje*. Rio de Janeiro: Imago, 1976.

OLESEN, Jens. *McCann: cinquenta anos em dois vividos e contados por Jens Olesen e Altino Barros*. São Paulo: Siciliano, 1995.

OLIVEIRA, Aloysio. *De Banda pra Lua*. Rio de Janeiro: Record, 1982.

RANGEL, Lúcio. *Sambistas e Chorões: aspectos e figuras da música popular brasileira*. São Paulo: Editora Paulo de Azevedo; Rio de Janeiro: Livraria Francisco Alves, 1962.

TORRES, Antonio. "Brasileiros e Estrangeiros". In: *Verdades indiscretas*. 2ª ed. Rio de Janeiro: Livraria Castilho, 1921, p. 259-260.

2. Música, rádio e entretenimento

ADORNO, Theodor W. "O fetichismo na música e a regressão da audição" e "Sobre música popular". In: COHN, G. (org.).

T. W. Adorno: Sociologia. São Paulo: Ática, 1994 (Coleção Grandes Cientistas Sociais, n° 54).

ALBERT, Pierre; TUDESQ, André-Jean. *Historia de La Radio y La Televisión.* México, D.F.: Fondo de Cultura Económica, 1993.

ALZUGUIR, Rodrigo. Polêmica! *Blog do IMS.* Disponível em: <http://www.blogdoims.com.br/ims/polemica-por-rodrigo-alzuguir/>. Acesso em: 6 nov. 2012.

ANDRADE, Mário de. "A língua radiofônica". In: ALVARENGA, Oneyda (org.). *O empalhador de passarinho.* São Paulo: Martins Fontes, 1972, p. 205-210.

_____. *Aspectos da Música Brasileira.* São Paulo/Brasília: Martins Fontes/MEC, 1975.

_____. *Ensaio sobre a música brasileira.* 4ª ed. Belo Horizonte: Itatiaia, 2006 (Coleção Excelsior)

_____. "Música popular" [1939]. In: *Música, doce música: estudos da crítica e folclore.* São Paulo: Martins Fontes, 1963.

_____. "Terapêutica musical" [1939]. In: ALVARENGA, Oneyda (ed.). *Namoros com a medicina.* São Paulo: Livraria Martins Editores, 1972.

ARNHEIM, Rudolf. *Estética radiofónica.* Barcelona: Editorial Gustavo Gili, 1980.

BARROS, Orlando de. "Um debate sobre a índole do rádio nos tempos de Vargas: a 'pedagogia do ar' de Almirante". *Revista Maracanan,* Rio de Janeiro, ano I, n° 1, 1999/2000.

BENJAMIN, Walter. "A obra de arte na era da sua reprodutibilidade técnica" In: *Magia e técnica, arte e política: ensaios sobre literatura e história da cultura*. V. 1. São Paulo: Brasiliense, 1996.

BESSA, Virgínia de Almeida. *A escuta singular de Pixinguinha: história e música popular no Brasil dos anos 1920 e 1930*. São Paulo: Alameda, 2010.

_____. "Imagens da escuta: traduções sonoras de Pixinguinha". In: MORAES, José Geraldo Vinci de; SALIBA, Elias Thomé (orgs.). *História e Música no Brasil*. São Paulo: Alameda, 2010.

_____. *Um bocadinho de cada coisa: trajetória e obra de Pixinguinha. História e Música popular no Brasil nos anos 20 e 30*. Dissertação (mestrado em História Social) – FFLCH-USP, São Paulo, 2006.

BRECHT, Bertold. "Teoría de la radio". In: GODED, Jaime (org.). *Los médios de la comunicación colectiva*. México, D.F.: Universidad Autónoma de México, 1976, p. 291-300 (Série Lecturas 1).

CALABRE, Lia. *No Tempo do Rádio: radiodifusão e cotidiano no Brasil – 1923-1960*. Tese (doutorado em História) – Universidade Federal Fluminense, Niterói, 2002.

CHIMÈNES, Myriam. "Musicologia e História. Fronteira ou terra de ninguém entre duas disciplinas?". *Revista de História*, São Paulo, DH-FFLCH-USP, nº 157 (Dossiê História e Música), 2º sem. de 2007, p. 15-29.

CUNHA, Fabiana Lopes da. *Da marginalidade ao estrelato: o samba na construção da nacionalidade (1917-1945)*. São Paulo: Annablume, 2004.

DREYFUS, Dominique. *Vida do viajante: a saga de Luiz Gonzaga*. São Paulo: Editora 34, 1996 (Coleção Ouvido Musical).

ECO, Umberto. *Apocalípticos e integrados*. 6ª ed. São Paulo: Perspectiva, 2004.

FENERICK, José Adriano. *Nem do morro nem da cidade: as transformações do samba e a indústria cultural (1920-1945)*. São Paulo: Fapesp/Annablume, 2005.

FERREIRA, José de Jesus. *Luiz Gonzaga: O Rei do Baião. Sua vida, seus amigos, suas canções*. São Paulo: Ática, 1986.

FRANCESCHI, Humberto M. *A Casa Edison e seu tempo*. Rio de Janeiro: Sarapuí, 2002

FROTA, Wander Nunes. *Auxílio luxuoso: samba símbolo nacional, geração de Noel Rosa e indústria cultural*. São Paulo: Annablume, 2003.

GILIOLI, Renato de Sousa Porto. *Educação e cultura no rádio brasileiro: concepções de radioescola em Roquette-Pinto*. Tese (doutorado em Educação) – Faculdade de Educação-USP, São Paulo, 2008.

GOLDFEDER, Miriam. *Por trás das ondas da Rádio Nacional*. São Paulo: Paz e Terra, 1981.

GONÇALVES, Camila Koshiba. *Música em 78 rotações: "Discos a todos os preços" na São Paulo dos anos 30*. Dissertação (mestrado em História Social) – FFLCH-USP, São Paulo, 2006.

GURGUEIRA, Fernando L. *A integração nacional pelas ondas: o rádio no Estado Novo*. Dissertação (mestrado em História Social) – DH-FFLCH-USP, São Paulo, 1995.

262 Giuliana Souza de Lima

HAUSSEN, Doris Fagundes. *Rádio e Política: tempos de Vargas e Perón*. 2ª ed. Porto Alegre: EdiPUCRS, 2001.

LENHARO, Alcir. *Cantores do Rádio: a trajetória de Nora Ney e Jorge Goulart e o meio artístico de seu tempo*. Campinas: Editora da Unicamp, 1995.

MARIZ, Vasco. *A canção brasileira: erudita, folclórica popular*. 4ª ed. Rio de Janeiro: Cátedra; Brasília: INL/MEC, 1980.

MATOS, Claudia Neiva de. *Acertei no milhar: samba e malandragem no tempo de Getúlio*. Rio de Janeiro: Paz e Terra, 1982 (Coleção Literatura e Teoria Literária, v. 46).

McCANN, Bryam. *Hello, Hello Brazil: popular music in the making of modern Brazil*. Durham, Londres: Duke University Press, 2004.

MESQUITA, Cláudia. *Um museu para a Guanabara: Carlos Lacerda e a criação do Museu da Imagem e do Som (1960-1965)*. Rio de Janeiro: Folha Seca/Faperj, 2009.

MORAES, José Geraldo Vinci de. *Assonoridades paulistanas: a música popular na cidade de São Paulo – final do século XIX ao início do século XX*. Rio de Janeiro: Funarte, 1997.

_____. "Rádio e música popular nos anos 30". *Revista de História*, São Paulo, DH-FFLCH-USP, nº 140, 1º sem. de 1999, p. 75-93.

_____. "Modulações e novos ritmos na oficina da história". *Revista Galega de Cooperación Científica Iberoamericana*, Santiago de Compostela, v. 11, 2005, p. 49-56.

_____. "O Brasil sonoro de Mariza Lira". *Revista Temas & Matizes*, Cascavel-Unioeste, v. 5, nº 10, 2º sem. de 2006, p. 29-36.

_____. "História e historiadores da música popular no Brasi". *Latin American Music Review*, Austin-Texas, v. 28, 2, 2007, p. 271-299.

_____. "Cantar e contar o cotidiano. As modinhas paulistanas (anos 20/30)". In: MATOS, C.; TRAVASSOS, E.; MEDEIROS, F. (orgs.). *Palavra cantada: ensaios sobre poesia, música e voz.* Rio de Janeiro: Faperj/7 Letras, 2008, p. 181-191.

_____. "E 'Se Você Jurar', 'Pelo Telefone', que estou na Missão de Pesquisas Folclóricas?". *Revista USP*, São Paulo, nº 87, set./ out./nov. 2010, p. 172-183.

_____; SALIBA, Elias Thomé (orgs.). *História e Música no Brasil.* São Paulo: Alameda, 2010.

_____. "Edigar de Alencar e a escrita histórica da música popular". *Cadernos de Pesquisa do CDHIS*, Uberlândia, v. 24, nº 2, 2011.

_____; MACHADO, Cacá. "Música em conserva". *Revista Auditório*, São Paulo, Instituto Auditório Ibirapuera, 2011, p. 160-183. Disponível em: <http://www.auditorioibirapuera.com.br/wp-content/uploads/2011/08/Revista_Auditorio.pdf>. Acesso em: 26 mar. 2012.

MORIN, Edgar. *As estrelas: mito e sedução no cinema.* Rio de Janeiro: José Olympio, 1989.

MOURA, Roberto. *Tia Ciata e a pequena África no Rio de Janeiro.* Rio de Janeiro: Funarte, 1983.

NAPOLITANO, Marcos. "História e música popular: um mapa de leituras e questões". *Revista de História*, São Paulo,

DH-FFLCH-USP, n° 157 (Dossiê História e Música), 2° sem. de 2007, p. 153-171.

OLIVEIRA, Cláudia Maria Silva de. "*Quando canta o Brasil*": a *Rádio Nacional e a construção de uma identidade popular – 1936-1945*. Dissertação (mestrado em História) – Pontifícia Universidade Católica, Rio de Janeiro, 1996.

PAES, Anna. *Almirante e o Pessoal da Velha Guarda: memória, história e identidade*. Dissertação (mestrado em Música) – Unirio, Rio de Janeiro, 2012.

PAIANO, Enor. *O berimbau e o som universal: lutas culturais e indústria fonográfica nos anos 60*. Dissertação (mestrado em Comunicação) – ECA-USP, São Paulo, 1994.

PARANHOS, Adalberto. Além das amélias: música popular e relações de gênero sob o "Estado Novo". *ArtCultura, Revista de História, Cultura e Arte*, Uberlândia, v. 8, n° 13, jul.-dez. 2006. p. 164-174.

PEDRO, Antonio. *Samba da legitimidade*. Dissertação (mestrado em História Social) – FFLCH-USP, São Paulo, 1980.

PEREIRA, João Baptista Borges. *Cor, profissão e mobilidade: o negro e o rádio de São Paulo*. 2ª ed. São Paulo: Edusp, 2001.

PEREIRA, Leandro. *Rádio Nacional do Rio de Janeiro: a música popular brasileira e seus arranjadores (década de 1930 a década de 1960)*. Dissertação (mestrado em Música) – Universidade Federal do Rio de Janeiro, Rio de Janeiro, 2006.

PÉREZ GONZÁLEZ, Juliana. *Da música folclórica à música mecânica: uma história do conceito "música popular" por intermédio de Mário de Andrade (1893-1945)*. Dissertação (mestrado em História Social) – FFLCH-USP, São Paulo, 2011.

PINTO, Maria Inez Machado Borges. "A reinvenção das tradições no cenário da modernidade: a radiodifusão e suas raízes urbanas". *ArtCultura – Revista de História, Cultura e Arte*, Uberlândia, v. 8, nº 9, jul.-dez. 2004, p. 139-150. Disponível em: <http://www.artcultura.inhis.ufu.br/PDF%209/ArtCultura%2009_maria%20inez.pdf>. Acesso em: 18 abr. 2012.

PRANDI, Reginaldo. *Segredos guardados: orixás na alma brasileira*. São Paulo: Companhia das Letras, 2005.

QUINTERO-RIVERA, Mareia. *A cor e o som da nação: a ideia de mestiçagem na crítica musical do Caribe hispânico e do Brasil (1928-1948)*. São Paulo: Fapesp/Annablume, 2000.

REIS, José Roberto Franco. "Rádio, nacionalismo e cultura popular durante o Estado Novo: a pedagogia radiofônica do Almirante". In: *Temas de Ensino Médio: formação*. Rio de Janeiro: Escola Politécnica de Saúde Joaquim Venâncio, 2006, p. 63-75.

ROCHA, Francisco. "Na trilha das grandes orquestras". In: MORAES, José Geraldo Vinci de; SALIBA, Elias Thomé (orgs.). *História e Música no Brasil*. São Paulo: Alameda, 2010, p. 369-401.

SANDRONI, Carlos. "Adeus à MPB". In: CAVALCANTE, Berenice; STARLING, Heloisa Maria Murgel; EISENBERG, José (orgs.). *Decantando a República*. V. 1: *Inventário histórico e político da* canção popular moderna brasileira. Rio de Janeiro/São Paulo: Nova Fronteira/Fundação Perseu Abramo, 2004, p. 23-35.

_____. Feitiço decente: transformações do samba no Rio de Janeiro (1917-1930). Rio de Janeiro: Zahar/Editora UFRJ, 2001.

_____. Mário contra Macunaíma: cultura e política em Mário de Andrade. São Paulo: Vértice/Editora Revista dos Tribunais; Rio de Janeiro: Instituto Universitário de Pesquisas do Rio de Janeiro, 1988 (O Vermelho e o Negro: 2)

SAROLDI, Luiz Carlos; MOREIRA, Sônia Virgínia. Rádio Nacional: o Brasil em sintonia. Rio de Janeiro: Zahar, 2005.

SCHAEFFER, Pierre. Ensaio sobre o rádio e o cinema: estética e técnica das artes-relé, 1941-1942. Belo Horizonte: Editora UFMG, 2010.

SCHAFER, Murray. O ouvido pensante. São Paulo: Editora Unesp, 1992.

SEVCENKO, Nicolau. "Introdução. O prelúdio republicano, astúcias da ordem e ilusões do progresso"; "A capital irradiante: técnica, ritmos e ritos do Rio". In: História da Vida Privada no Brasil. V. 3: República: da Belle Époque à Era do Rádio. São Paulo: Companhia das Letras, 2004, p. 7-48; p. 513-620.

_____. Literatura como missão: tensões sociais e criação literária na Primeira República. 2ª ed. São Paulo: Companhia das Letras, 2003.

SILVA, Márcia Regina Carvalho da. A canção popular na história do cinema brasileiro. Tese (doutorado em Multimeios) – Unicamp, Campinas, 2009.

SINGER, Ben. "Modernidade, hiperestímulo e o início do sensacionalismo popular". In: CHERNEY, Leo; SCHWARTZ, Vanessa (orgs.). *O cinema e a invenção da vida moderna*. São Paulo: Cosac Naify, 2004, p. 95-123 (Coleção Cinema, Teatro e Modernidade).

TATIT, Luiz. *O século da canção*. São Paulo: Ateliê Editorial, 2004.

TEIXEIRA, Maurício de Carvalho. *Música em conserva: arranjadores e modernistas na criação de uma sonoridade brasileira*. Dissertação (mestrado em Letras) – FFLCH-USP, São Paulo, 2002.

TINHORÃO, José Ramos. *História social da Música Popular Brasileira*. São Paulo: Ed. 34, 1998.

_____. *A música popular: do gramofone ao rádio e TV*. São Paulo: Ática, 1981.

_____. "O carnaval carioca". In: *Música Popular: um tema em debate*. 3ª ed. São Paulo: Ed. 34, 1997.

TONI, Flávia Camargo (org.). *A música popular brasileira na vitrola de Mário de Andrade*. São Paulo: Editora Senac, 2004.

VIANNA, Hermano. *O mistério do samba*. 6ª ed. Rio de Janeiro: Zahar/Editora UFRJ, 2008.

VIANNA, Oduvaldo. *Herança de ódio*. Rio de Janeiro: Edições Casa de Rui Barbosa, 2007. Coleção FCRB Documentos, 3.

WAKINS, Mel. "Foreword". In: BEAN, A.; HATCH., J.; McNAMARA, B. (ed.). *Inside the minstrel mask: readings in nineteenth-century blackface minstrelsy*. Hannover: Wesleyan Universety Press, 1996.

268   Giuliana Souza de Lima

WISNIK, José Miguel. "Getúlio da Paixão Cearense (Villa-Lobos e o Estado Novo)". In: SQUEFF, Enio; WISNIK, J. M. *O nacional e o popular na cultura brasileira.* 2ª ed. São Paulo: Brasiliense, 1983, p. 129-191.

3. História e Metodologia

BENJAMIN, Walter. "O narrador. Considerações sobre a obra de Nikolai Leskov" (1936). In: *Magia e técnica, arte e política: ensaios sobre literatura e história da cultura.* V. 1. São Paulo: Brasiliense, 1996.

BURKE, Peter. *Cultura popular na Idade Moderna: Europa, 1500-1800.* São Paulo: Companhia das Letras, 1989.

_____. *O que é História Cultural?* Rio de Janeiro: Zahar, 2005.

CAPELATO, Maria Helena Rolim. "Estado Novo: novas histórias". In: FREITAS, Marcos Cezar de (org.). *Historiografia brasileira em perspectiva.* São Paulo: Contexto, 2005, p. 183-213.

_____. *Multidões em cena: propaganda política no varguismo e no peronismo.* 2ª ed. São Paulo: Editora Unesp, 2009.

CERTEAU, Michel de. *A escrita da História.* Rio de Janeiro: Forense Universitária, 1982.

_____. *A invenção do cotidiano. Artes de fazer.* 2ª ed. Petrópolis: Vozes, 1996.

CHALHOUB, Sidney. *Cidade febril: cortiços e epidemias na corte imperial.* São Paulo: Companhia das Letras, 2004.

CHARTIER, Roger. "El pasado en el presente: literatura, memoria e historia". *ArtCultura, Revista de História, Cultura e Arte*, Uberlândia, v. 8, n° 13, jul.-dez. 2006, p. 8-18.

DOSSE, François. *O desafio biográfico: escrever uma vida*. São Paulo: Edusp, 2009.

GINZBURG, Carlo. *O fio e os rastros: verdadeiro, falso, fictício*. São Paulo: Companhia das Letras, 2006.

GOMES, Ângela Maria de Castro. *História e historiadores*. Rio de Janeiro: Editora FGV, 1999.

LE GOFF, Jacques. "Documento/Monumento". In: *História e Memória*. Campinas: Editora da Unicamp, 2006.

LENHARO, Alcir. *Sacralização da política*. 2ª ed. Campinas: Papirus/Editora da Unicamp, 1989.

LOWENTHAL, David. "Como conhecemos o passado". *Projeto História*, São Paulo, n ° 17, nov. 1998, p. 63-105.

MATOS, Cláudia Neiva de. *A poesia popular na república das letras: Sílvio Romero folclorista*. Rio de Janeiro: Funarte/Editora UFRJ, 1994.

MOMIGLIANO, Arnaldo. *As raízes clássicas da historiografia moderna*. Bauru: Edusc, 2004.

OLIVEIRA, Maria Luiza Ferreira de. *Entre a casa e o armazém: relações sociais e experiência da urbanização de São Paulo, 1850-1900*. São Paulo: Alameda, 2005.

ORTIZ, Renato. *A moderna tradição brasileira*. 5ª ed. São Paulo: Brasiliense, 2006.

_____. *Românticos e folcloristas: cultura popular*. São Paulo: Olho d'Água, 1992.

PÉCAUT, Daniel. "A geração dos anos 1920-40". In: *Os intelectuais e a política no Brasil: entre o povo e a nação*. São Paulo: Ática, s/d, p. 14-57.

PRADO JR., Caio. *Formação do Brasil contemporâneo*. 23º ed. São Paulo: Brasiliense, 2004.

SALIBA, Elias Thomé. *Raízes do riso: a representação humorística na História brasileira – da Belle Époque aos primeiros tempos do rádio*. São Paulo: Companhia das Letras, 2002.

SCHWARTZMAN, Simon; BOMENY, Helena Maria Bousquet; COSTA, Vanda Maria. *Tempos de Capanema*. São Paulo: Paz e Terra/Fundação Getúlio Vargas, 2000.

VILHENA, Luís Rodolfo. *Projeto e missão: o movimento folclórico brasileiro (1947-1964)*. Rio de Janeiro: Funarte/Fundação Getúlio Vargas, 1997.

4. Obras de referência

CASCUDO, Luiz da Câmara. *Dicionário do Folclore Brasileiro*. 10ª ed. Rio de Janeiro/São Paulo: Ediouro, 1999.

MARCONDES, Marco Antônio. *Enciclopédia da Música Brasileira: erudita, folclórica, popular*. 2ª ed. revista e atualizada. São Paulo: Art Editora/Itaú Cultural, 1998.

5. Fonogramas

Título	Compositor(es)	Intérprete	Ano de gravação/ Lançamento	Gravadora/ nº de série/ matriz
A Dama do Cemitério	Moreira da Silva/ Kiabo	Moreira Da Silva	1961	Odeon/MOFB 3.245
Assim Como o Rio	Almirante	Almirante	1935	Victor, 33.958-B /79.863
A Velha Guarda (LP)	Vários	A Velha Guarda	1955	Sinter SLP/1.038
Boneca de Pixe	Ary Barroso/ Luiz Iglesias	Carmen Miranda e Almirante	1938	Odeon/ 11.654-A/ 5.908
Cabôca di Caxangá	João Pernambuco/ Catulo Da Paixão Cearense	Bahiano/ Grupo da Casa Edison Júlia Martins	1913	Odeon/120.947
Drama de Angélica	Alvarenga/ M. G. Barreto	Alvarenga e Ranchinho	1942	Odeon/12.219
Gaúcho (Corta-Jaca)	Chiquinha Gonzaga	Os Geraldos	1905	Odeon/40.454
Ge-Gê (Seu Getúlio)	Lamartine Babo	Almirante e O Bando de Tangarás	1931	Parlophon/ 13.274
Já Te Digo	Pixinguinha/ China	Bahiano	1919	Odeon/121.535
Luar do Sertão	Catulo da Paixão Cearense	Eduardo das Neves e Coro	1914	Odeon/120.911
Na Gruta do Feiticeiro	Almirante / Homero Dornelas/ E. Vidal	Almirante	1932	Victor/ 33.572-A/ 65.415

272   Giuliana Souza de Lima

Título	Compositor(es)	Intérprete	Ano de gravação/ Lançamento	Gravadora/ nº de série/ matriz
Na Pavuna	Homero Dornelas/ Almirante	Almirante e O Bando de Tangarás	1929/ 1930	Parlophon/ 13.089-A/ 3.179
Pelo Telefone	Donga/Mauro de Almeida	Banda Odeon	1917	Odeon/12.1313/ R-204
Polêmica – Wilson Batista X Noel Rosa (LP)	Wilson Batista/ Noel Rosa	Roberto Paiva e Francisco Egydio	1956	Odeon/MODB 3.033
Preto e Branco	Augusto Vasseur/ Marques Porto/ Luiz Peixoto	Araci Cortes	1930	Odeon/ 10.681-B/ 3.865
Preto e Branco	Augusto Vasseur/ Marques Porto/ Luiz Peixoto	Carmen Miranda e Almirante	1939	Odeon/ 11.777-A/ 6075
Quem São Eles? (Bahia Boa Terra)	J. B. da Silva (Sinhô)	Bahiano e Coro	1918	Odeon/ 12.1445
Romance de Uma Caveira	Alvarenga- Ranchinho- Chiquinho Sales	Alvarenga e Ranchinho	1937/ 1940	Odeon 11.831-A/ 6.301
Toca o Bonde	Freire Junior	Artur Castro	1925/ 1927	Odeon/ 123.114
Vamos Falá do Norte	Almirante	Almirante e O Bando De Tangarás	1929	Parlophon/ 13.010-A
Viola Quebrada	Mario de Andrade/ Ary Kerner Veiga de Castro	Patrício Teixeira	1928	Parlophon/ 12.821-A

Almirante, "a mais alta patente do rádio" **273**

6. Filmografia

ALÔ, Alô, Carnaval. Direção: Adhemar Gonzaga. Roteiro: Adhemar Gonzaga, Ruy Costa. Rio de Janeiro: Cinédia S.A.; Waldow Filmes, 1936. 1 Fita Cassete (80 min), 35mm, p&b.

BOLA de Fogo. Direção: Howard Hawks. Roteiro: Charles Brackett, Billy Wilder. MGM, 1941. 1 DVD (110 min), NTSC, color. Título original: *Ball of fire*.

BRASILIANAS. Direção: Humberto Mauro. Fotografia: José Mauro. Rio de Janeiro: MinC/Funarte, 1945-1956. 1 Fita VHS (67 min), 16 e 35 mm, p&b.

GAROTA Enxuta. Direção: J. B. Tanko. Roteiro: Chico Anysio, J. B. Tanko. Produção: Herbert Richers. Rio de Janeiro: Distribuidora de Filmes Sino Ltda., 1959. (102 min), 35 mm, p&b.

O CANTOR de Jazz (1927). Direção: Alan Crosland. [S.l.]: Continental, 2006. 1 DVD (90 min), NTSC, p&b. Título original: *The Jazz Singer*. Disponível em: <http://www.youtube.com/watch?v=wlZfyMzO164>. Acesso em: 5 nov. 2012.

PIXINGUINHA e a Velha Guarda do samba. Direção: Ricardo Dias, Thomaz Farkas. São Paulo: 2007. Arquivo digital (10 min), 35mm, color/p&b. Disponível em: <http://portacurtas.org.br/filme/?name=pixinguinha_e_a_velha_guarda_do_samba>. Acesso em: 5 nov. 2012.

PROGRAMA Casé. O que a gente não inventa não existe. Direção: Estevão Ciavatta. Rio de Janeiro: Biscoito Fino, 2011. 1 DVD (80 min), digital, color.

VOANDO para o Rio. Direção: Thornton Freeland. [S.l.]: Continental, 2006. 1 DVD (109 min), NTSC, p&b. Título original: Flying Down to Rio.

7. Sites na internet

ARQUIVO Público do Estado de São Paulo. Acervo digitalizado de periódicos. Disponível em: <http://www.arquivoestado.sp.gov.br/hemeroteca_digitalizado.php>. Acesso em: 7 out. 2013.

BASE Fundaj. Base de dados contendo informações sobre o acervo musical brasileiro, em discos de 78 rpm, gravados no Brasil no período de 1902 a 1964. Disponível em: <http://bases.fundaj.gov.br/disco.html>. Acesso em: 11 nov. 2012.

BIBLIOTECA Nacional Digital. Projeto Hemeroteca Digital Brasileira, Fundação Biblioteca Nacional. Disponível em: <http://memoria.bn.br/hdb/periodico.aspx>. Acesso em: 7 out. 2013.

COLLECTOR's Studios. Disponível em: <http://www.collectors.com.br/>. Acesso em: 11 nov. 2012.

DICIONÁRIO Cravo Albin da Música Popular Brasileira. Disponível em: <http://www.dicionariompb.com.br/>. Acesso em: 11 nov. 2012.

DISCOS do Brasil. Disponível em: <http://www.discosdobrasil.com.br>. Acesso em: 11 nov. 2012.

INSTITUTO Moreira Salles. Acervo de música. Disponível em: <http://acervo.ims.uol.com.br/>. Acesso em: 11 nov. 2012.

MEMÓRIA da Música. Banco de dados de dissertações de mestrado, teses de doutorado e de livre-docência, livros editados baseados exclusivamente nessas pesquisas e artigos publicados em revistas acadêmicas de História, cujo tema é música popular. Disponível em: <http://www.memoriadamusica.com.br/site/banco-de-dados/>. Acesso em: 11 nov. 2012.

MEMÓRIA Musical. Discografia. Disponível em: <http://www.memoriamusical.com.br/>. Acesso em: 11 nov. 2012.

CRÉDITOS DAS IMAGENS

Imagem 1. Almirante e O Pessoal da Velha Guarda. Fonte: *Revista do Rádio*, nº 297, 21 maio 1955, p. 41. Acervo da Fundação Biblioteca Nacional/Hemeroteca Digital Brasileira. Disponível em: <http://memoria.bn.br/DocReader/DocReader.aspx?bib=144428&pesq=festival%20da%20velha%20guarda&pasta=ano%20195>. Acesso em: 12 out. 2013.

Imagem 2. Anúncio do Iofoscal. Fonte: *A Cigarra*, Ano XXII – Rio de Janeiro/São Paulo, nº 34, janeiro de 1937, p. 122. Arquivo do Estado de São Paulo/Acervo Digital de Periódicos.

Imagem 3. Anúncio da Emulsão de Scott. Fonte: *A Cigarra*, ano XV – Rio de Janeiro/São Paulo, nº 310, outubro de 1927, p. 42. Arquivo do Estado de São Paulo/Acervo Digital de Periódicos.

Imagem 4. Anúncio do Sal de Fructa ENO. Fonte: *A Cigarra Magazine*, nº 215, fevereiro de 1952, p. 82. Arquivo do Estado de São Paulo/Acervo Digital de Periódicos.

Imagem 5. Anúncio da Casa Barkí. Fonte: *Correio da Manhã*, Rio de Janeiro, n° 17.860, Ano L, domingo, 10 de junho de 1951, 2° Caderno, p. 1. Acervo da Fundação Biblioteca Nacional/ Hemeroteca Digital Brasileira. Disponível em: <http://memoria.bn.br/DocReader/DocReader.aspx?bib=089842_06& pagfis=7414&pesq=&esrc=s>. Acesso: em 7 out. 2013.

Imagem 6. Anúncio do programa *Recolhendo o Folclore*. Fonte: *Correio da Manhã*. Rio de Janeiro, terça-feira, 21 de maio de 1957, n° 19.677, ano LVI, 1° Caderno, p. 16. Acervo da Fundação Biblioteca Nacional/Hemeroteca Digital Brasileira. Disponível em: <http://memoria.bn.br/DocReader/ DocReader.aspx?bib=089842_06&pagfis=22897&pesq=>. Acesso em: 7 out. 2013.

Imagem 7. Almirante e o Bando de Tangarás. Caricatura de Nássara, 1930. Fonte: ALMIRANTE. *No Tempo de Noel Rosa.* 2ª Edição. Rio de Janeiro: Francisco Alves Editora, 1977 (caderno de imagens).

ANEXOS

ROTEIRO SONORO

1. "Caricatura de Almirante" 3'39
Caricaturas, 1947.
Coleção Assim Era o Rádio, Collector's Studios Ltda., RJ, AER275, lado A.

2. "Cantigas de Capoeiras da Bahia" 2'14"
Curiosidades Musicais, 1938
Coleção Assim Era o Rádio, Collector's Studios Ltda., RJ, AER197, lado A.

3. "Abertura" 2'55
Aquarelas do Brasil, 1945
Coleção Assim Era o Rádio, Collector's Studios Ltda., RJ, AER194, lado A.

278 Giuliana Souza de Lima

4. "Pan American World Airways" 1'21"
Aquarelas do Brasil, 1945
Coleção Assim Era o Rádio, Collector's Studios Ltda., RJ, AER195, lado B.

5. "Abertura" 1'29"
O Pessoal da Velha Guarda, 1947
Coleção Assim Era o Rádio, Collector's Studios Ltda., RJ, AER022, lado A.

6. "Cantores e cantoras de música popular..." 3'44"
O Pessoal da Velha Guarda, 1947
Coleção Assim Era o Rádio, Collector's Studios Ltda., RJ, AER022, lado B.

7. "Casa Barkí" 1'19"
No Tempo de Noel Rosa, 1951
Coleção Assim era o rádio, Collector's Studios Ltda., RJ, AER077, lado A.

8. "Iofoscal" 1'23"
O Pessoal da Velha Guarda, 1948
Coleção Assim Era o Rádio, Collector's Studios Ltda., RJ, AER026, lado A.

9. Jingle "Sal de Fruta ENO" 0'38"
O Pessoal da Velha Guarda, 1950.
Coleção Assim era o rádio, Collector's Studios Ltda., AER028, lado B.

10. "O fantástico caso do cemitério, ou a debandada do bloco carnavalesco" 3'27"

Incrível! Fantástico! Extraordinário!, 1947.

Coleção Assim Era o Rádio, Collector's Studios Ltda., RJ, AER318, lado A.

11. "Faz Mal" e "Dr. Saratudo" 3'14"

Recolhendo o Folclore, 1955.

Arquivo da Rádio Nacional do Rio de Janeiro, CD n° 0340.

12. "Regime das cores" 0'32"

Curiosidades Musicais, 1940.

Coleção Assim Era o Rádio, Collector's Studios Ltda., RJ, AER199, lado A.

13. Participação de Wilson Batista 4'03"

No Tempo de Noel Rosa, 1951.

Coleção Assim Era o Rádio, Collector's Studios Ltda., RJ, AER082, lado A.

ÍNDICE TEMÁTICO DOS PROGRAMAS

PROGRAMA	ANO	EMISSORA	TEMA	FUNDO DE ORIGEM	REFE-RÊNCIA
A Vida de Noel Rosa	1952	Rádio Record	Biografia de Noel Rosa – 18v.	Coleção José Ramos Tinho-rão/IMS-RJ	Caixa A3-1
Aquarelas do Brasil	1945	Rádio Nacional	O Bumba-meu-boi	Acervo Collector's Studios	AER194
Aquarelas do Brasil	1945	Rádio Nacional	As origens do samba e das escolas de samba	Acervo Collector's Studios	AER194
Aquarelas do Brasil	1945	Rádio Nacional	Pregões do Brasil	Acervo Collector's Studios	AER195
Aquarelas do Brasil	1945	Rádio Nacional	Origens do Frevo e do Maracatu	Acervo Collector's Studios	AER195
Aquarelas do Brasil	1946	Rádio Nacional	Festas de São João	Acervo Collector's Studios	AER223
Aquarelas do Brasil	1946	Rádio Nacional	O boiadeiro	Acervo Collector's Studios	AER223
Aquarelas do Brasil	1945	Rádio Nacional	A lenda do Abaeté e a lenda do Chico Rey	Acervo Collector's Studios	AER196
Aquarelas do Brasil	1945	Rádio Nacional	Velórios e rezas para defuntos	Acervo Collector's Studios	AER196
Canções de Natal	1950	Rádio Tupi/RJ	Canções de Natal do Brasil	Acervo Collector's Studios	AER169

Canções de Natal	1950	Rádio Tupi/RJ	Os pastoris	Acervo Collector's Studios	AER169
Canções de Natal	1950	Rádio Tupi/RJ	A história da canção "Noite Feliz"	Acervo Collector's Studios	AER170
Canções de Natal	1950	Rádio Tupi/RJ	Os reisados	Acervo Collector's Studios	AER170
Carnaval Antigo – parte I	1946	Rádio Tupi/RJ e Tamoio	Evolução do Carnaval, de 1900-1910	Acervo Collector's Studios	AER164
Carnaval Antigo – parte II	1946	Rádio Tupi/RJ e Tamoio	Evolução do Carnaval, de 1911-1920	Acervo Collector's Studios	AER164
Carnaval Antigo – parte III	1946	Rádio Tupi/RJ e Tamoio	Evolução do Carnaval, de 1921-1930	Acervo Collector's Studios	AER165
Carnaval Antigo – parte IV	1946	Rádio Tupi/RJ e Tamoio	Evolução do Carnaval, de 1931-1946	Acervo Collector's Studios	AER165
Curiosidades musicais	1938	Rádio Nacional	Cantigas dos Capoeiras da Bahia	Acervo Collector's Studios	AER197
Curiosidades musicais	1939	Rádio Nacional	A música sugestionante	Acervo Collector's Studios	AER197
Curiosidades musicais	1940	Rádio Nacional	A evolução do Carnaval	Acervo Collector's Studios	AER199
Curiosidades musicais	1940	Rádio Nacional	O Bumba-meu-boi	Acervo Collector's Studios	AER199
Curiosidades musicais	1941	Rádio Nacional	Cantigas de Reisados e Pastoris	Acervo Collector's Studios	AER200

Programa	Ano	Emissora	Assunto	Acervo	Número
Curiosidades musicais	1941	Rádio Nacional	As Congadas	Acervo Collector's Studios	AER200
Curiosidades musicais	1941	Rádio Nacional	Os famosos desafios do norte	Acervo Collector's Studios	AER198
Curiosidades musicais	1941	Rádio Nacional	Os famosos desafios do norte – parte II	Acervo Collector's Studios	AER198
Especial – Pixinguinha	1952	Rádio Clube	Pixinguinha	Coleção Almirante – MIS-RJ	2105
História das Orquestras e Músicos	1940	Rádio Nacional	Lyrio Panicalli	Arquivo da Rádio Nacional	CD 0181/0494
História das Orquestras e Músicos	1947	Rádio Tupi	Cavalo Marinho	Coleção Almirante – MIS-RJ	171
História das Orquestras e Músicos	1947	Rádio Tupi	Pe. José Maurício	Coleção Almirante – MIS-RJ	172
História das Orquestras e Músicos	1947	Rádio Tupi	Careca	Coleção Almirante – MIS-RJ	173
História das Orquestras e Músicos	1947	Rádio Tupi	Luiz Moreira	Coleção Almirante – MIS-RJ	174
História das Orquestras e Músicos	1946	Rádio Tupi	Calado	Coleção Almirante – MIS-RJ	280
História das Orquestras e Músicos	1947	Rádio Tupi	João da Bahiana	Coleção Almirante – MIS-RJ	353
História das Orquestras e Músicos	1947	Rádio Tupi	Sinhô	Coleção Almirante – MIS-RJ	359
História das Orquestras e Músicos	1947	Rádio Tupi	Zé Cavaquinho	Coleção Almirante – MIS-RJ	532
História das Orquestras e Músicos	1946	Rádio Tupi/RJ	Radamés Gnattali	Coleção Almirante – MIS-RJ	1747
História das Orquestras e Músicos	1946	Rádio Tupi/RJ	Patápio Silva	Coleção Almirante – MIS-RJ	1748

História das Orquestras e Músicos	1946	Rádio Tupi/RJ	Eustórgio Wanderlei	Coleção Almirante – MIS-RJ	1749
História das Orquestras e Músicos	1946	Rádio Tupi/RJ	Pedro Raimundo	Coleção Almirante – MIS-RJ	1750
História das Orquestras e Músicos	1946	Rádio Tupi/RJ	Ernesto Nazareth	Coleção Almirante – MIS-RJ	1751
História das Orquestras e Músicos	1946	Rádio Tupi/RJ	Orquestra Ungerer	Coleção Almirante – MIS-RJ	1752
História das Orquestras e Músicos	1946	Rádio Tupi/RJ	Freire Junior	Coleção Almirante – MIS-RJ	1753
História das Orquestras e Músicos	1946	Rádio Tupi/RJ	Eduardo Patané	Coleção Almirante – MIS-RJ	1754
História das Orquestras e Músicos	1946	Rádio Tupi/RJ	Nelson Ferreira	Coleção Almirante – MIS-RJ	1755
História das Orquestras e Músicos	1946	Rádio Tupi/RJ	Ernesto de Souza	Coleção Almirante – MIS-RJ	1757
História das Orquestras e Músicos	1946	Rádio Tupi/RJ	Banda do Corpo de Bombeiros	Coleção Almirante – MIS-RJ	1758
História das Orquestras e Músicos	1946	Rádio Tupi/RJ	Simon Bountman	Coleção Almirante – MIS-RJ	1759
História das Orquestras e Músicos	1946	Rádio Tupi/RJ	Henrique Vogeler	Coleção Almirante – MIS-RJ	1760
História das Orquestras e Músicos	1946	Rádio Tupi/RJ	Rogério Guimarães	Coleção Almirante – MIS-RJ	1761
História das Orquestras e Músicos	1946	Rádio Tupi/RJ	Milton Calazans	Coleção Almirante – MIS-RJ	1762
História das Orquestras e Músicos	1946	Rádio Tupi/RJ	Anacleto de Medeiros	Coleção Almirante – MIS-RJ	1763
História das Orquestras e Músicos	1946	Rádio Tupi/RJ	Gadé	Coleção Almirante – MIS-RJ	1764
História das Orquestras e Músicos	1946	Rádio Tupi/RJ	Zumba	Coleção Almirante – MIS-RJ	1765
História das Orquestras e Músicos	1946	Rádio Tupi/RJ	Carlos Gomes	Coleção Almirante – MIS-RJ	1766

História das Orquestras e Músicos	1946	Rádio Tupi/RJ	Aldo Taranto	Coleção Almirante – MIS-RJ	1767
História das Orquestras e Músicos	1946	Rádio Tupi/RJ	Quincas Laranjeiras	Coleção Almirante – MIS-RJ	1756
História das Orquestras e Músicos	1946	Rádio Tupi/RJ	Lyrio Panicalli	Coleção Almirante – MIS-RJ	1768
História do Rio pela Música	1942	Rádio Tupi/RJ	A aviação	Coleção Almirante – MIS-RJ	1725
História do Rio pela Música	s/d	Rádio Tupi/RJ	As modas	Coleção Almirante – MIS-RJ	1726
História do Rio pela Música	1943	Rádio Tupi/RJ	Astronomia e meteorologia	Coleção Almirante – MIS-RJ	1727
História do Rio pela Música	1943	Rádio Tupi/RJ	Curandeiros e adivinhos	Coleção Almirante – MIS-RJ	1728
História do Rio pela Música	1943	Rádio Tupi/RJ	O cinematógrafo	Coleção Almirante – MIS-RJ	1729
História do Rio pela Música	1943	Rádio Tupi/RJ	Doenças, pestes, epidemias	Coleção Almirante – MIS-RJ	1730
História do Rio pela Música	1943	Rádio Tupi/RJ	Doenças, pestes, epidemias	Coleção Almirante – MIS-RJ	1731
História do Rio pela Música	1943	Rádio Tupi/RJ	Ditos em moda cada ano	Coleção Almirante – MIS-RJ	1732
História do Rio pela Música	1943	Rádio Tupi/RJ	Carnaval do princípio do século	Coleção Almirante – MIS-RJ	1734
História do Rio pela Música	1943	Rádio Tupi/RJ	Carnaval de 1911 a 1920	Coleção Almirante – MIS-RJ	1735
História do Rio pela Música	1943	Rádio Tupi/RJ	Carnaval de 1921 a 1930	Coleção Almirante – MIS-RJ	1736
História do Rio pela Música	1943	Rádio Tupi/RJ	Os grandes desastres	Coleção Almirante – MIS-RJ	1737
História do Rio pela Música	1943	Rádio Tupi/RJ	Modas: cabelos e barbas	Coleção Almirante – MIS-RJ	1738

História do Rio pela Música	1943	Rádio Tupi/RJ	Bandidos e crimes célebres	Coleção Almirante – MIS-RJ	154
História do Rio pela Música	1943	Rádio Tupi/RJ	Manias e vícios da cidade	Coleção Almirante – MIS-RJ	155
Histórias do Nosso Carnaval	1952	Rádio Record	História do Carnaval, de 1924 a 1925	Coleção José Ramos Tinhorão – IMS	Caixa A3-1
Histórias do Nosso Carnaval	1952	Rádio Record	História do Carnaval, de 1926 a 1927	Coleção José Ramos Tinhorão – IMS	Caixa A3-1
Histórias do Nosso Carnaval	1952	Rádio Record	História do Carnaval, de 1928 a 1929	Coleção José Ramos Tinhorão – IMS	Caixa A3-1
Histórias do Nosso Carnaval	1952	Rádio Record	História do Carnaval, de 1930 a 1931	Coleção José Ramos Tinhorão – IMS	Caixa A3-1
Histórias do Nosso Carnaval	1952	Rádio Record	História do Carnaval, de 1932 a 1933	Coleção José Ramos Tinhorão – IMS	Caixa A3-1
Histórias do Nosso Carnaval	1952	Rádio Record	História do Carnaval, de 1934 a 1935	Coleção José Ramos Tinhorão – IMS	Caixa A3-1
Histórias do Nosso Carnaval	1952	Rádio Record	História do Carnaval, de 1936 a 1937	Coleção José Ramos Tinhorão – IMS	Caixa A3-1
Histórias do Nosso Carnaval	1952	Rádio Record	História do Carnaval, de 1938 a 1949	Coleção José Ramos Tinhorão – IMS	Caixa A3-1
Histórias do Nosso Carnaval	1952	Rádio Record	História do Carnaval, de 1940 a 1941	Coleção José Ramos Tinhorão – IMS	Caixa A3-1

Histórias do Nosso Carnaval	1953	Rádio Record	História do Carnaval, de 1942 a 1943	Coleção José Ramos Tinhorão – IMS	Caixa A3-1
Histórias do Nosso Carnaval	1953	Rádio Record	História do Carnaval, de 1944 a 1945	Coleção José Ramos Tinhorão – IMS	Caixa A3-1
Histórias do Nosso Carnaval	1953	Rádio Record	História do Carnaval, de 1946 a 1947	Coleção José Ramos Tinhorão – IMS	Caixa A3-1
Histórias do Nosso Carnaval	1953	Rádio Record	História do Carnaval, de 1948 a 1949	Coleção José Ramos Tinhorão – IMS	Caixa A3-1
Histórias do Nosso Carnaval	1953	Rádio Record	História do Carnaval, de 1950 a 1951	Coleção José Ramos Tinhorão – IMS	Caixa A3-1
Histórias do Nosso Carnaval	1953	Rádio Record	História do Carnaval, de 1952 a 1953	Coleção José Ramos Tinhorão – IMS	Caixa A3-1
Histórias do Nosso Carnaval	1952	Rádio Record	História do Carnaval, do séc. XVIII a 1899	Coleção José Ramos Tinhorão – IMS	Caixa A3-1
Histórias do Nosso Carnaval	1952	Rádio Record	História do Carnaval, de 1899 a 1903	Coleção José Ramos Tinhorão – IMS	Caixa A3-1
Histórias do Nosso Carnaval	1952	Rádio Record	História do Carnaval, de 1903 a 1906	Coleção José Ramos Tinhorão – IMS	Caixa A3-1
Histórias do Nosso Carnaval	1952	Rádio Record	História do Carnaval, de 1907 a 1911	Coleção José Ramos Tinhorão – IMS	Caixa A3-1

Histórias do Nosso Carnaval	1952	Rádio Record	História do Carnaval, de 1911 a 1915	Coleção José Ramos Tinhorão – IMS	Caixa A3-1
Histórias do Nosso Carnaval	1952	Rádio Record	História do Carnaval, de 1916 a 1918	Coleção José Ramos Tinhorão – IMS	Caixa A3-1
Histórias do Nosso Carnaval	1952	Rádio Record	História do Carnaval, de 1918 a 1920	Coleção José Ramos Tinhorão – IMS	Caixa A3-1
Histórias do Nosso Carnaval	1952	Rádio Record	História do Carnaval, de 1921 a 1922	Coleção José Ramos Tinhorão – IMS	Caixa A3-1
Histórias do Nosso Carnaval	1952	Rádio Record	História do Carnaval, de 1922 a 1923	Coleção José Ramos Tinhorão – IMS	Caixa A3-1
Incrível! Fantástico! Extraordinário!	1947	Rádio Tupi/RJ e Tamoio	Diversos/casos fantásticos, folclore e cultura popular	Acervo Collector's Studios	AER317
Incrível! Fantástico! Extraordinário!	1947	Rádio Tupi/RJ e Tamoio	Diversos/casos fantásticos, folclore e cultura popular	Acervo Collector's Studios	AER317
Incrível! Fantástico! Extraordinário!	1947	Rádio Tupi/RJ e Tamoio	Diversos/casos fantásticos, folclore e cultura popular	Acervo Collector's Studios	AER318
Incrível! Fantástico! Extraordinário!	1947	Rádio Tupi/RJ e Tamoio	Diversos/casos fantásticos, folclore e cultura popular	Acervo Collector's Studios	AER318
Incrível! Fantástico! Extraordinário!	1947	Rádio Tupi/RJ e Tamoio	Diversos/casos fantásticos, folclore e cultura popular	Acervo Collector's Studios	AER319

Incrível! Fantástico! Extraordinário!	1947	Rádio Tupi/RJ e Tamoio	Diversos/casos fantásticos, folclore e cultura popular	Acervo Collector's Studios	AER319
Incrível! Fantástico! Extraordinário!	1947	Rádio Tupi/RJ e Tamoio	Diversos/casos fantásticos, folclore e cultura popular	Acervo Collector's Studios	AER320
Incrível! Fantástico! Extraordinário!	1948	Rádio Tupi/RJ e Tamoio	Diversos/casos fantásticos, folclore e cultura popular	Acervo Collector's Studios	AER320
Incrível! Fantástico! Extraordinário!	1948	Rádio Tupi/RJ e Tamoio	Diversos/casos fantásticos, folclore e cultura popular	Acervo Collector's Studios	AER321
Incrível! Fantástico! Extraordinário!	1948	Rádio Tupi/RJ e Tamoio	Diversos/casos fantásticos, folclore e cultura popular	Acervo Collector's Studios	AER321
Instantâneos sonoros do Brasil	1940	Rádio Nacional	A seca do Nordeste	Acervo Collector's Studios	AER201
Instantâneos sonoros do Brasil	1940	Rádio Nacional	Cantigas de cegos	Acervo Collector's Studios	AER201
Instantâneos sonoros do Brasil	1940	Rádio Nacional	O mar	Acervo Collector's Studios	AER201
Instantâneos sonoros do Brasil	1940	Rádio Nacional	A lenda do Chico Rey	Acervo Collector's Studios	AER201
Instantâneos sonoros do Brasil	1940	Rádio Nacional	Engenho	Acervo Collector's Studios	AER210
Instantâneos sonoros do Brasil	1940	Rádio Nacional	Boiadeiros	Acervo Collector's Studios	AER210
Instantâneos sonoros do Brasil	1940	Rádio Nacional	Os negros	Acervo Collector's Studios	AER210
Instantâneos sonoros do Brasil	1940	Rádio Nacional	Os garimpeiros	Acervo Collector's Studios	AER210
Instantâneos sonoros do Brasil	1940	Rádio Nacional	Quilombos	Acervo Collector's Studios	AER210

Instantâneos sonoros do Brasil	1940	Rádio Nacional	Padre Cícero	Acervo Collector's Studios	AER214
Instantâneos sonoros do Brasil	1940	Rádio Nacional	Congadas	Acervo Collector's Studios	AER214
Instantâneos sonoros do Brasil	1940	Rádio Nacional	Velórios e rezas para defuntos	Acervo Collector's Studios	AER214
Instantâneos sonoros do Brasil	1940	Rádio Nacional	Festa da Penha	Acervo Collector's Studios	AER214
Instantâneos sonoros do Brasil	1940	Rádio Nacional	Pregões do Brasil	Acervo Collector's Studios	AER218
Instantâneos sonoros do Brasil	1940	Rádio Nacional	Escolas de samba	Acervo Collector's Studios	AER218
Instantâneos sonoros do Brasil	1940	Rádio Nacional	Frevo e Maracatus	Acervo Collector's Studios	AER218
Instantâneos sonoros do Brasil	1940	Rádio Nacional	Assombrações	Acervo Collector's Studios	AER218
No tempo de Noel Rosa	1951	Rádio Tupi/RJ e Tamoio	Biografia de Noel Rosa	Acervo Collector's Studios	AER077
No tempo de Noel Rosa	1951	Rádio Tupi/RJ e Tamoio	Biografia de Noel Rosa	Acervo Collector's Studios	AER077
No tempo de Noel Rosa	1951	Rádio Tupi/RJ e Tamoio	Biografia de Noel Rosa	Acervo Collector's Studios	AER078
No tempo de Noel Rosa	1951	Rádio Tupi/RJ e Tamoio	Biografia de Noel Rosa	Acervo Collector's Studios	AER078
No tempo de Noel Rosa	1951	Rádio Tupi/RJ e Tamoio	Biografia de Noel Rosa	Acervo Collector's Studios	AER079

No tempo de Noel Rosa	1951	Rádio Tupi/RJ e Tamoio	Biografia de Noel Rosa	Acervo Collector's Studios	AER079
No tempo de Noel Rosa	1951	Rádio Tupi/RJ e Tamoio	Biografia de Noel Rosa	Acervo Collector's Studios	AER080
No tempo de Noel Rosa	1951	Rádio Tupi/RJ e Tamoio	Biografia de Noel Rosa	Acervo Collector's Studios	AER080
No tempo de Noel Rosa	1951	Rádio Tupi/RJ e Tamoio	Biografia de Noel Rosa	Acervo Collector's Studios	AER081
No tempo de Noel Rosa	1951	Rádio Tupi/RJ e Tamoio	Biografia de Noel Rosa	Acervo Collector's Studios	AER081
No tempo de Noel Rosa	1951	Rádio Tupi/RJ e Tamoio	Biografia de Noel Rosa	Acervo Collector's Studios	AER082
No tempo de Noel Rosa	1951	Rádio Tupi/RJ e Tamoio	Biografia de Noel Rosa	Acervo Collector's Studios	AER082
No tempo de Noel Rosa	1951	Rádio Tupi/RJ e Tamoio	Biografia de Noel Rosa	Acervo Collector's Studios	AER083
No tempo de Noel Rosa	1951	Rádio Tupi/RJ e Tamoio	Biografia de Noel Rosa	Acervo Collector's Studios	AER083
No tempo de Noel Rosa	1951	Rádio Tupi/RJ e Tamoio	Biografia de Noel Rosa	Acervo Collector's Studios	AER084

No tempo de Noel Rosa	1951	Rádio Tupi/RJ e Tamoio	Biografia de Noel Rosa	Acervo Collector's Studios	AERo84
No tempo de Noel Rosa	1951	Rádio Tupi/RJ e Tamoio	Biografia de Noel Rosa	Acervo Collector's Studios	AERo85
No tempo de Noel Rosa	1951	Rádio Tupi/RJ e Tamoio	Biografia de Noel Rosa	Acervo Collector's Studios	AERo85
No tempo de Noel Rosa	1951	Rádio Tupi/RJ e Tamoio	Biografia de Noel Rosa	Acervo Collector's Studios	AERo86
No tempo de Noel Rosa	1951	Rádio Tupi/RJ e Tamoio	Biografia de Noel Rosa	Acervo Collector's Studios	AERo86
No tempo de Noel Rosa	1951	Rádio Tupi/RJ e Tamoio	Biografia de Noel Rosa	Acervo Collector's Studios	AERo87
No tempo de Noel Rosa	1951	Rádio Tupi/RJ e Tamoio	Biografia de Noel Rosa	Acervo Collector's Studios	AERo87
Nova História do Rio pela Música	s/d	Rádio Nacional	Gírias – cap. 1	Coleção Almirante – MIS-RJ	148
Nova História do Rio pela Música	s/d	Rádio Nacional	Gírias – cap. 2	Coleção Almirante – MIS-RJ	149
Nova História do Rio pela Música	1956	Rádio Nacional	Gírias – cap. 3	Coleção Almirante – MIS-RJ	150
Nova História do Rio pela Música	1956	Rádio Nacional	Gírias – cap. 4	Coleção Almirante – MIS-RJ	151
Nova História do Rio pela Música	1956	Rádio Nacional	Gírias – cap. 5	Coleção Almirante – MIS-RJ	152

Nova História do Rio pela Música	1951	Rádio Nacional	Gírias – cap. 6	Coleção Almirante – MIS-RJ	153
Nova História do Rio pela Música	1956	Rádio Nacional	Rádio	Coleção Almirante – MIS-RJ	156
Nova História do Rio pela Música	1956	Rádio Nacional	Esportes – cap. 3	Coleção Almirante – MIS-RJ	159
Nova História do Rio pela Música	1956	Rádio Nacional	Esportes – cap. 4	Coleção Almirante – MIS-RJ	160
Nova História do Rio pela Música	1956	Rádio Nacional	Esportes – cap. 5	Coleção Almirante – MIS-RJ	161
Nova História do Rio pela Música	1956	Rádio Nacional	Esportes – cap. 6	Coleção Almirante – MIS-RJ	162
Nova História do Rio pela Música	1956	Rádio Nacional	Esportes – cap. 7	Coleção Almirante – MIS-RJ	163
Nova História do Rio pela Música	1956	Rádio Nacional	Esportes – cap. 8	Coleção Almirante – MIS-RJ	164
O Pessoal da Velha Guarda	1947	Rádio Tupi/RJ e Tamoio	Diversos/Música popular brasileira	Acervo Collector's Studios	AERO22
O Pessoal da Velha Guarda	1947	Rádio Tupi/RJ e Tamoio	Diversos/Música popular brasileira	Acervo Collector's Studios	AERO22
O Pessoal da Velha Guarda	1947	Rádio Tupi/RJ e Tamoio	Diversos/Música popular brasileira	Acervo Collector's Studios	AERO23
O Pessoal da Velha Guarda	1947	Rádio Tupi/RJ e Tamoio	Diversos/Música popular brasileira	Acervo Collector's Studios	AERO23
O Pessoal da Velha Guarda	1947	Rádio Tupi/RJ e Tamoio	Diversos/Música popular brasileira	Acervo Collector's Studios	AERO24

O Pessoal da Velha Guarda	1947	Rádio Tupi/RJ e Tamoio	Diversos/Música popular brasileira	Acervo Collector's Studios	AERo24
O Pessoal da Velha Guarda	1947	Rádio Tupi/RJ e Tamoio	Diversos/Música popular brasileira	Acervo Collector's Studios	AERo25
O Pessoal da Velha Guarda	1948	Rádio Tupi/RJ e Tamoio	Diversos/Música popular brasileira	Acervo Collector's Studios	AERo25
O Pessoal da Velha Guarda	1948	Rádio Tupi/RJ e Tamoio	Diversos/Música popular brasileira	Acervo Collector's Studios	AERo26
O Pessoal da Velha Guarda	1948	Rádio Tupi/RJ e Tamoio	Diversos/Música popular brasileira	Acervo Collector's Studios	AERo26
O Pessoal da Velha Guarda	1948	Rádio Tupi/RJ e Tamoio	Diversos/Música popular brasileira	Acervo Collector's Studios	AERo27
O Pessoal da Velha Guarda	1948	Rádio Tupi/RJ e Tamoio	Diversos/Música popular brasileira	Acervo Collector's Studios	AERo27
O Pessoal da Velha Guarda	1948	Rádio Tupi/RJ e Tamoio	Diversos/Música popular brasileira	Acervo Collector's Studios	AERo28
O Pessoal da Velha Guarda	1948	Rádio Tupi/RJ e Tamoio	Diversos/Música popular brasileira	Acervo Collector's Studios	AERo28
O Pessoal da Velha Guarda	1950	Rádio Tupi/RJ e Tamoio	Diversos/Música popular brasileira	Acervo Collector's Studios	AERo29

O Pessoal da Velha Guarda	1951	Rádio Tupi/RJ e Tamoio	Diversos/Música popular brasileira	Acervo Collector's Studios	AER029
O Pessoal da Velha Guarda	1952	Rádio Tupi/RJ e Tamoio	Diversos/Música popular brasileira	Acervo Collector's Studios	AER030
O Pessoal da Velha Guarda	1952	Rádio Tupi/RJ e Tamoio	Diversos/Música popular brasileira	Acervo Collector's Studios	AER030
O Pessoal da Velha Guarda	1952	Rádio Tupi/RJ e Tamoio	Diversos/Música popular brasileira	Acervo Collector's Studios	AER031
O Pessoal da Velha Guarda	1952	Rádio Tupi/RJ e Tamoio	Diversos/Música popular brasileira	Acervo Collector's Studios	AER031
Onde está o poeta	1949	Rádio Tupi/RJ	Poetas populares	Acervo Collector's Studios	AER364
Recolhendo o Folclore	1955	Rádio Nacional	Diversos/folclore e cultura popular	Arquivo da Rádio Nacional	CD 0312
Recolhendo o Folclore	1955	Rádio Nacional	Diversos/folclore e cultura popular	Arquivo da Rádio Nacional	CD 0339/ 0340
Recolhendo o Folclore	1955	Rádio Nacional	Diversos/folclore e cultura popular	Arquivo da Rádio Nacional	CD 0472/ 0475
Recolhendo o Folclore	1955	Rádio Nacional	Diversos/folclore e cultura popular	Arquivo da Rádio Nacional	CD0537

AGRADECIMENTOS

Em uma singela toada de 1935, composta e gravada por Almirante, estavam registrados os seguintes versos: "Prá que tu não temas o assombro das grotas/ Arranja amizade com as gaivotas/ E elas seguindo teu barco de perto/ Não deixem que afastem para rumo incerto". Muitos foram os "companheiros de bordo", que contribuíram direta ou indiretamente para o desenvolvimento deste trabalho. Sou grata a todos.

Ao professor José Geraldo Vinci de Moraes, por encorajar esta pesquisa – originalmente uma dissertação de mestrado sob sua orientação –, desde a sugestão do tema até seus arranjos finais. Agradeço imensamente pela confiança depositada, o incentivo quando eu hesitava, os méritos reconhecidos, as críticas bem-humoradas, que sempre trouxeram "um bando de ideias novas". E pelo estímulo para que todo o esforço empreendido não se encerrasse como uma exigência protocolar, na estante de dissertações e teses da nossa biblioteca.

À Fapesp, pelo apoio financeiro que viabilizou a execução do projeto durante o mestrado e, uma vez mais, com auxílio para publicação, juntamente com a Funarte, através do Prêmio de Produção Crítica em Música.

Aos professores Elias Thomé Saliba, Fabiana Lopes da Cunha e Maurício Mário Monteiro, pelas observações generosas e construtivas feitas nas bancas de qualificação e defesa. À professora Sara Albieri, pelos comentários perspicazes e pelo apoio num momento decisivo. À professora Flávia Toni e aos colegas Maurício de Carvalho Teixeira, Luciana Barongeno e Valquíria Marotti Carozze, pelas sugestões de documentos e leituras.

Aos funcionários das instituições que colaboraram com este trabalho, atendendo aos "inúmeros apelos" desta pesquisadora: Luiz Antônio de Almeida, Eliane Antunes, Rita Esteves (MIS-RJ); Alberto Luiz (Arquivo da Rádio Nacional); Sérgio Barbosa da Silva (IMS-SP) e Fernando Krieger (IMS-RJ). Ao Theóphilo Augusto Pinto (Universidade Anhembi-Morumbi), cuja iniciativa de adquirir e digitalizar a coleção *Assim Era o Rádio* muito facilitou a consulta às gravações dos programas. Agradeço especialmente à museóloga Adua Nesi, que prontamente se dispôs a contar sobre sua convivência com Almirante no MIS e me colocou em contato com outros pesquisadores e fontes. À Norma Tapajós, pela recepção calorosa e por compartilhar suas valiosas memórias. Ao amigo Walter Pereira, pela inestimável ajuda com o acesso às fontes no MIS-RJ. Não poderia deixar de agradecer a outros pesquisadores que se colocaram à minha disposição, e que, embora em diálogos intermitentes, me entusiasmaram no percurso da pesquisa: Jairo Severiano, Flávio Silva, Rafael Casé e Jorge Caldeira.

Às companheiras de orientador e de grupo de pesquisa Virgínia Bessa, Juliana Pérez González, Flávia Guia e Denise Fonseca, com quem tive o prazer de compartilhar ideias, leituras, documentos, dúvidas, angústias e alegrias da investigação. À Camila Koshiba e ao Laércio Menezes, pelas indicações de bancos de dados que muito auxiliaram na realização do trabalho.

Aos que estiveram ao meu lado nesta caminhada, me ajudando com tudo que podiam, e me mostrando sempre seu melhor. Meus irmãos, Leandro e Leonardo, cunhadas, Patrícia e Vanessa, e meus pais, Clarice e Vanderlan, que não mediram esforços para que tivéssemos as oportunidades que eles não tiveram. As preciosas Ana Luísa Sertã e Ivi Belmonte, com quem dividi não só a casa, mas experiências, discos, livros, xícaras de café, lágrimas e risos. Tia Helena (em memória), por me acolher em minha estadia no Rio para pesquisar nas instituições desta cidade, em 2010, e a querida Renata Máximo, nas minhas viagens seguintes. Os amigos sempre presentes, apesar do tempo e da distância, Alícia Sarachu, João Simões, Jordianne Guedes, Núria Lahuerta e Pedro Araújo. Pedro Gatti, pelo "empurrão" mais que necessário. Rafael Nobre, cujo convívio incitou muitas das reflexões que carreguei comigo ao escrever este trabalho. A maior retribuição que posso proporcionar é que o vejam agora publicado.

Esta obra foi impressa em São
Bernardo do Campo na prima-
vera de 2014 pela Assahi Gráfica
& Editora. No texto, foi utilizada a fonte Alegreya em corpo 11
e entrelinha de 16,5 pontos.